政策過程の理論分析

岩崎 正洋 [編著]

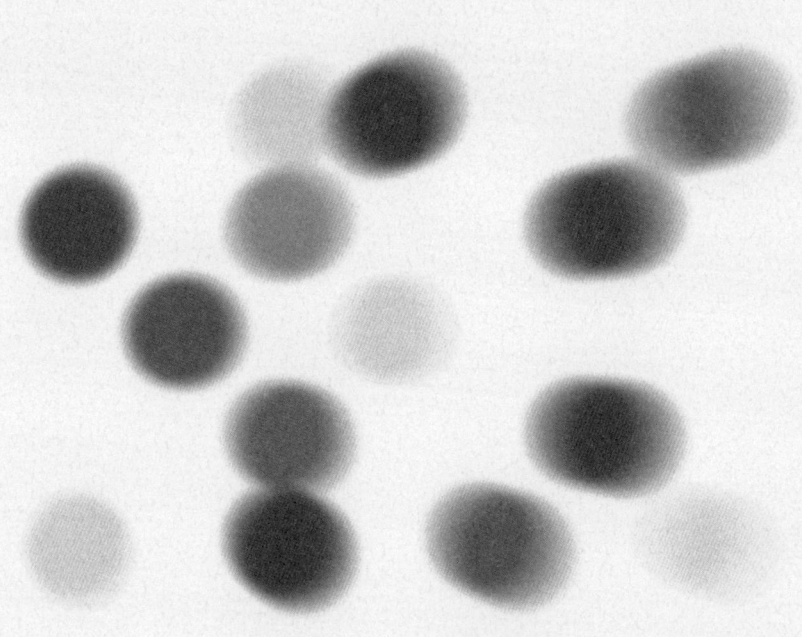

三和書籍

はしがき

　本書は、政策過程の理論について検討を行ったものである。政策に関する書物は、入門書であれ専門書であれ、理論を扱ったものであれ個別具体的な政策を取り扱ったものであれ、極めて数多く存在する。しかしながら、本書のような内容のものは意外と少ないように思う。

　本書の特徴を挙げると、以下のような三つの点がある。

　まず、一つの章につき、一人ないし二人の論者による政策過程に関する代表的な議論をとり上げている点である。読者は、当該の章を読むことで、たとえば、キングダン（John W. Kingdon）による政策の窓モデルについての基礎的な理解を得ることができるし、ローズ（R. A. W. Rhodes）の政策ネットワーク論を理解するとともに、関連する議論の流れを把握することができる。

　このような切り口は、過去にみられた二つの著作からヒントを得ている。一つは、白鳥令先生の編著『現代政治学の理論（上・下・続）』（早稲田大学出版部）である。同書では、一章につき、一人の論者をとり上げ、その論者による政治学の理論を検討している。各章をみると、一つの章で扱われているのは、必ずしも代表的な一つの理論ではなく、ある政治学者の生涯にわたる業績を網羅的にとり上げている章もあれば、代表的な理論のみを詳細に検討している章もある。

　もう一つは、佐々木毅先生の編著『現代政治学の名著』（中公新書）である。同書では、一つの章につき、一人の論者の一つの著作をとり上げている。

　私自身の学生時代に、これら二つの著作に触れる機会があり、それ以降、頭の片隅にこれらの書物で示されているようなスタイルに（良い意味で）引っかかるものがあった。そのため、本書では、一章につき、一人ないし二人の論者の代表的な議論をとり上げるというスタイルを採用した。

　本書の第二の特徴は、第一の特徴とも関連しているが、各章を読むことで、政策過程論の代表的な議論のエッセンスを短時間で把握することができるという点である。政策に関する書物が数多く刊行されているとはい

え、理論的な内容のものは意外と少ないのが現状である。入門的な書物は数多く存在するが、初学者を対象とし、平易な解説を志向する結果、言葉足らずであったり、政策過程に関する代表的な議論の論者やキーワードぐらいしか書かれていなかったりするため、必ずしも当該の議論を理解できるとは限らない。

たとえば、ありがちな教科書をイメージすれば明らかであるが、歴史的な内容を取り扱う際に、わずか数行で、何十年にもわたる時間的な経過があっさりと述べられていたりする。同様に、ある一つのことを説明する際も、わかりやすさを旨とするためなのか、論理性や文脈などを大幅に割愛し、議論を非常に単純化していることがある。もちろん、紙幅の都合などがあるのかもしれないが、結果的に、読者には、わかったような、わからなかったような読後感を与えることになりかねない。

本書は、一つの章につき、一つの議論に特化することにより、少なくとも当該の章を読むことで、その章に掲げられているテーマの基本的な内容と若干の応用的な内容については把握できるように心掛けた。この点は、本書が政策過程論の入門的な教科書というのではなく、政策過程の理論を検討した書物であるという姿勢を意味している。そのため、本書は、『政策過程の理論分析』という書名とすることで、政策過程の理論に関する専門的な検討を行っていることを、積極的に打ち出しているということもできる。

第三に、おそらく表面的には全く示されていないことであるが、本書の企画から編集、さらに刊行に至るまでの一連の流れの中で、2011年3月11日に発生した東日本大震災を受け、「ポスト3・11社会」がどうなるのか、「ポスト3・11社会」をどうするのかという点を常に意識しながら、一つの形として本書をまとめたということである。大震災後の復興をどうするのかという問題は、震災復興のための政策といえるし、今後いつ起こるかわからない自然災害に対する取り組みも政策として捉えることができる。

実際の「ポスト3・11社会」における政策に注目し、具体的な政策を分析することも必要であるし、有意義なことである。しかし、本書は、あえて個別の具体的な政策には目を向けず、政策過程の理論に注目することにした。本書でとり上げた議論は、政策がどのようにつくられ、どのように決

定され、どのように実施され、どのように評価され、どのように見直されるのかという点を考える際の手掛かりを与えるものであり、現時点でみられる実際の政策を当てはめて考えることもできるし、「ポスト3・11社会」において必要となる今後の政策を考える際にも役立つと思われる。

「3・11」直後に、多くの人が抱いたかもしれないが、「こんなことをやっている場合なのか」、「こんなことが役に立つのか」という疑問は、決して自己の内面で容易に解消されることなく、今に至っている。それだからといって立ち止まっているわけにはいかず、少しでも歩を進めなければならないのも確かである。

「ポスト3・11社会」をどう生きるのかという問いに対して、今は政策について考える必要があると思ったのが、正直なところである。どのような政策かという問題も重要であるが、同時に、政治学者がなし得るのは、政策過程を正面から考えることであり、その先に、「ポスト3・11社会」の政策を論じることができるのではないかと、試行錯誤してきた結果が本書である。

試行錯誤のまま、今もなお決着がついたとはいえないが、ひとまず、一冊の書物としてまとめることができたのは、執筆者各位と三和書籍の下村幸一編集長のおかげである。この間、私の試行錯誤に付き合ってくれた方々に深甚の謝意を表したい。

2012年5月1日
岩崎　正洋

目次

序章　政策過程の理論を紐解くために

1　なぜ「政策」に注目するのか—— 1
2　政策とは何か—— 3
3　政策の中身か、政策の取り扱いか—— 7
4　本書の構成—— 12

第1章　ラスウェルの政策科学

1　危機の時代とラスウェル—— 15
2　政策科学の構想と展開—— 16
3　政策科学の挫折—— 25
4　政策科学の意義—— 27

第2章　キングダンの政策の窓モデル

1　政策過程の現実—— 31
2　政策過程における「政策の窓」—— 33
　(1) 組織の意思決定—— 33
　(2) 政策過程における三つの流れ—— 34
　(3) 「政策の窓」と政策転換—— 36
　(4) モデルとしての説明力—— 39
3　政策過程理論としての「政策の窓モデル」—— 40
　(1) 理論の一般性—— 40
　(2) 理論の予測性—— 42
4　政策過程についての規範的考察と「政策の窓モデル」—— 43

v

第3章　ローズの政策ネットワーク論

1. 政策ネットワーク論── 47
2. ローズ・モデル── 48
3. ローズ・モデル後の政策ネットワーク論── 53
4. 政策ネットワーク論の可能性と課題── 59

第4章　ピーターズ＆ピーレのガバナンス論

1. 「ガバナンス時代」の国家とは── 63
2. 国家中心アプローチの射程── 64
   - (1) ガバナンス論の背景── 64
   - (2) 社会中心アプローチ── 65
   - (3) 社会中心アプローチへの理論的対抗── 66
   - (4) 国家中心アプローチの「ガバナンス」概念── 67
   - (5) 「国家の空洞化」論への疑問と「ヒエラルヒーの影」── 68
   - (6) 再び「国家の時代」へ？── 70
3. ガバナンス論の分岐と収斂── 72
   - (1) ガバナンス論の三様化── 72
   - (2) 二つのアプローチの接近── 74
4. 国家中心アプローチと社会中心アプローチの交錯── 76

第5章　ツェベリスの拒否権プレイヤー論

1. ツェベリスの挑戦── 81
2. 拒否権プレイヤー論とは── 82
   - (1) ツェベリスはなぜ政策に注目するか── 82
   - (2) 拒否権プレイヤー── 83
   - (3) 現状打破集合と現状打開圏── 84

　　　　(4) 政策安定性―― 87
　　　　(5) 政策安定性が高いとどうなるか―― 88
　　3　アジェンダ設定の重要性―― 90
　　　　(1) 合理的選択制度論への批判と反論―― 90
　　　　(2) アジェンダ設定の各国比較―― 91
　　4　拒否権プレイヤー論の発展―― 93

第6章　ブキャナン＆タロックの公共選択論

1　人々の行動と公共選択論―― 97
2　公共選択論による合意の形成―― 99
3　公共選択論を含めた合理的選択論の系譜―― 107
4　効率的な合意形成への適用―― 110

第7章　ピアソンの歴史的制度論

1　歴史的制度論―― 115
2　ピアソンの「歴史的制度論」―― 117
　　(1) 経路依存―― 118
　　(2) タイミングと配列―― 120
　　(3) 長期的過程―― 122
　　(4) 制度の起源と発展―― 124
3　制度の変容とアクターへの視点―― 127
4　歴史的制度論の功績と今後―― 131

第8章 シュミットの言説的制度論

1. 制度変化を引き起こすアイディアと言説 —— 133
2. 言説的制度論の射程 —— 134
   - (1)「第四の新制度論」としての言説的制度論 —— 134
   - (2) 言説的制度論の基本的概念 —— 136
   - (3) 言説と政治制度の関係 —— 139
   - (4) 福祉国家改革の比較事例研究 —— 141
   - (5) 言説と民主主義 —— 142
3. 言説的制度論の理論的課題 —— 143
   - (1) 制度の「断続平衡」観 —— 143
   - (2) 言説的制度論と制度進化論の接合可能性 —— 145
4. 来し方、行く末を考えるツールとしての言説的制度論 —— 146

第9章 トゥールミンの「議論の技法——トゥールミン・モデル」

1. 民主主義における政策と議論 —— 149
2. 政策の議論の構造とトゥールミン・モデル —— 151
3. 政策の議論の検証・分析とトゥールミン・モデル —— 159
4. 政策の議論についての今後の研究とトゥールミン・モデル —— 162

第10章 ウェーバーの官僚制論

1. 批判と肯定の狭間で揺れる官僚 —— 167
2. 官僚制の合理性と永続性 —— 168
   - (1) 正統的支配の三つの純粋型と官僚制的支配 —— 168
   - (2) 近代的官僚制の機能様式 —— 169
   - (3) 官僚制形成の前提 —— 170

(4) 官僚制的装置の永続的性格——172
　　(5) 官僚制化の経済的・社会的結果——172
　　(6) 官僚制の勢力——173
　　(7) 教養と教育の「合理化」——174
　3 官僚制の逆機能——174
　　(1) ウェーバーの官僚制論の受容と批判——174
　　(2) マートンの逆機能論——175
　　(3) ゴールドナーの逆機能論——176
　4 官僚制の行く末——178

第11章　リプスキーの第一線公務員論

　1 対人サービスとしての行政——181
　2 第一線公務員と裁量——リプスキーの分析———182
　　(1) 政策実施研究と第一線公務員——182
　　(2) 第一線公務員の立ち位置——183
　　(3) 第一線公務員の職務を取り巻く状況——183
　　(4) 第一線公務員と行政サービスの対象者との関係——185
　　(5) 第一線公務員による「定型化」と「単純化」——185
　　(6) 対象者の統制、資源の節約——186
　　(7) 対象者処遇のメンタリティ——187
　　(8) 対人サービスに対する締め付け——187
　　(9) 改革と再構築のための提言——188
　3 裁量にどう向き合うべきか——190
　4 行政の縮小と第一線の担い手の変貌——192

第12章 アリソンの『決定の本質』

1 国際政治学での国内政策決定過程への注目―― 195
2 アリソンの『決定の本質』と三つの概念モデル―― 196
　(1) 第一モデル――合理的行為者モデル―― 197
　(2) 第二モデル――組織過程モデル―― 199
　(3) 第三モデル――政府内（官僚）政治モデル―― 201
　(4) 多面的な分析の必要―― 204
3 『決定の本質』後の対外政策決定過程の分析―― 205
4 『決定の本質』と日本の対外政策決定過程―― 208

第13章 パットナムのツーレベルゲーム

1 国内政治と国際政治の交差―― 211
2 パットナムの「ツーレベルゲーム」モデル―― 212
　(1) 国内と国際政治の「もつれ」―― 212
　(2) ツーレベルゲームとは何か―― 213
　(3) ウィンセットの形成を左右する三つの要因―― 215
　(4) ツーレベルゲームにおける不確実さと交渉戦略―― 218
　(5) 交渉責任者の役割―― 219
　(6) ツーレベルゲームの特徴―― 220
3 モデルの精緻化と応用―― 221
4 国際政治学とツーレベルゲーム―― 224

第14章 ヘルドのグローバル化論

1 グローバル化の影響と研究―― 227
2 ヘルドらのグローバル化の分析―― 228
　(1) グローバル化に対する多様な見解―― 228

(2) グローバル化の歴史的形態の分析枠組み——230
　　　(3) 政治のグローバル化——232
　　　(4) 現代のグローバル化の特徴と国家への影響、「民主化」の課題
　　　　　　　　　　　　　　　　　　　　　　　　　　　　——233
　3　グローバル化への処方箋をめぐる議論——236
　4　グローバル化における政策決定の行方——238

事項索引——241
人名索引——245

執筆者紹介——248

序　章

政策過程の理論を紐解くために

1　なぜ「政策」に注目するのか

　一人一人の名前や顔が異なっているように、一人一人の生活や人生も異なっている。クローン人間の集まりでもない限り、世の中には誰一人として、自分と全く同じ人間は存在しないし、全く同じ人生を歩むことなどあり得ない。いくら親しい友人であれ、恋人同士であれ、すべてが一致するわけではない。一つの家族でさえ、親と子、夫婦、兄弟姉妹に違いは存在する。

　何より、一人一人の寿命すら異なっていることを思えば、すべての人が全く同じだと考えることはできない。名前や顔、生活や人生などと同様に、各人がもっている価値観も異なる[1]。各人が何に価値を見出し、何を大切だと思い、何を重視して行動するかは、人それぞれであり、他者に強要されたり、否定されたりすることではない。

　たとえば、ある人は、経済的な豊かさを重視し、人生においては、金儲けこそが何よりも重要なことであり、最高に価値のあることだと思っているかもしれない。そのような人が金儲けを最優先し、世の中には金で買えないものなど何一つ存在しないと考えて行動したとしても、それに対して、誰が正面から否定することができるであろうか。

1　政策について考える際に、「価値」という論点と併せて議論を行ったものとしては、ラスウェル（Harold D. Lasswell）のものがある（Lasswell 1948; Lerner and Lasswell 1951）。

また、他の人が金銭よりも、健康こそが重要であるとして、健康食にこだわったり、サプリメントの効果を重視したり、エクササイズに励んだとしても、あくまで個人の自由であり、他者がとやかく言うことではない。多くの人が健康を願うとしても、健康と他の価値とを並べたときに何に優先順位をつけるかは人によって異なるのである。

　一人一人の顔や名前が異なるように、一人一人の価値観が異なっており、社会が大勢の人間が集まって成り立っている以上、社会に「差異」が存在するのは不可避的なものとなる。個々人の価値観が異なれば、そこには対立の生じる可能性がある（岩崎他 2010）。

　価値観の対立をはじめ、利害対立が生じることもある。社会においては、さまざまな人間が生活しているのだから、多様な価値観が存在するのは当然であり、社会における多様性により対立は避けられないとしても、対立をそのまま放置しておくことが適切であるか否かは容易に判断することができない[2]。

　たとえば、貧富の差に起因する経済的な格差が社会を二分し、上流階級と下流階級との間に著しい断絶がもたらされる場合を想起することができる。下流に属する人々の多くが失業し、日々の生活に困るようになったとしたら、どうするのか。

　失業者に対する何らかの保障がなく、失業した時点から全く収入もなくなり、貯蓄や財産もなく、その後の再就職の機会もなく生活苦のままで毎日を過ごすとしたら、結果的に、窃盗や強盗などの犯罪に走るかもしれない。ときには、他人の家や店を壊したり放火したりして、盗みを働いたり、暴動を起こすかもしれない。

　下流に属す一個人の犯行ではなく、下流に属す大勢が同じ境遇になり、集団で暴徒と化す可能性もある。その場合に、治安は悪化し、被害は多岐にわたると考えられる。いかに暴動を鎮静化するかが重要な課題となるし、誰が暴徒を取り締まるのかという問題も生じる。

　暴動の矛先は、同じ下流階級の人々に対して向けられるよりも、自分た

---

[2] この点は、イーストン（David Easton）による「ある社会における諸価値の権威的配分」が「政治」であるという定義に関連する（Easton 1965）。

ちよりも裕福な上流階級の人々に向けられる可能性がある。経済的な貧富の差によって格差が生じ、対立が引き起こされるというシナリオである。ここで挙げたシナリオには、失業者に対する雇用保険などの失業対策をはじめ、再就職の斡旋などの雇用対策や、治安維持や犯罪防止、犯罪者に対する措置などの対策を考慮に入れていない。いいかえるならば、社会において採用されている多くの「政策（policy）」をすべて無視して、格差社会で起こり得るシナリオを描いたに過ぎない。

現実には、さまざまな政策が存在し、政策によって人々の生活は利益を得たり、規制されたりしている。失業者には、社会保障政策として、雇用保険の給付がなされるし、再就職のために雇用政策が実施されている。犯罪に関しては、警察が治安維持や防犯、犯罪の取り締まりのための役割を果たし、警察政策とも呼ばれているような、さまざまな政策が実施されている。

政策は、社会において生じる多様な問題を解決するために実施されるのであり、社会における問題解決の手段として捉えることができる。したがって、社会の構成員である人間は、一人一人が異なる以上、他者との対立を避けることはできないのであり、対立によって生じる大小さまざまな問題を解決するために政策が必要となる。したがって、政策によって問題の解決が図られることになる。さらに、政策について考えるには、どのような政策が必要なのかとか、どのように政策がつくられるのかとか、どのように政策が実施されるのかという点も欠かせない視点となる。

2　政策とは何か

政策に関する議論を行うにあたり、まず、「政策とは何か」について理解しておく必要がある。

本書で取り扱う「政策」とは基本的に、「公共政策（public policy）」を意味している。政策が問題解決の手段であるとしても、あくまで社会における問題解決のための手段であり、個々人が抱える私的な問題を解決するた

の手段を対象とするのではない。

　たとえば、大学生の恋愛問題を解決することは、個々の学生にとっては重要な問題であったとしても、社会的に解決が必要な問題として扱われるわけではない。この場合に、恋愛問題は、大学生個人の私的な問題に過ぎず、政策の対象とはなり得ない。

　今日の昼食に何を食べようかとか、食堂で食べようか、それとも売店で何かを買って食べようかとか、一個人にとっては、解決しなければならない喫緊の問題があるかもしれない。しかし、個人的には不可避の問題であったとしても、私的な領域に属する問題であり、公的な領域とは無関係な場合には、政策の問題として取り扱うことはできない。

　本書は、社会における公的な問題の解決を目的とする政策を対象としている。単に「政策」と表記してあっても、実際には、「公共政策」という意味で用いている場合もあるし、あえて「政策」と「公共政策」とを区別して表記している場合もある。この点は、文脈に応じて理解する必要があるとしても、多くの場合に、両者は置き換え可能な用語として扱われているといえる。

　かつて山川雄巳は、語源からすると政策とは、政治の方策のことであると指摘し、『広辞苑』による定義にも言及して、政策とは何かを明らかにしようとした。『広辞苑』において、政策は次のように説明されている[3]。

　「①政治の方策。政略。②政府・政党などの方策ないし施政の方針」。政治の方策、政略と、政府・政党などの方策という点に関しては、政策を広義に定義したものであり、政治集団の方策一般を意味するとしても、施政の方針という部分は、政府による公共政策を指しており、政策を狭義に定義したものと捉えられる（山川 1993）。

　山川は、『広辞苑』における「政策」の定義が限定的な内容であることが問題であると指摘している。彼によれば、「それは《政策》という言葉が政治の領域をこえて広く使用されているという事実が反映されていないということ（山川1993: 4）」である。政策という言葉は、実際には、企業経営など

---

[3] 山川雄巳の議論では、『広辞苑』第2版を参照している。本章の執筆にあたり、第6版も参照したが、「政策」についての説明は同じである。

において、「経営政策」などのように用いられており、政策という言葉そのものは本来、政治にかかわるだけではないことに留意しなければならないのである。

　参考までに挙げると、『広辞苑』における「公共政策」の説明は、「公共の利益を増進させるための政府の政策」となっている。政府が、公共の利益を増進させるためにどのような施政を行うのかに関する方針を示したものが公共政策ということになる。その意味では、公共政策は、公的な問題に対する解決手段であり、政治の領域に限定的な内容のものであることは明らかである。

　政治学において、どのように政策が定義されているかをみると、たとえば、大森彌による次の定義を挙げることができる。

　「政策（policy）は、一般に個人ないし集団が特定の価値（欲求の対象とするモノや状態）を獲得・維持し、増大させるために意図する行動の案・方針・計画である（大森 1981: 130）」。

　公共政策についても、「とくに政治社会における政策（public policy）は、社会次元での調整をこえる争点ないし紛争に対して統治活動を施すことによって、その一応の解決をはかる手段であり、この意味で社会の安定に関係づけられる統治活動の内容であると考えることができる（大森 1981: 130）」のであり、「ここでいう統治とは、社会生活における共存関係の形成と維持のために人々の行動や態度を誘導し制御する活動とその様式である（大森 1981: 130）」とされる。

　さらに、公共政策に関しては、「政治社会における政策という場合には、ある決定者の意図や方針が他の決定者によって影響される、ないし制御されるという関係の存在を前提としている（大森 1981: 130）」という。

　大森による政策ないし公共政策に関する説明をみても明らかなように、社会においては、さまざまな対立が生じ得ることを前提としており、対立によってもたらされる問題を解決するための手段として政策が位置づけられている。ここでは、政策と統治とはかかわりあっており、政府の施政方針として政策を捉えようとする立場とも関連している。

　ここまでみてきたことからいえるのは、明示的であれ黙示的であれ、政策の主たる担い手として想定されているのは、政府だという点である。も

ちろん、政府以外の多様なアクターの存在を無視することはできないが、主要なアクターという意味では、まず、政府が挙げられることは言を俟たない。

政策決定論においては、政府レベルの意思決定が分析対象となっている（山本 1990: 2）。意思決定論と政策決定論との違いは、単に意思と政策という名目上の違いではなく、個人や集団の意思決定に焦点を向けるのか、それとも政府レベルの意思決定に焦点を向けるのかという本質的な違いに帰する。

従来、政策に関する議論においては、意思決定論における知見を援用してきたとはいえ、政策決定論が意思決定論と置き換え可能なものとして位置づけられることはなく、独立した一つの分野として確立したように思われる。政策決定論は、政策について考える際の基本的な分析の枠組みを提供するとともに、現代政治学の中心にも位置することになったのである（白鳥 1990: 236）。

さて、もう少し定義の問題に言及すると、比較的最近に刊行された公共政策に関する教科書では、「公共的問題を解決するための、解決の方向性と具体的手段」として公共政策が定義されている（秋吉他 2010: 4）。

この定義も、これまでみてきた議論と共通点をもっている。一瞥すれば明らかなように、公的（ないし公共的）問題を解決するための手段として政策を捉える点は、従来の議論と重なり合う立場であるし、単に手段というのではなく、「解決の方向性と具体的手段」というように詳細に規定している点についても、従来の議論の延長線上に位置づけられる。

この定義に関連して、公共政策は、問題解決への意図という側面が強調されること、問題を解決するための実際の行動という側面も強調されること、さらに、公共政策を実施する主体としての政府活動に焦点が向けられるなどが指摘されている（秋吉他 2010: 4）。政府以外にも、最近では、企業、NPO、市民などさまざまなアクターが政策の実施主体となっており、それらのアクターによる問題解決が志向されている[4]。

---

4 この点に関しては、ガバナンス（governance）という点から言及されている。ガバナンスに関しては、併せて以下も参照されたい（岩崎 2011）。

政策とは何かをめぐっては、さまざまな論者によって異なる定義づけがなされており、網羅的に概観することは困難である。そのため、ここでは、いくつかの定義に注目したに過ぎない。そうはいっても暫定的に、いくつかの定義に共通した内容をまとめると、「政府が公的（ないし公共的）な問題を解決するための手段」として政策を捉えることで、最低限度の理解を得られるように思われる。

　政策とは何かという論点にとりあえずの決着を図った後は、どのように政策が決定されるのか、どのように政策が実施されるのか、どのようなアクターが一連の政策決定および実施の過程に関与しているのかという論点に注目する必要がある。本章に続く各章においては、これらの点について、代表的な14の理論ないしモデルを紹介し、検討している。

　具体的な内容については、各章に委ねるとしても、政策決定および実施の過程に関して、政策を担うアクターにも言及しつつ、若干の説明をしておく。

3　政策の中身か、政策の取り扱いか

　政策について論じるといっても、政策の中身を論じるのか、それとも、政策がどのようにしてつくられたり、実施されたりするのかというように、政策の取り扱いについて論じるのかによって、議論は全く異なってくる。何か特定の政策の中身について論じようとする場合は、一般的な議論を行うよりも、特定の政策に関する専門的な立場から議論を行うことに意味があるし、専門的な知識が求められるとともに、専門的な情報の重要性が議論の鍵を握ることになる。

　たとえば、2011年3月11日の東日本大震災によって引き起こされた東京電力福島第一原子力発電所の事故をめぐっては、事故の原因や影響に関する議論が展開された。原子力そのものが議論の的になるとともに、日本における原子力政策の歴史的経緯や是非までも論じられた。その際には、原子力に関する専門家の意見が求められたが、その時々で、原子力工学の

専門家であったり、放射線医学の専門家であったり、さまざまな立場の専門家が登場し、異なる角度から専門的な知識が披瀝され、専門的な情報が提供された。

かりに、東日本大震災を受け、今後の日本における原子力をどうするのかという問題を考える際には、高度に専門的な知識が要求される分野であることに加え、原子力の専門家が多岐にわたっており、情報の取集はもちろん、情報を精査することさえ容易なことではないのは明らかである。さらに、地震との関連という点を考慮すれば、地震学の専門家も登場することになる。福島第一原発の場合は、単に原子力の問題だけで済まされない問題であり、関係する専門家も多分野にわたるような、広域的な問題として捉えなければならない。

そのため、福島第一原発事故を受けて、今後の原子力政策ないしエネルギー政策を考えることは、極めて高度な専門的知識を必要とするし、原子力も地震も直接的な研究対象とはしていない分野の立場から議論に関与することは、非常に困難になる。

その点を考慮すると、政治学は何の役に立つのかという疑問に直面する。政治学の専門的な知識をもって原子力問題に臨んでも、一体どのようなかたちで議論に参加できるのかは不明である。政治学は、原子力による発電のメカニズムや、原子力が人体に及ぼす影響などを研究してはこなかったし、これらの問題を政治学の専門的な知識で説明することはできない。政治学の専門家に原子力に関する知識を求めたとしても、ほとんどの政治学者が門外漢であり、マスメディアを通して聞きかじった素人なりの知識しかもたないであろうことは自明のことである。

同様に、財政政策にしても金融政策にしても、社会政策にしても医療政策にしても、政策の中身について論じる場合に、政治学の専門的な知識を投入できる場面はほとんどない。政策の中身は、それぞれの政策に関連する分野の専門的な知識があってこそ理解可能となり、専門的知識の存在が前提となって議論が成り立つのである。したがって、政策の中身に注目し、中身を議論しようとする限り、政治学の出番はあまり期待できないかもしれない。

そうだからといって、政治学が役に立たないというのではない。政治学

は、政策の取り扱いを考えるときにこそ出番がくるのである。政策の取り扱いという表現では、わかりにくいかもしれないが、政策そのものがどのように作成され、公式に決定され、実施されていくのかという一連の過程は、政治学の研究対象そのものである。

たとえば、政策決定論や政策過程論は、(かりに、事例研究において、個別の政策に注目したとしても)政策の中身を論じるというよりも、むしろ政策の決定および実施の過程を研究対象とする。政策決定論や政策過程論は、政策がつくられ、実施されていく一連の過程をみることにより、どの段階で政策が形づくられ、修正され、正統化され、実施され、評価されるのかを明らかにするとともに、どの段階でどのようなアクターが関与し、各段階で各アクターがどのような役割を果たしたのかを明らかにする。

そのため、政治学は、さまざまな分野の政策について、個々の政策の中身を論じることを得意とするのではないが、政策全般の取り扱いについては、一定程度の普遍性をもつ見方を提示し得るのであり、政策の決定および実施の過程における問題点を照射することもできる。したがって、政治学は、政策そのものの中身について詳細に検討したり、政策内容の是非を論じたりするのではなく、政策決定ないし政策執行における動態過程を分析することを役割としているのである。

その意味で、政策過程を分析することは、政治過程を分析することでもある。イーストン(David Easton)の政治システム論で提示されたように、政治システムの単純モデルは、政治過程を図式化しているだけでなく、政策過程を図式化していることにもなる[5]。そこで示されているのは、まず、政治システムを取り巻く環境から生じたインプットであり、政治システムに対するインプットが政治システムを通してアウトプットにつながり、アウトプットがさらにフィードバックへとつながるという一連の循環過程である。

政策過程は、ある政策が立案され、さまざまな修正を経て形づくられて

---

5 この点に関しては、森脇俊雅の議論が示唆的である(森脇 2010)。同書においては、「政策過程の全体像を把握するためには、イーストンの政治システム論が有用であり、そのモデルを基本的視座とすることにした(森脇 2010: 187)」と述べられており、政治システム論の枠組みを意識しながら、政策過程に関して体系的に議論がなされている。

いく過程を示しており、政策が決定され正統性を与えられた後も実施の段階や、政策の見直しなど評価の段階までの過程を含んでいる。たとえば、一連の政策過程は、「PDCA (Plan, Do, Check, Action)」サイクルとしても捉えられるようになっており、政策の立案および決定、政策の実施、政策の評価、政策の見直しや改善といった段階を経るものとされる。

　古くは、ラスウェル（Harold D. Lasswell）によって、政策の七段階モデルが提示された。彼によれば、政策は、調査（intelligence）、勧告（recommendation）、提言（prescription）、発動（invocation）、適用（application）、評価（appraisal）、終了（termination）という七つの段階を経る。紙幅の都合上、ここでは詳しい説明を省略するが、政策過程がいくつかの段階から成り立っていることは、政策決定論や政策過程論において常に意識されてきた点である。

　多くの場合に、政策決定論は、政策の立案から決定までの過程のみを対象としているわけではなく、政策の実施過程までを含んでいる。また、政策実施を論じる場合も、政策立案や決定の過程を無視して議論を行うことはできない。その意味で、政策決定論や政策過程論は、PDCAサイクルや、ラスウェルの七段階で示されたような政策過程の諸段階を念頭に置いているのである。

　政策決定論と政策過程論という二つの言葉について、本章では特に明確な基準にしたがって分けることなく、ここまで使用してきた。しかし、ともすれば、政策決定論が一連の政策過程における決定作成の段階までを対象としているという誤解を避けるためにも（もちろん、既に述べたように、政策決定論が決定作成段階までを対象としているというのは、必ずしも適切な理解ではないとしても）、以下では、行論の都合上、政策過程論という表現のみを用いることにする。

　さて、日本での政策過程に関する議論を一瞥すると、かなり以前に、大森彌が「政策循環（policy cycle）」という表現で、政策過程を五つの段階に分けて説明している。彼によれば、政策循環は、政策課題の形成、政策作成、政策決定、政策執行過程、政策評価という五つの段階からなるという（大森 1981: 132）。この点に関する説明を以下に挙げておく。

政策を個人のライフ・サイクルに類推して捉えれば、そこには、理論上、次のような一組の循環連鎖の諸段階を識別することができる。すなわち、①社会次元において顕在ないし出現する争点もしくは紛争が統治主体の反応を誘発し、政策の誕生を準備する「政策課題の形成」(political agenda-building)、②その政策課題を解決する行動方途を考案するため関連情報を収集・分析し適切な政策原案を策定する「政策作成」(policy formation)活動、③特定の解決策を公式に審議し、その実行可能性を担保する権限と資源の賦与を決定する「政策決定」(policy decision)、④公式に決定された政策を具体的な現実状況の中で各種の行政作用を通じて実施する「政策執行過程」(policy implementation)、⑤この政策執行の過程で、あるいはその結果として生じるさまざまな効果ないし有効性を評定し、その評価に基づき特定政策の継続、拡充、変更ないし廃棄を新たな政策課題へと還流させる「政策評価」(policy evaluation)の段階である（大森 1981: 132)」。

　彼が政策循環を五つの段階に分けて説明した際に、政策研究においても実務世界においても、従来から政策形成と政策決定の二つの段階にばかり関心が向けられてきたことが指摘されている。そのため、他の段階が軽視されたり、無視されたりしている状況を指摘し、それらの段階についても同様に目を向ける必要があると述べている。
　その後、政策過程の研究は、政策形成や政策決定の段階ばかりではなく、政策執行過程や政策評価の段階にも関心が向けられるようになり、さまざまな研究業績が蓄積されてきた。政策執行過程は、大森の指摘以降、多様な業績がみられるようになったが、過去十年ほどの間には、とりわけ、政策評価に関して、数多くの議論がみられるようになったのは記憶に新しいところである。
　かくして、政治学は、政策の中身を論じるよりも、政策の取り扱いについて論じることを主たる役割としていることが明らかになった。この点は、政策過程の諸段階に関して、さまざまな区分がなされたり、異なるモデルが提示されてきたりしたことからも理解できる。さらに、政策過程と

政治過程との類似性を意識することができるが[6]、政策過程の各段階におけるアクターの役割や、アクター同士の相互作用に関心を向けることにより、政策をめぐる動態過程を明らかにすることができるのである。

4　本書の構成

　本書は、政策過程に関する理論を検討したものである。序章に続く以下の各章においては、政策過程について取り扱った代表的な議論を、一つの章につき一人（ないし共同研究の場合には二人）の代表的な業績に注目し、検討を行っている。

　第1章から第14章までの各章は、以下のような統一の形式で執筆されている。まず、第1節で、なぜこの論者のこの議論に注目するのかについて説明している。基本的に、各章のタイトルは、学者の名前と代表的な議論とを組み合わせたものとなっている。たとえば、第1章は、「ラスウェルの政策科学」であり、ラスウェルが唱えた政策科学について取り扱っている。第1節では、なぜラスウェルの政策科学の議論に注目するのかを説明しているが、他の章でも同様に、当該の章の性格を明確にするために、各論者の各議論に注目する意義を述べている。

　第2節では、各章のタイトルにある議論を紹介し、解説を行っている。第1章では、ラスウェルによる政策科学に関する議論が詳細に紹介されるとともに、関連する議論についても解説がなされている。極論すれば、各章の第2節を読めば、当該の章で取り扱っている議論の概略は把握できるようになっている。

　第3節では、第2節でとり上げた議論に対する批判や、第2節の議論に連なるような議論の系譜に注目している。そのことにより、当該のテーマの問題点や課題、さらには、発展形態などにも目を向けることができる。

---

[6] 政策過程と政治過程との類似性に関して検討する意味はあるように思われる。政策過程論と政治過程論とのかかわりを、学問的な系譜をふまえつつ、正面から論じるために別な機会を設けることとする。

最後の第4節は、各章の執筆者によるオリジナルなコメントが主たる内容であるが、各執筆者によって独自の視点から当該の章のテーマについての総括がなされている。第4節の内容から新たな研究課題が示唆される場合もあれば、当該テーマの重要性が改めて認識される場合もある。

　各章を読めば明らかなように、論者ごとに代表的な業績は異なっている。そのため、章ごとに著述のスタイルに違いがみられるかもしれない。たとえば、ある論者には、政策過程に関する一つの代表的な著作があり、その内容を中心に据えて議論を行うことができるとしても、他の論者には、いくつかの関連する論文や著書があり、それらをまとめて論じなければならないこともある。

　また、ある章では、一つの明確なモデルなり理論的な枠組みを正面から論じているとしても、他の章では、一人ないし二人の研究者の研究成果をまとめることにより、誰々の何とか論というように議論を展開している場合もある。

　したがって、本書は、一つの体系的な政策過程の理論を提示しているわけではない。14の章で提示されている議論が一つ一つ独立した政策過程の理論であり、お互いに重なり合う部分もあれば、全く異なる部分もあることが本書を通じて明らかになれば、それ自体に意味のあることである。政策過程の理論が既存の政策を分析する際に役立つとともに、今後の政策を考えるための手掛かりも提供し得ることは、これまでの政策過程論の豊饒な研究蓄積からも明らかなことであるといえよう。

参考文献

Easton, David(1965) *A Framework for Political Analysis*, New Jersey: Prentice-Hall, Inc. デヴィッド・イーストン／岡村忠夫訳（1968）『政治分析の基礎』みすず書房。
Dahl, Robert A.(1961) *Who Governs?: Democracy and Power in an American City*, New Haven: Yale University Press. ロバート・A・ダール／河村望・高橋和宏監訳（1988）『統治するのはだれか：アメリカの一都市における民主主義と権力』行人社。
Hudson, John, and Stuart Lowe(2009) *Understanding the Policy Process: Analysing Welfare Policy and Practice*, Bristol: Policy Press.

Lasswell, Harold D.(1948) *Power and Personality*, New York: W. W. Norton & Company, Inc. ハロルド・ラスウェル／永井陽之助訳（1961）『権力と人間』東京創元新社。
Lerner, Daniel, and Harold D. Lasswell(eds.)(1951) *The Policy Sciences: Recent Developments in Scope and Method*, Stanford: Stanford University Press.
縣公一郎・藤井浩司編（2007）『コレーク政策研究』成文堂。
秋吉貴雄・伊藤修一郎・北山俊哉（2010）『公共政策学の基礎』有斐閣。
足立幸男・森脇俊雅編（2003）『公共政策学』ミネルヴァ書房。
足立幸男編（2005）『政策学的思考とは何か：公共政策学原論の試み』勁草書房。
岩崎正洋（2002）『議会制民主主義の行方』一藝社。
岩崎正洋編（2011）『ガバナンス論の現在：国家をめぐる公共性と民主主義』勁草書房。
岩崎正洋・西岡晋・山本達也編（2010）『政治の見方』八千代出版。
大嶽秀夫（1990）『現代政治学叢書11　政策過程』東京大学出版会。
大森彌（1981）「政策」『年報政治学　政治学の基礎概念』岩波書店。
白鳥令編（1981）『現代政治学の理論（上）』早稲田大学出版部。
白鳥令編（1990）『〔現代の政治学〕シリーズ①　政策決定の理論』東海大学出版会。
白鳥令（1990）「現代政治学と政策決定の理論」白鳥令編『〔現代の政治学〕シリーズ①　政策決定の理論』東海大学出版会、235-240頁。
曽根泰教（1984）『決定の政治経済学：その理論と実際』有斐閣。
曽根泰教・大山耕輔編（2008）『日本の民主主義：変わる政治・変わる政治学』慶應義塾大学出版会。
宮川公男（1994）『政策科学の基礎』東洋経済新報社。
宮川公男（1995）『政策科学入門』東洋経済新報社。
森脇俊雅（2010）『BASIC公共政策学5　政策過程』ミネルヴァ書房。
薬師寺泰蔵（1989）『現代政治学叢書10　公共政策』東京大学出版会。
山川雄巳（1993）『政策とリーダーシップ』関西大学出版部。
山本吉宣（1990）「政策決定論の系譜」白鳥令編『〔現代の政治学〕シリーズ①　政策決定の理論』東海大学出版会、1-36頁。

第1章
ラスウェルの政策科学

1 危機の時代とラスウェル

　政策科学について語るとき、誰もがラスウェル (Harold D. Lasswell) に言及する。その理由は、ラスウェルが「政策科学 (policy sciences)」という分野の創始者であるだけではなく、彼の主張した政策科学の目的が、現代にも通じる普遍性をもっていたからである[1]。ラスウェルは、政策決定過程を分析すると同時に、政策研究を通じて得た知見に基づき、広範な社会問題への解決策を提示するという理想を抱いていた。彼の理解によれば、政策科学を発展させることは、究極的には民主主義を向上させ、望ましい社会を実現させることに結びつく。

　現代においても、さまざまな社会問題に対して効果的な政策を提示することは、政策研究の主要な目的の一つである。具体的な問題解決を目指し、ある種の政策的な「処方箋」を提示しようとする姿勢については、政策科学から発展した公共政策学 (public policies) が目指す方向性でもあり（足立 2005）、この点では、ラスウェルの意志を受け継いでいるといえよう。

　政策科学を確立させるために、ラスウェルはさまざまな提言を行ってきたが、没後に発表された論文では、彼のアイディアが記されたメモランダムが掲載されている (Lasswell 2003)。彼の提言には、政策を分析するため

---

[1] 政策科学の英語表記は、単数の policy science ではなく、policy sciences と複数形で表すことが一般的である。政策科学が社会科学や自然科学までを含めた幅広い学問分野であるため、複数形が用いられる。

のリサーチセンター（The Institute of Policy Sciences）の創設や、政治リーダーの養成所（A National Institute for the Training of Policy Leaders）を設立するといった構想が具体的に描かれており、ラスウェルの構想が政策に関わる人材育成にまで及んでいたことを裏付けている。

　もちろん、1948年に刊行した代表作の一つである『権力と人間（Power and Personality）』においても、民主的なパーソナリティや民主的なリーダーシップの必要性が主張されており、政策科学をめぐる議論だけではなく、指導者という側面に着目する点は、ラスウェルがエリートの研究者でもあることを想起させる。ラスウェルはまた、政策科学の究極的な目標は、自由な社会を中心的な価値とする「人間の尊厳（the dignity of man）」を守ることだと述べており、価値や道徳的な問題に踏み込んでいたことも、彼を理解するうえで言及すべき点である（Lasswell 1951）。

　ラスウェルの政策科学を特徴づけているもう一つの側面は、彼の時代に直面していた危機である。政策科学を構想する直接の契機となったのは、当時のアメリカにとって深刻な問題となりつつあった冷戦という国際情勢であった。ラスウェルは、危機を克服するために、政策科学という分野を確立することにエネルギーを傾けた研究者でもあったが、その意味では、今、再びラスウェルに注目する理由があるといえる。学問分野の統合や知識の結集によって、困難を乗り越えようとする志向性は、国際問題や国内問題において、きわめて深刻な課題を抱え、まさに危機の時代を迎えた現代にこそ必要な点である。そこでまず、ラスウェルの政策科学とは何であったのかを概観していきたい。

2　政策科学の構想と展開

　政策科学における記念碑的な位置づけを与えられた1951年の論文において、ラスウェルは社会科学研究評議会（Social Science Research Council）の事務局長を務めたリンド（Robert S. Lynd）による「何のための知識なのか？（knowledge for what?）」という問いかけに言及している（Lasswell

1951)。プリンストン大学での講演タイトルでもあったリンドの鋭い問題意識は、ラスウェルが抱いていた関心に直結するものであった。

　リンドの主張は、学問が社会に対していかなる貢献をなしうるかを意味しており、研究の目的は、複雑な社会現象を分析することだけにあるのではなく、その研究成果が、社会に対してどのような意味をもつのかが重要であるという問題提起であった。いわゆる「象牙の塔」にこもるのではなく、現実的な社会問題と積極的な関わりをもち、具体的な解決策にまで深く関与しようとする姿勢は、ラスウェルの政策科学に通底する点である。

　さて、政策科学という新しい学問分野の旗揚げともいうべき重要なイベントが、1951年にスタンフォード大学において行われた。このシンポジウムには、政治学、経済学、社会学、心理学など、さまざまな分野の著名な研究者たちが参加し、それぞれの立場から、政策分析のための視点が提示された[2]。政治学者のラスウェルと社会学者のラーナー（Daniel Lerner）が中心となって開催されたこのシンポジウムにおいて、「政策科学」という言葉が定義づけられ、新しい用語として確立するきっかけとなった。シンポジウムの報告書として刊行されたのが『政策科学（*The Policy Sciences*）』という書籍であり、ラスウェルによる巻頭論文である「政策志向（'The Policy Orientation'）」は、政策科学の古典ともいうべき重要な文献となっている（Lasswell 1951）。

　この論文において、ラスウェルはまず、社会科学の諸分野が細分化されていた状況へ懸念を表明することから議論を始めている。当時のアメリカでは、自然科学や社会科学における研究分野が専門化し、内容が高度化するにつれて、一つの学部の中でも、研究者が互いに理解し合うことなく、知的交流の場がなくなっていたという。ラスウェルによれば、こうした「知識の細分化（atomization of knowledge）」は、アメリカが直面していた冷戦という安全保障の問題にとって、一つの障害となるものであった。

　ラスウェルは、有効な安全保障政策を立案するためにも、知的な資源を有効活用すべきだと訴えた。すなわち、高等教育機関においてトレーニン

---

[2] ラスウェルやラーナー以外にも、経済学者のアロー（Kenneth J. Arrow）、心理学者のシルズ（Edward A. Shils）、社会学者のラザースフェルド（Paul F. Lazarsfeld）など、このシンポジウムには、当時の名だたる研究者たちが多く参加していた。

グを受け、専門的な知識をもつ研究者たちを互いに結びつけ、政策決定に役立たせようという発想である。そこでラスウェルは、従来は存在しなかった「政策科学」という複合的な研究領域を意図的に創設することによって、さまざまな知的資源の結集をはかろうとした。したがって、「政策志向」という論文は、政策科学とは何か、どのような目的を持っているのかを明示するために書かれているだけではなく、同時に「政策科学」という新領域のビジョンが描かれた野心的な内容でもある。

まず、ラスウェルが主張する政策科学は二つの研究分野から構成されている。第一に、政策過程全体を考察し、経験的に記述するという研究である。第二に、政策決定に対して必要な知識や情報の提供を目的とする研究である。これら二つの点は、1971年に発表された著作において、より具体的な表現が与えられている。すなわち、政策科学は、政策がどのように決定されているかを分析する「ofの知識(knowledge of process)」、および政策決定に役立つ情報を提供する「inの知識(knowledge in process)」から構成される[3]。ここでのポイントは、単に政策決定の過程を分析対象とすることにとどまらず、より良い政策決定のための知識（すなわち、「inの知識」）を提供するという実践をめざしたことである[4]。

ラスウェルによれば、二つの研究を同時に行うことによって、政策決定の流れの合理性を改善し、最終的には、民主主義の向上を目指すことが、政策科学の目的である。彼の言葉でいえば、「民主主義の政策科学（policy sciences of democracy）」ということになる（Lasswell 1951）。政策過程の研究を通じて、社会問題を解決し、民主主義の改善まで視野に入れた壮大な試みであったことが、初期の政策科学の方向性を決定づけたといえる。

政策科学に関するラスウェルの議論は、1951年の論文である「政策志向」と1971年に刊行された『政策科学序説（*A Pre-View of Policy Sciences*）』が骨格をなしているが、部分的にかなり抽象的な議論や、複雑な記述がみられる。そこで例えば、マックール（Daniel C. McCool）は、ラスウェルの議論

---

[3] 1970年に発表された論文においても、すでに「ofの知識」と「inの知識」という表現がみられる（Lasswell 1970）。
[4] 「inの知識」に関して、「政策のための知識」という表現の方が適切であるため、「forの知識」と捉えるべきという主張もある（宮川 2002）。

を簡潔に整理しており、政策科学をめぐる議論を理解するうえで役立つ（McCool 1995）。マックールの指摘を参照しながら、ラスウェルの政策科学を読み解いていこう。

第一に、政策科学の特徴として挙げられるのは、学際性（interdisciplinarity）を重視していることである。ラスウェルが知的資源の結集として想定したのは、とりわけ社会学、心理学、政治学、経済学、法学など社会科学の諸分野であった。分野を横断する学際性を志向するラスウェルの発想には、彼の指導教授であったメリアム（Charles E. Merriam）の存在があることを無視できない。アメリカ政治学を代表する研究者であったメリアムは、社会科学研究評議会の設立にも関与するなど、政治学にとどまらず、隣接諸科学との学際的な研究体制を構築しようとした政治学者であった。その意味で、メリアムの弟子であったラスウェルが政策科学において学際性を基礎としたことは必然的であり、また、政策科学という学問横断的な分野には必要不可欠な要素であった。

第二に、政策科学の分析においては、経験的であり、数量的な手法が用いられることである。この点に関しても、政治学に科学的な手法の導入を主張したメリアムの影響があり、また当時のアメリカ政治学で主流となりつつあった「行動科学革命（behavioral revolution）」が背景にある。メリアムを中心とする「シカゴ学派[5]」に属するラスウェルは、政策分析においても一定の規則性を見出したうえで一般化し、さらには一般化されたモデルに基づいて結果を予測することが可能であると考えていた。後に、政策決定という複雑きわまりない過程を完全に予測することは困難であるという問題に直面することになるが、現代においても、科学的なアプローチが政策研究で重視されていることはいうまでもない。

第三に、政策科学はメガポリシー（megapolicy）に関わることである。メガポリシーという言葉自体は、ラスウェルと並ぶ政策科学の始祖であるドロア（Yehezkel Dror）によって定式化された表現であるが、ラスウェルによる政策科学論においても、すでに示されていた内容である。メガポリ

---

5 シカゴ学派とは、科学的な政治分析の必要性を主張したメリアムを中心とする政治学者たちの総称である。

シーとは、社会の根源的な問題解決に向けた政策を意味しており、長期間にわたる政策の方向性を表すものであり、いわば政策のグランド・デザインである。つまり、政策科学の目的は、個々の政策分析だけではなく、社会の方向性に関わる政策提言にも関与することを意図している。

　第四に、政策科学では、複雑な理論モデルが用いられることである。単純なモデルでは、複雑な政策過程を分析することはできないため、理論的なモデルも複雑でなければならない。この点は学際性を重視する姿勢とも関連しており、かつてラスウェルが精神分析を政治学に導入したように、政策分析においても、あらゆる分野の分析モデルを複合的に応用することが念頭にあったといえる。

　第五に、政策科学における適用可能性である。政策分析の結果として得られた研究成果は、最終的には、政策決定者にとって直接的に役立つものでなければならない。政策決定者にとって有効な情報を提供することが、政策科学の目的であるというラスウェルの主張、すなわち「inの知識」に関わる点である。

　そして第六に、政策科学は規範的であり、処方的な側面をもつことである。具体的には、前述のように、政策科学が民主主義の強化に貢献すると考えていた点と関連している。またメガポリシーに代表されるように、政策科学が「政策提言」を目指すのであれば、「どのような政策が必要なのか」を決めることに関与しなければならない。換言すれば、「どのような政策が必要ではないのか」を宣言することでもあり、この段階において、結果的には、研究者の価値や志向が明確に反映されることになる。

　ここまでの議論は、ラスウェルによる政策科学という新しい分野の概略であったが、彼は、政策科学における具体的な分析方法についても言及している。とりわけ、①文脈的な分析（contextuality）、②問題志向性（problem orientation）、③多様な方法（diversity）という三つの基本的な特性が重要である。これら三点については、1951年の段階でも類似する記述はあるが、1971年に刊行された『政策科学序説』において詳細に提示されている。ラスウェルは、三つの点を政策分析のための「ガイドライン」だと考えており、さらには、当時の社会科学が抱えていた「視野の分断化（fragmentation）」、「問題に対する盲目性（problem-blindness）」、「単一方

法 (single-method)」という課題への対応策としても位置づけていた。それぞれについて、簡潔に検討していこう。

ラスウェルによる政策分析ガイドラインの一つは、「文脈的な分析」である。文脈的な分析は、ラスウェルの政策科学に関する手法のなかでも重要な位置づけを与えられているが、その記述は抽象度が高く、やや難解である。簡潔に表現すれば、政策科学においては、アクター間の相互作用が行われる社会的な過程を分析対象とするということである。ラスウェルは、一つひとつの政策決定過程をミクロに捉えており、それぞれの決定を取り巻いているようなマクロな作用が存在しているという前提に立っている。つまり、まず、社会全体のシステムに影響を与えるようなメカニズムがあり、こうしたメカニズムが、政策決定という個々の過程にも関係しているという理解である。ラスウェルの表現を借りれば、「物事のいかなる細部の意味も、それを一部として含んでいる全体的な文脈との関連性に左右される (Lasswell 1948)」ために、マクロなアプローチが求められるのである。

図1は、ラスウェルが想定する社会的な過程を図式化したものであり、参加者、相互作用の流れ、資源環境の三つが主要な構成要素とされている。ここでの参加者とは、政策決定過程におけるアクターのことを指しており、個人や組織されていない集団や組織化された集団のすべてを含んでいる。参加者は、政策決定過程において、自らの価値を最大化しようと試みており、例えば参加者が「権力」という価値を求めるのであれば、選挙での勝利 (資源) に基づき、政府 (社会的制度) を通じて権力を行使することが可能となる。

したがって、ラスウェルによれば、人間とは「資源に基づき、制度を通じて、価値を追求する」ものであり、これが社会的過程として捉えられる

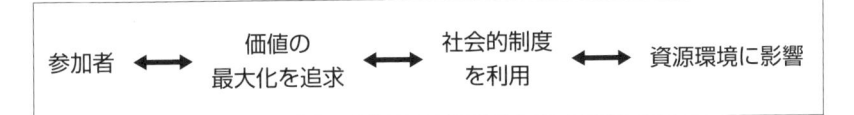

参加者 ↔ 価値の最大化を追求 ↔ 社会的制度を利用 ↔ 資源環境に影響

図1　社会的過程モデル
出典：Lasswell (1971: 18).

表1 八つの基底価値（資源）

価値	具体例
権力	選挙での勝敗
知識	科学的な発見、ニュース
富	収入、所得
福祉	医療、保護
技能	指導力、訓練
愛情	愛、友情、忠誠
尊敬	名誉
公正	宗教的・道徳的な受容

表2 価値を獲得するための社会的制度

価値	社会的制度
権力	政府、政党、立法
知識	言語、研究機関、マスメディア
富	農場、工場、銀行
福祉	病院、レクリエーション施設
技能	職業学校、専門学校、美術学校
愛情	家族、友人サークル
尊敬	社会階級、階層
公正	宗教団体、道徳団体

出典：Lasswell (1971: 18-22) をもとに筆者作成。

過程である。なお、ラスウェルが価値として想定したのは、権力、知識、富、福祉、技能、愛情、尊敬、公正という八つである。そしてこれらの価値を獲得するための社会的制度は、表2に示されている。

ラスウェルは、社会的過程や価値の重要性を主張しながらも、それぞれの価値の獲得をめぐって、どのようなアクターが、いかなる政策決定を行っているのかという点に関して、具体的な内容を述べているわけではない。したがって、あくまで「概念図」を提示するにとどまっているが、いずれにせよ、ラスウェルによる文脈的な分析の要諦は、政策決定が権力に関わる複雑な過程であるという点を再認識することにある[6]。

政策決定は、アクター間の相互依存や権力関係のなかで行われており、アクターや権力構造が変化すれば、政策決定は全く別の結果を生む可能性をもつ。そこで、政策決定の過程を経験的に記述しながら、どのようなアクターが、いかなる権力の獲得を目指しているのかという構造を明らかにする必要がある。この点では、文脈的な分析とは、「ofの知識」に関わるも

---

[6] 文脈的な分析について、トーガソン（Douglas Torgerson）は「ポスト実証主義（post positivism）」との関連を指摘する（Torgerson 1985）。ポスト実証主義における解釈的アプローチは、特に政策決定に関わるアクターの存在に焦点を向けており、文脈的な分析との類似性をもっている。

のであり、決定過程の全体像を明らかにしながら、どこに問題があり、どのような解決策があるのかという「inの知識」につながる分析でもある。

二つ目のガイドラインは、「問題志向性」である。問題志向性とは、いわば政策科学における問題解決型の志向性である。政策科学において、具体的な政策を提案するときに求められる内容であり、ラスウェルは、次の五つの構成要素が問題解決における重要な点であると指摘する。第一に目標の明確化、第二に歴史的な記述、第三に条件の分析、第四に予測、そして第五に代替案の提示と評価である。

まず目標の明確化とは、どのような政策を実現するべきかという優先順位に関するものである。この点では、政策科学に関わる研究者の価値観に密接に関わることになる。歴史的な記述とは、過去の政策決定に関わる事例から、成功や失敗の原因を分析することである。条件の分析とは、歴史的な記述から得られた知識に基づき、より良い政策が行われる条件を探ることである。予測とは、特定の政策が実施された場合にもたらされる結果に関するものである。そして代替案の提示とは、政策の目的を達成するために、どのような改善が考えられ得るかを考慮することであり、政策評価に関連する内容でもある。

ラスウェルによる政策分析ガイドラインの三つ目は「多様な方法」である。多様な方法とは、上述の文脈的な分析や、問題志向性を目指すうえで導入されるさまざまな方法である。ラスウェルはまず、「文脈の図式化（contextual mapping）」を挙げている。文脈を図式化するとは、社会的なプロセスを把握するために、アクターの関係などを含めた複雑な状況を図式化するという手法のことである。こうした図式化は、とりわけ問題の把握や問題の解決のために用いられることを想定しているため、具体的な政策決定に関与するアクターに、状況を把握させ、的確な判断を行うよう促す目的もある。

第二に、「発展的構図（developmental constructs）」とは、問題解決の予測に関わる内容である。ある政策によって、どのような帰結が生じるのかを提示するという手法であるが、ラスウェルは仮説的であることが特徴だと指摘している。過去の傾向を分析し、さらに現在を考察することによって、将来的な発展のパターンを予測することが可能になる。ただしラス

ウェルは、発展的構図がマルクス（Karl Marx）のような科学的命題とは異なっており、またイデオロギーによって望ましい社会像が描かれるようなものではなく、あくまで「仮説」であるという点を強調している。

　第三に、「プロトタイプ法（prototyping technique）」とは、自然科学の分野で用いられるような、明確で測定しうる変数だけで分析を行うのではなく、部分的にしか測定しえない変数を分析対象とする手法である。例えばラスウェルは、重要な社会的変化は、有能な政治リーダーによってもたらされる傾向にあると指摘している。かりに、効果的なリーダーシップを一般化することができるなら、他の政策決定においても応用可能であるとラスウェルは考えていた。政治リーダーの育成も政策科学の構想に含まれていたが、こうした点とも関連する内容である。

　第四に、「コンピュータ・シミュレーション（computer simulation）」とは、複雑な状況を把握するためにコンピュータを用いて行われる分析手法である。ただし、ラスウェルは、シミュレーションによって得られた結果が、現実を的確に描いているか否かに注意しなければならないと述べている。

　最後に、「参与観察（participant observation）」とは、政策決定に関与する人を直接的に観察する手法である。これまでの手法は、研究者が政策決定過程に直接参加することを想定してはいないが、具体的な参加を通じて直接的なデータを得ることを一つの可能性としてラスウェルは論じている。また、政策決定過程について、外部からの観察を受け入れさせることも参与観察の内容の一つである。

　さて、これまで『政策科学序説』によるラスウェルの議論を中心に論じてきたが、最後に、ラスウェルが主張する「ofの知識」に関連する内容として、政策過程に関する七段階についても言及したい。ラスウェルは、1956年に発表した論文において、「ofの知識」のなかでも、とりわけ政策決定の段階に関する視点が不足していたと指摘しており、政策の段階とそれぞれの機能を含むモデルを提示している（Lasswell 1956）。ラスウェルによる政策の七段階モデルは、今日の段階モデルの原型ともいわれているが、すでに1956年に提示されていたことが、ラスウェルの先見性を示すものである。

　ラスウェルの政策科学は、その後の政策研究に対して大きな影響を及ぼ

表3　政策の七段階モデル

	段階	機能
第1段階	調査(Intelligence)	情報に基づく予測と計画
第2段階	勧告(Recommendation)	政策代替案の提示
第3段階	提言(Prescription)	政策に関わる法令・法規を制定
第4段階	発動(Invocation)	政策実施の検討
第5段階	適用(Application)	最終的な政策の実施
第6段階	評価(Appraisal)	政策の成功や失敗に対する評価
第7段階	終了(Termination)	政策に関わる法令や取決の効力停止

出典：Lasswell（1956: 2）をもとに筆者作成。

した。しかし、他方において、1950年代にラスウェルの掲げた政策科学は、当時の研究者たちの関心を引き寄せたわけではなかった。また、政策科学そのものが1960年代には行き詰まりを見せることになった。そこで次節では、ラスウェル以降の政策科学について若干の考察を加えたい。

3　政策科学の挫折

　ラスウェルが情熱を傾けた政策科学ではあったが、1951年のシンポジウム後に刊行された『政策科学』は、さまざまな分野の寄せ集めの域を出なかったこともあり、新しい研究分野が急速に発展したわけではなかった（薬師寺 1989）。政策科学が新たな研究領域として認識されたのは、雑誌『政策科学（*Policy Sciences*）』の発刊や、ドロアの『政策科学のデザイン（*Design for Policy Sciences*）』が刊行された1970年代である。それでは、なぜ1950年代に政策科学は発展しなかったのだろうか。

　まず、少なくとも政策研究の専門家が事実上、存在しなかった点である。政策分析をするための明確な方法論や概念が確立しておらず、さまざ

まな分野を統合しうるような共通のプラットフォームを形成するまでには至っていなかった。さらに、政策分析には、多量のデータを処理するためのコンピュータ分析が不可欠であったが、利用可能なコンピュータが研究機関に普及したのは1960年代である。また、当時の多くの研究者たちは、自らの専門分野にとどまることを望んでおり、複合領域的な政策科学に魅力を感じながらも、必ずしも積極的に近づこうとはしなかった（McCool 1995）。

とりわけ、当時のアメリカ政治学において主流であった行動科学は、科学的な分析に主眼を置いており、ラスウェルが目指したような政策提言を含む規範的な研究とは一線を画していた。行動科学的な政治学の目的は、政治行動の分析を通じて一般的な法則を見出すことであり、現実的な政治問題への解決策を提供することには直接的に関与しないという姿勢が一般的であった。また、ガーソン（G. David Garson）が指摘するように、ラスウェルが掲げた政策科学は、分析レベルにおける科学的な手法の重視と、他方では、価値や規範を重視する「ヒューマニズム」が内包されており、互いに相反する目的を同時に追い求めていたことも初期の政策科学が受け入れられなかった理由の一つである（Garson 1981）。

他方で、1960年代にはラスウェルが求めた「自動化への選好（preference for automation）」という考え方が政策決定において実現した事例も存在する。自動化への選好とは、政策決定過程における合理性の向上を目指し、自由裁量やあいまいな判断を可能な限り排除し、合理性に基づいた「自動的で機械のようなルーティン（automatic machine-like routine）」として政策が決定されることを意味している（Lasswell 1955）。

ケネディ（John F. Kennedy）やジョンソン（Lyndon B. Johnson）時代の予算編成において、いわゆるオペレーションズ・リサーチ（operations research）の影響を色濃く受けたPPBS（計画プログラム予算システム）と呼ばれる手法が導入された。PPBSとは、ある特定の政策が予算に見合った効果を得られるか否かを事前に予測する費用便益分析（cost benefit analysis）を基盤とする政策形成の手法であり、とりわけジョンソン大統領の時代に積極的に用いられた。

合理的な政策決定を具現化したPPBSであったが、わずか3年で廃止に

追い込まれた。PPBSでは、あらゆる政策について費用便益分析を求めただけではなく、同時にいくつもの政策代替案を用意することが必要となった。こうした作業には多大な時間とスタッフの労力が必要となり、かえって効率が悪くなるという悪循環を生んだ。合理性に基づく政策形成や決定のメカニズムが、事務的な作業量の増加という人的要素によって効果的に機能しなかったことは、ある種の皮肉かもしれない。

さらに、決定過程における合理性をめぐっては、経営学者のサイモン(Herbert A. Simon)が主張した「限定的な合理性(bounded rationality)」という根本的な問題も存在する。サイモンは、あらゆる意思決定において、人間の情報処理能力や判断能力は完全ではなく、むしろ不完全であるために、合理的な決定を行うことはできないと主張した(Simon 1947)。

例えば、ある政策がどのような結果を生むのかという予測は、常に不確実性を伴うものであり、またどのような将来が望ましいかという価値判断についても、全知全能ではない人間が下すという前提に立つ必要がある。限定的な合理性という視点は、リンドブロム(Charles E. Lindblom)にも引き継がれた。リンドブロムが唱えたインクリメンタリズム(漸変主義)は、人間の能力に限りがあるだけではなく、時間的な制約もあるため、政策決定で完全な合理性を前提とすることは現実的ではないという認識に基づくものであった(Lindblom 1959)。

4　政策科学の意義

ラスウェルの掲げた政策科学は、登場以来、さまざまな批判や課題に直面してきた。しかしながら、政策科学は消滅するどころか、今日においても活発に研究が行われている分野の一つである。海外や日本の大学も含め、公共政策を専門とする学部や大学院の開設が相次いでおり、政策科学や公共政策研究は、まさに「成長産業」であるという指摘もある(足立2005)。それでは、果たしてラスウェルが残した功績は何であったのだろうか。

まず、ラスウェルの政策科学において重要なのは、学際的なアプローチを強調した点である。現代において、社会問題はさらに複雑化し、一つの社会問題がいくつかの領域と関連し合っている事例が数多く見られる[7]。したがって政策研究においては、これまで以上に異なる専門分野による共同作業が不可欠である。もちろん、全く異なる分野を完全に統合して、誰もが共有しうるような「政策科学」という概念の構築や共通する研究手法を確立させることは今日でも困難である。とはいえ、ラスウェルの時代以上に、多様な分野との横断的な研究や、研究成果に基づく政策提言は、現代社会の要請でもある。その意味で、改めてラスウェルの主張に傾聴する必要があるだろう。

　そして何より、ラスウェルによる政策科学の中枢でもあり、彼の再評価に結びついているのが、「民主主義の政策科学」という視座である。例えば、2006年にAPSR（*American Political Science Review*）誌に掲載されたファー（James Farr）らの論文では、とりわけ政策科学に関するラスウェルの議論や背景がとり上げられている。彼らによれば、民主的な社会において研究者が果たすべき役割は何かという問いかけは、現代の研究者にも通じる問いであるとして、ラスウェルの業績に再び注目することを呼びかけている（Farr et al. 2006）。

　なるほど、政策科学とラスウェルについて語るとき、もっとも評価すべき点は、彼が提示した政策科学の目的や研究手法だけではなく、ラスウェルが内包していた現実の問題への鋭い危機意識なのかもしれない。研究者として、何をなすべきかというリンド以来の問いかけは、ラスウェルに始まる政策科学だけにとどまらず、今なお、危機の時代に直面する社会科学全般に求められる姿勢なのである。

7　例えば、環境問題などが代表的である。近年では環境経済学、環境経営学、環境社会学など「環境」という共通するテーマに対して、複数の研究分野が多く存在するようになっている。

参考文献

Charles E. Lindblom, 'The Science of "Muddling Through",' *Public Administration Review*, Vol. 19, No. 2, 1959, pp. 79-88.
Daniel C. McCool, *Public Policy Theories, Models, and Concepts*, Prentice-Hall, 1995.
Daniel Lerner and Harold D. Lasswell(eds.), *The Policy Sciences: Recent Developments in Scope and Method*, Stanford University Press, 1951.
G. David Garson, 'From policy science to policy analysis: A quarter century of progress?,' *Policy Studies Journal*, Vol. 9, No. 4, 1981, pp. 535-544.
Harold D. Lasswell, *Power and Personality*, W. W. Norton & Company Inc., N. Y., 1948 (永井陽之助訳『権力と人間』東京創元社、1961年)。
Harold D. Lasswell, 'The Policy Orientation,' in Daniel Lerner and Harold D. Lasswell(eds.), *The policy Sciences: Recent Developments in Scope and Method*, Stanford University Press, pp. 3-15.
Harold D. Lasswell, 'Current studies of the decision process: Automation versus creativity,' *The Western Political Quarterly*, Vol. 8, No. 3, 1955, pp. 381-399.
Harold D. Lasswell, *The Decision Process: Seven Categories of Functional Analysis*, University of Maryland Press, 1956.
Harold D. Lasswell, 'Policy Sciences,' *International Encyclopedia of the Social Sciences*, Vol. 12, 1968, pp. 181-189.
Harold D. Lasswell, 'The Emerging Conception of the Policy Sciences,' *Policy Sciences*, Vol. 1, No. 1, 1970, pp. 3-14.
Harold D. Lasswell, *A Pre-View of Policy Sciences*, American Elsevier, 1971.
Harold D. Lasswell, 'On the policy sciences in 1943,' *Policy Sciences*, Vol. 36, 2003, pp. 71-98.
Herbert A. Simon, *Administrative Behavior: A Study of Decision Making Process in Administrative Organizations*, Free Press, 1947.
James Farr, Jacob S. Hacker, and Nicole Kazee, 'The Policy Scientist of Democracy: The Discipline of Harold D. Lasswell,' *American Political Science Review*, Vol. 100, No. 4, 2006, pp. 579-587.
Tadao Miyakawa (ed.), *The Science of Public Policy: Essential Readings in Policy Sciences* (Volume 1), Routledge, 1999.
秋吉貴雄・伊藤修一郎・北山俊哉『公共政策学の基礎』有斐閣、2010年。
足立幸男『公共政策学とは何か』ミネルヴァ書房、2009年。
足立幸男『政策学的思考とは何か——公共政策学原論の試み』勁草書房、2005年。
阿部頼孝「H. D. ラズウェル——現代政治学の開拓者」白鳥令編『現代政治学の理論(上)』早稲田大学出版部、1981年、1-30頁。
飯田文雄「ハロルド・ラスウェルの政治理論 (1) 科学・権力・民主主義」『國家学会雑誌』第103巻3・4号、1990年、129-208頁。
Y. ドロア／宮川公男訳『政策科学のデザイン』丸善、1975年。
イェヘッケル・ドロア／木下貴文訳『公共政策決定の理論』ミネルヴァ書房、2006年。
木下貴文「『政策科学』の構想と展開——ラスウェルとドロアの議論から」京都大学大学院人間・環境学研究科社会システム研究刊行会編『社会システム研究』第7巻、

2004年、113-126頁。
デヴィド・イーストン／田口冨久治・小鴉大輔訳「ハロルド・ラスウェル：民主社会の
　政策科学者」立命館大学政策科学会編『政策科学』第10巻1号、2002年、161-176頁。
中谷義和「H. D. ラスウェル――精神分析学的政治学と政策科学」田口冨久治・中谷義
　和編『現代の政治理論家たち――21世紀への知的遺産』法律文化社、1997年、85-98
　頁。
中道寿一編『政策科学の挑戦――政策科学と総合政策学』日本経済評論社、2008年。
日本政治学会編『年報政治学　政策科学と政治学』岩波書店、1984年。
根岸毅「H. D. ラスウェル著『政策科学序論』」『法学研究』第45巻8号、1972年、
　136-145頁。
宮川公男『政策科学の基礎』東洋経済新報社、1994年。
宮川公男『政策科学の新展開』東洋経済新報社、1997年。
宮川公男『政策科学入門（第2版）』東洋経済新報社、2002年。
薬師寺泰蔵『公共政策』東京大学出版会、1989年。

第2章

キングダンの政策の窓モデル

1 政策過程の現実

　政策とは、社会における公共的な問題を解決するための解決の方向性と具体的手段と定義される（秋吉他 2010: 4）。公共的な問題の解決という政策の目的の達成には、多様な行為ないし作業が伴う。政策に関するこうした一連の行為ないし作業を含むプロセスは、「政策過程」と呼ばれる（宮川 2002: 207）。

　政策過程の一般的なイメージを描くと、図1のようになる。まず、社会のなかに政策による解決が求められる問題の存在が確認されなければならない。しかしながら、そうした問題の全てが政府における検討の対象となるわけではない。ある問題が政府のなかで検討されるためには、政府から注目されること、即ち「アジェンダ (agenda: 議題)」として位置付けられることが必要となる。政策過程におけるアジェンダ・セッティング（agenda

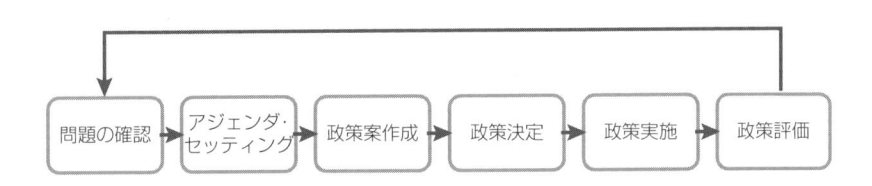

図1　段階モデルのイメージ
出典：Birkland (2011: 26)と宮川（2002: 211）を参考にして、筆者作成。

setting: 議題設定）とは、どの問題が政府からの注目を最も多く集めるに値するかが決定されるプロセスである（Cairney 2012: 33）。問題がアジェンダとして設定されると、その解決のための政策案が作成され、どの案が望ましいかが審議される。政策案に関する審議の次に、政策決定が行われる。具体的には、立法等のかたちで何らかの政策案が採択される[1]。採択された政策は、政府の機関等によって実施に移される。その後、その政策の評価が行われ、政策を継続、修正、終結すべきかが検討される。

　「段階モデル（stages model）」[2]といわれるこうした政策過程の捉え方は直観的にも理解し易く、また政策や政治に関するテキストブックの多くは段階モデルに沿うかたちで構成されている。しかしながら、段階モデルには厳しい批判も向けられている（Jenkins-Smith and Sabatier 1994; Nakamura 1987）。その一つに、段階モデルは現実を正しく描写できていないという批判がある。段階モデルでは政策過程における段階を一段ずつ直線的に進むことが想定されている一方で、現実はむしろ複数の段階を同時進行することもあれば、複数の段階のあいだを行き来することもある。また、そもそも政策過程における各段階は、現実には明確に区分し得るものではないであろう[3]。

　近年、政策過程の現実についてより深く理解するためのモデルとして、段階モデルに替わるものを構築する試みが進められている。こうした問題認識から生まれた理論に、キングダン（John W. Kingdon）が著書『アジェンダ、選択肢、公共政策（*Agendas, Alternatives, and Public Policies*）』のなかで提唱した「政策の窓モデル」がある。本章は「政策の窓モデル」をとり上げ（Kingdon 1995=1984）、理論としての貢献、限界、可能性ないし示唆について考究する。まず政策の窓モデルについて概説したうえで、他のモデルとの比較を行う。次に、政策の窓モデルに対する批評を踏まえながら、理

1　問題の出現・確認から政策案の採択までを一つのプロセスとして、「政策形成」（中沼 2007）や「政策決定」（宮川 2002）と呼ぶこともある。
2　段階モデル以外に、「教科書アプローチ（textbook approach）」（Nakamura 1987）、「学習支援のための段階論（stages heuristic）」（Jenkins-Smith and Sabatier 1994、このモデル名の邦訳は中沼（2007）による）」、「政策サイクルモデル（policy cycle model）」（Cairney 2012）等とも呼ばれる。
3　段階モデルの現実性に関する判断は、段階モデルに何を期待するかによって左右されるとしたうえで、モデルとしての有効性や意義を指摘する議論もある（deLeon 1999; 中沼 2007）。

論の科学性という観点から政策の窓モデルを評価する。最後に、政策過程のあり方や政策過程におけるアクターの取るべき行動等について、政策の窓モデルから引き出される示唆に論及する。

2　政策過程における「政策の窓」

（1）組織の意思決定

　キングダンの政策の窓モデルのなかで描かれる政策過程の特徴や政府の行動様式は、コーエン（Michael D. Cohen）、マーチ（James G. March）、オルセン（Johan P. Olsen）によって提唱された「ゴミ缶モデル（garbage can model）」（Cohen et al. 1972）に基づいている。ゴミ缶モデルは、大学組織の実証的な分析から導出された、組織の意思決定についてのモデルである。

　組織における合理的な意思決定では、まず問題が認識され、次にその問題に対する解決策が作成され、最後に選択が行われるという直線的なプロセスが想定される。しかしながら、現実の組織の意思決定はこうした合理性からは程遠いと、ゴミ缶モデルは捉える。

　組織の意思決定のプロセスは明確なものではなく、そこでは、組織のメンバーは各自の選好等を必ずしも明らかにしようとはしない。なぜなら、各自の選好等が示されると、メンバー間での不一致が顕在化するおそれがあり、そうした事態を避けようとメンバーは選好等をごまかしたり、曖昧なままにしたりするからである。こうした状況では、組織が追求すべき目標を明確に定義することは極めて難しくなる。また、組織では、組織のメンバーの時間や能力等の制約やメンバーの流動性があるために、あらゆる可能性が包括的に検討されることはない。結果として、試行錯誤や過去の経験からの学習が、問題に対する組織的な行動の選択において重要な意味をもつ。さらに、組織の意思決定における合理性は、包括性を意味するとはかぎらない。むしろ、組織のメンバーにとっては、自らの立場を正当化したり向上させたりすることが合理的な行動となる場合があり得る。これらの組織の特徴は、ゴミ缶モデルでは、「組織化された無秩序（organized anarchy)」と表現される。

　このような特徴をもつ組織では、問題の確認、解決策の提案、組織のメンバーによる選択といった行為ないし作業は、それぞれ独立して行われることになる。換言すれば、これらは必ずしも直線的に順番に進まないのである。例えば、何らかの問題が確認される以前に、解決策が既に考案されていることもあり得る。組織の意思決定とは、これらの行為ないし作業が乱雑に混ぜ合わせられた「ゴミ缶」のなかでの選択のようなものであり、極めて複雑で予測困難なものとなる。

　キングダンは、こうしたゴミ缶モデルの視点を、政府の意思決定にまで拡大させる。政府は、ゴミ缶モデルが想定する組織としての特徴を有する。政府組織（のメンバー）は時間的にも能力的にも限界があると同時に、政府の意思決定に携わるメンバーは固定的ではない。また、政府組織は異なる目標や選好をもつメンバーによって構成され得る。さらに、政府組織のメンバーは、自己の立場の正当化に寄与する行動をとる傾向がある。こうした政府の組織的特徴を踏まえて、キングダンは、政府の意思決定を、合理性とは異なる特徴をもつものとしてモデル化する。

（2）政策過程における三つの流れ

　キングダンが特に着眼するのが、政策過程におけるアジェンダ・セッティングと政策案の作成・列挙である。アジェンダ・セッティングのプロセスでは、さまざまな問題ないしイシューのあいだで、政府からの注目を得るための競争が繰り広げられる。競争の結果、政府から注目されてアジェンダとして設定されるイシューもあれば、軽視もしくは無視されて検討対象から外されるイシューもある。こうしたアジェンダ・セッティングや、そのアジェンダに関わる政策案の作成・列挙を左右する要因とは、如何なるものであろうか。これが、キングダンが論究する問題である。

　キングダンが提唱した政策の窓モデルでは、先述の段階モデルの直線性と合理性が疑問視される。即ち、実際の政策過程は、一段階ずつ直線的に進む合理的なプロセスとはならないという認識にキングダンは立つ。では、キングダンは政策過程をどのように捉えているのであろうか。

```
          問題の流れ  →

          政策の流れ  →

          政治の流れ  →
```

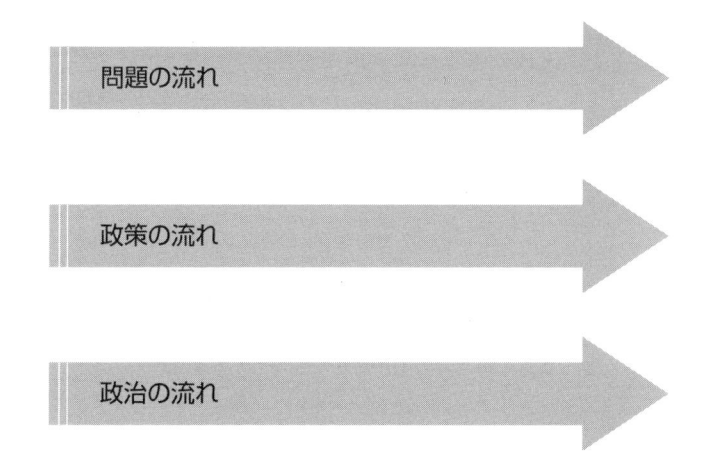

図2　政策の窓モデルにおける政策過程のイメージ①：三つの流れ
出典：Birkland（2011: 298）と大藪（2002: 198）を参考にして、筆者作成。

　政策の窓モデルは、政策過程は、三つの流れ——①問題の流れ（problems stream）、②政策の流れ（policy stream）、③政治の流れ（political stream）——から成るものとして描く（図2）。これら三つの流れは、それぞれ異なる機能を果たす。問題の流れでは、問題が認識される。問題の認知を促す要因として三つが挙げられる。まず、現状に関する指標によって、社会に問題が存在することが認識される。乳児死亡率や幹線道路での死者数がその例である。二つめの要因は、劇的な出来事や危機の発生である。例えば、航空機の事故は航空政策の安全性がイシューとなる契機となり得る。三つめに、現行のプログラムに関するフィードバックが指摘される。フィードバックのチャネルには、体系的な評価研究、市民等からの苦情やケースワーク、行政官自身の経験等がある。

　政策の流れのなかには、議員や行政官、専門家といった多様なアクターが供給するさまざまなアイディアが存在する。それらのアイディアは議論を通じて修正され、最終的にごく少数のアイディアのみが検討の対象となる。この選定における重要な基準として、技術的に実現可能であるのか、そして政策形成に携わる人々の価値観と相容れないものとなっていないか、といった点が挙げられる。

政治の流れは、政策形成に携わる人々が特定の時期に特定の政策案に対してどの程度受け入れの姿勢を示すかに関わる。政策案の受け入れの姿勢は、国民のムード、利益集団の支持もしくは反対、議会における勢力図の変化や行政府における重要人物の交代等によって左右される。

　政策の窓モデルでは、アジェンダ・セッティングと政策案の形成・列挙のプロセスが「きっちり結ばれた（tidy and tight）」ものではなく、高度に流動的なものとして捉えられる（Kingdon 1995: 222）。三つの流れは互いに独立し同等の地位を占め、それぞれの流れには固有のダイナミクスやルールが存在する。したがって、ゴミ缶モデルにおける組織の意思決定と同様に、政策形成に携わる人々が政策案の作成・検討に乗り出すのは、問題が認知された後とはかぎらない。このように、段階モデルでの想定（図1）とは全く異なるプロセスを、政策の窓モデルは描く（図2）。

（3）「政策の窓」と政策転換

　これらの互いに独立した三つの流れから、どのようにして、特定のイシューがアジェンダとしてとり上げられ、特定の政策案が提示されるのであろうか。それは、これらの流れが一つに「合流（カップリング: coupling）」したときである。カップリングの結果によっては、極めて斬新なアイディアが注目され、ときに大規模な政策転換も起こり得る。

　カップリングは頻繁に起きるものではなく、臨界期ともいうべき決定的な瞬間に訪れる。何らかの政策案を推進する人は、その政策案をすぐに使える状態にしながら、この瞬間を政府の内外で待ち構えている。具体的には、その政策案を当てはめることができそうな問題が浮かんでくるときを、また、政治の流れが自らの利益になるように展開するときを待っているのである。

　こうした決定的な瞬間の到来を、キングダンは「政策の窓（policy window）」の開放と表現する。政策の窓の開放は、現行プログラムの定期的更新のように予測可能な場合もあれば、政権交代のように政策の窓が予期せずに開くこともある。後者のケースでは、社会における切実な問題の出現や政治の流れにおける出来事（政権交代等）の生起等が、政策の窓の開

放に繋がる重要な要因となる

　政策の窓が開いている時間は決して長くなく、そのタイミングを逃すと、いつ訪れるかもわからない次の機会を待たなければならない。この貴重な好機を捉えてカップリングのために尽力するアクターは「政策事業家（policy entrepreneur）」と呼ばれ、その役割の重要性が強調される。政策事業家は、近い将来に期待される何らかの利益と引き換えに、「時間、エネルギー、名声、資金といった自分の資源を注ぎ込む」(Kingdon 1995: 179)ことによって、カップリングの可能性を高める。政策事業家の役割を担い得るアクターは、閣僚、議員、ロビイスト、学者、弁護士、キャリア官僚等、いたるところに存在する。

　政策の窓モデルが描くカップリングは、図3のようにイメージ化することができる。三つの流れはそれぞれ独立して機能している。しかし、政策の窓が開くという決定的な瞬間においてそれらは合流（カップリング）し、ときに大規模な政策転換がもたらされる。カップリングにおいては、深刻

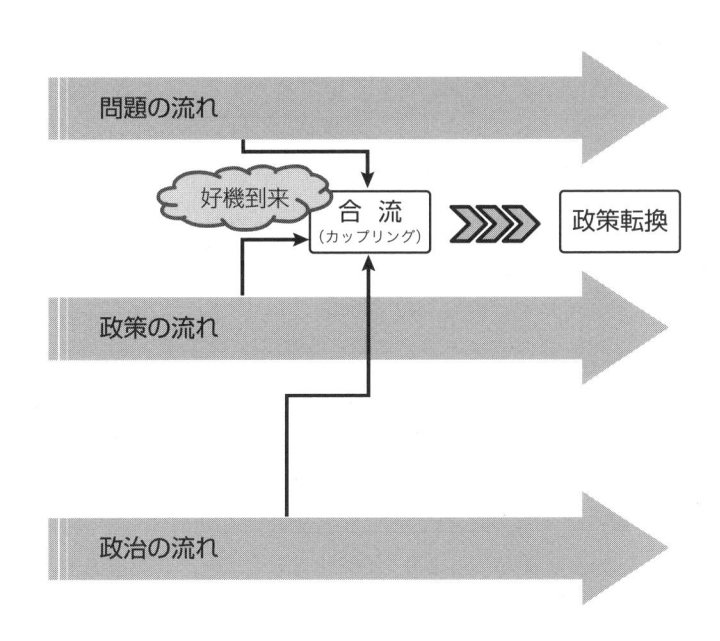

図3　政策の窓モデルにおける政策過程のイメージ②：政策転換
出典：Birkland (2011: 298) と大藪 (2007: 198) を参考にして、筆者作成。

表1　政策の窓モデルにおける政策過程の制約要因

制約要因		詳細
三つの流れの ダイナミクス	問題の流れ	指標、重要な出来事、フィードバック
	政策の流れ	選定基準…(例) 技術的実現可能性、価値観の受容可能性、社会の黙認、議員からの受容、財政逼迫
	政治の流れ	政治的資源、国民のムードの揺れ、選出議員の交代
カップリングの可能性の限界		問題・政策案・政治状況がそれぞれの流れに現れるタイミング、特定の問題への対応の適切性についての政策形成者の認識、腕のいい事業家
より一般的な制約		予算、制度、政策の窓の希少性

出典：筆者作成。

な危機や政権交代等といった、問題の流れや政治の流れにおける偶発的な要因が重要な意味をもつ。

　これまでの政策の窓モデルの概説を踏まえると、政策の窓モデルは政策過程を本質的にランダムなものとして想定しているように映るかもしれない。しかしながら、キングダンは、政策過程にはある程度のパターンが見出されることを強調する。パターンを生みだす制約要因は、①それぞれの流れに内在するダイナミクス、②カップリングの可能性の限界、③より一般的な制約、の三点に整理することができる（Kingdon 1995: 206-207）。表1はそれぞれの詳細をまとめたものである。

　このように、政策の窓モデルは多くの要因から制約される。キングダンの表現を借りれば（Kingdon 1995: 223）、川の流れが堤防によって通常制限されるのと同様に、政策の窓モデルはこれらの要因によって構造化されている。即ち、政策過程はどこへでも自由に進めるわけではない。その意味で、政策の窓モデルはゴミ缶モデルをベースにしながらも、「組織化された無秩序」のなかで「無秩序」より「組織化された」を、ゴミ缶モデルよりも強調するモデルであるといえよう（宮川 2002: 219; 大嶽 1990: 107）。

（4）モデルとしての説明力

　政策の窓モデルの提唱は、アメリカの連邦政府の運輸と保健の政策領域についての分析に基づくものであった。政策の窓モデルはその後、キングダン自身によって、1980年代と1990年代に起きた予算、税制、医療の分野での政策転換の事例にも適用され、モデルの説明力の高さが主張された（Kingdon 1995）。そこで以下では、それらの事例の一つである1986年のアメリカの税制改革についてのキングダンの分析に焦点を当てて、政策の窓モデルと他のモデルとの比較を行う。

　1986年のアメリカの税制改革をめぐっては、改革の中身の点からも、また当時の政治状況からも、その実現可能性は極めて低いと予想されていた。税制改革の中身を見てみると、公平性や経済効率性の向上、低中所得者層の利益の重視、租税特別措置の大幅な削減や撤廃が目指された。他方、政治状況としては、連邦議会では激しい政党間の対立やイデオロギーの衝突が見られた。こうした利益集団が反対しそうな改革目標や議会内での合意形成が難しそうな状況にも拘らず、この税制改革が実施されたことは、大きな驚きを多くの論者に与えた（松田 2003）。

　税制をめぐる政治をめぐっては、抜本的な税制改革の実現は困難であることを説明するモデルが多い（Peters 1991）。それらのモデルでは、利益集団の政治的・経済的影響力の大きさや一般の納税者の税制についての知識の不十分さ等が強調され、政府は大規模な税制改革への着手に躊躇し、むしろ一般の納税者の利益を犠牲にして租税特別措置を濫発する傾向が強いことが示される（松田 2006）。したがって、1986年の税制改革の実現は、多くのモデルでは説明し難い出来事として捉えられる。

　1986年の税制改革の実施というパズルの解明に向けて、キングダンは、政策の窓モデルが大きく寄与すると主張する。キングダンの分析によると、この税制改革をめぐる政治の流れとして、反政府・反税制の動きが国民のムードとして見られるようになったことがある。くわえて、レーガン（Ronald W. Reagan）政権の誕生と議会内における保守勢力の増大も、税制の抜本的な変更への下地となったことも指摘される。問題の流れでは、深刻な財政赤字、極めて複雑な税制、税の抜け穴による税収の喪失と不公平

性の拡大が、有識者らによって認識されるようになった。政策の流れに目を向けると、経済学者等によるフラット・タックス (flat tax) に代表されるアイディアが展開されていた。このアイディアに対して、民主党と共和党の両党の連邦議会議員のなかから政策事業家が現れた。そして、さまざまな議論を通じて、改革案をめぐる対立は「軟化 (softening up)」し、最終的には、多少の意見の相違は残ってはいたものの、税制の簡素化、公正・公平性の向上、効率性の上昇といった改革の目標が共有されるようになった。1980年代の中ごろまでにはこれら三つの流れが一つになる状況になった。このカップリングがその後の歴史的な議会内の審議プロセスをもたらし、1986年の税制改革法の成立へと至った。こうしてキングダンは、この事例研究からも政策の窓モデルの説明力の高さを確認できると結論付ける。

　さらに注目すべきは、アイディアに主眼を置くモデルとの違いへのキングダンの言及である。1986年の税制改革においてアイディアの重要性を見出すことができるが、しかし、アイディアそれ自体ではこの税制改革のプロセスを動かすには不十分である。政策の窓モデルが示すように、政策の流れにおけるアイディアは政治の流れと問題の流れと合流しなければ、その力を発揮することはできないのである。アイディアのみならず、政治や問題の流れといった政策過程全体を考慮に入れる政策の窓モデルは、キングダンによれば、大規模な政策転換への理解に大きく貢献するのである。

3　政策過程理論としての「政策の窓モデル」

(1) 理論の一般性

　本節は、政策の窓モデルの評価を、「理論の科学性」という観点から進める。政策を対象とする研究を科学と捉えられるかについては意見が分かれるところであるが、本節では、政策研究における科学的側面の重要性を踏まえて (松田 2008)、政策過程理論の科学性について検証することには大き

な意義があるという立場をとる。

そこで、科学的な理論が満たすべき基準もしくは担うべき役割として一般性と予測性の二点に着目する（Becker 1976; 市川 2004）。政策の窓モデルに対するこれまでの批評のなかからこれら二点に関わるものに言及しつつ、政策の窓モデルの科学性について論究する[4]。

理論の一般性とは、理論の適用ないし説明の範囲の広さである。キングダンは、規制政治の特徴をもつ運輸と、再分配政治として特徴付けられる保健という性質が全く異なる二つの政策領域についての分析に基づいて、政策の窓モデルを提唱している（大嶽 1990）。政策の窓モデルはその後、キングダン自身によって、予算、税制、医療の領域にも適用されている。それぞれの領域で説明力の高さが示されたことを踏まえると、政策の窓モデルは一般性の高いモデルとして評価され得る。

その一方で、政策の窓モデルの一般性に対して、政策の窓モデルが機能するのは高度に分権的なアメリカの制度に限定されるのではないかという疑問が見受けられる（大嶽 1990）。しかしながら、分権的な仕組みという点では欧州連合（EU）も同様であり、近年、欧州連合の政策過程の分析においても政策の窓モデルが貢献し得ることが明らかにされてきている（Cairney 2012）。

さらに、議院内閣制のような集権的な制度を採用する国の政策過程についても、政策の窓モデルの適用の可能性が示唆されている。例えばザハリアディス（Nikolaos Zahariadis）は、イギリスとフランスにおける石油、電気通信、鉄道の三つの政策領域における民営化のプロセスについて、政策の窓モデルを用いて分析する（Zahariadis 1995）。そこでは、国民のムード、利益集団の支持と反対、議会における勢力図の変化や行政府における重要人物の交代といった政治の流れにおける複数の変数を政府与党のイデオロギーという一つの変数に変換する等のモデル修正を行うことによって、政策の窓モデルを集権的な政策過程に適合させている。

日本への適用例としては、小島（2003）が、政策の窓モデルに組織的知識

---

[4] 政策の窓モデルの全般的な問題点や限界については、Zahariadis（1999）が詳細にレビューしている。

創造モデルの概念を組み入れたうえで、NPO法の政策過程を検証する[5]。また、二宮（2005）は、日本の教育政策をめぐっては、市場へ対応する組織・制度としての学校教育に着目した分析が多く見受けられる一方で、教育政策の形成過程に焦点を当てた分析は少ないことを指摘する。後者の分析においては多様なアクターを如何に位置付けるかが重要な意味をもつ。この点に関して、二宮は、政策の窓モデルは、教育政策に関与するさまざまなアクターを三つの流れに整理することを通じて、体系的な分析に寄与し得ると主張する。

このように、当初は一般性が問題視された政策の窓モデルは、近年、アメリカ以外の国に、そしてさまざまな政策領域に適用されるようになってきている。したがって、今日、政策の窓モデルの一般性は、モデルの修正を経ながら、徐々に確認されてきているといえよう。

（2）理論の予測性

理論には、一般性に加えて、「より広範囲に、より精度の高い予測ができる」という予測性が求められる（市川 2004: 24）。政策の窓モデルの予測性については、批判的に評価されることが多い[6]。

例えば、如何なる条件が整えば政策の窓が開くのかが十分に論究されていない点が指摘される（Sabatier 1991; 秋吉他 2010）。大嶽（1990: 108）は、「政策の窓が開く」という概念は、「それ自体では『鉄は熱い内に打て』という常識的な格言とたいして違いはな」く、政策過程が必ずしも段階モデルで想定される「時系列的順序を追うものではないことを否定する以上の新しい認識をもたらさない」と論じる。

また、政策の窓の開放を後押しする要因の一つとして、政治の流れにおける「国民のムード」がモデルでは着目されているが、しかしこれは極めて曖昧な概念である（松田 2006）。国民のムードは必ずしも客観的に明確ではなく、むしろ主観的に認識されるものであろう。即ち、国民のムードの不

---

5 小島（2003）について、政策の窓モデルの有効性の観点から批評したものとして、大藪（2007）がある。
6 キングダン自身も政策の窓モデルが描く政策過程の予測不可能性に随所で言及している。

確実性に、議員等の政策形成に携わる人々は直面する。この不確実性に如何に対処するかが、議員等にとっては政策過程における一つの重要な戦略を構成することになる。国民のムードを取り巻く不確実性と、その不確実性をめぐるアクター間のインターアクションを考慮に入れないかぎり、国民のムードという点から政策の窓の開放を予測することは極めて難しいであろう。

　こうした批判から示唆されることは、政策の窓モデルにおける概念の精緻化の重要性である。この点に関して、ザハリアディス（Zahariadis 1999）は、政策の窓モデルの今後の課題として二つ提起する。一つは、政策の窓モデルにおける制度的条件について体系的に検討することである。キングダンは、表1に示された要因を挙げて、政策過程の構造性を述べてはいるが、制度的条件をより体系的にモデルに組み入れることがモデルの予測性向上には重要であろう。二つめの課題は、各アクターの行動についての理論に目を向けることである。例えば個人や集団の行動に関する社会心理学等の理論を援用することは、一つの有益な方法として捉えられる。

　このように、政策の窓モデルの予測性は、政策過程における動きや変化を制約する変数をモデルに体系的に組み入れることによって、向上することが期待される。ただし、モデルに含まれる変数が多くなると、理論としての分かり易さないし節倹性が損なわれる点には留意しておく必要があろう（市川 2004）。

4　政策過程についての規範的考察と「政策の窓モデル」

　本章はこれまで政策の窓モデルについて、モデル提唱の背景や問題認識の確認、モデルの概説と他のモデルとの比較、理論の科学性（一般性と予測性）の検証を行ってきた。最終節では、政策の窓モデルから引き出される、政策過程に関する規範的な含意に焦点を当てる。

　理論に求められる役割の一つとして、市川（2004: 24）は「現象の制御」を

挙げる。それは、「原因となる条件を変化させて、ある望ましい結果を得ようとする」ことである。社会科学における理論では、条件の変化という外的操作は容易ではない。しかしながら、理論が想定する社会における因果関係やダイナミクスを踏まえたうえで、より望ましい社会への道筋に関する何らかの規範的な含意を理論に期待することはできるであろう。

　政策過程理論がもち得る規範的含意とは、如何なるものであろうか。例えば、政策形成に携わる人々は、偶発性に特徴付けられる政策過程において如何なる行動をとるべきか、民主的な政策過程に向けて如何なる教訓が引き出され得るかといった問題への示唆が挙げられよう。政策の窓モデルに対しては、こうした規範的な問題の取り組みに対して十分に貢献できていないとする指摘がある（Zahariadis 1999）。

　しかしながら、政策過程におけるアイディアの影響力に注目し、アイディアを生みだす専門家等のアクターの存在を明示的にモデルに組み入れた政策の窓モデルには、政策過程における知識活用についての示唆を見出すことができよう。政策の窓モデルが描く政策過程ではアイディアは政策形成に重要な影響をもつが、アイディアの存在だけでは十分ではない。アイディアが政策過程のなかで注目され検討対象となるためには、問題の流れや政治の流れとのカップリングが求められる。

　カップリングが起こる条件や、政治の流れのなかで特定のアイディアが受け入れられ易くなる条件は、政策の専門家等にとっては重要な意味をもつ。なぜなら、専門家等が生産したアイディアないし知識が政策過程で活用されるために効果的な知識供給のタイミングや方法等が、こうした条件から示唆されるからである（Matsuda 2008）。したがって、政策の窓モデルによる政策過程分析のさらなる展開には、政策過程の現実への理解を深めるだけでなく、政策過程における知識活用に関する規範的含意を与える可能性が期待される。

　政策の窓モデルのような実証的な性格をもつ理論に対して、前節で着眼した一般性や予測性の向上に加えて、規範的な示唆の提供を求めることは、過度な要求と捉えられるかもしれない。しかしながら、政策を対象とする研究の目的は民主主義の実践の改善にあるとするラスウェル（Harold D. Lasswell）の主張を受け入れるかぎりにおいては（宮川 2002; 松田 2008）、

政策過程理論を民主主義等の理念や価値との関連で規範的に検証することは、政策研究における重要な課題であるといえよう。

参考文献

Becker, Gary S. (1976) *Economic Approach to Human Behavior*, Chicago: University of Chicago Press.
Birkland, Thomas A. (2011) *An Introduction to the Policy Process: Theories, Concepts, and Models of Public Policy Making*, 3rd ed., Armonk: M. E. Sharpe.
Cairney, Paul (2012) *Understanding Public Policy: Theories and Issues*, Hampshire: Palgrave Macmillan.
Cohen, Michael D., James G. March, and Johan P. Olsen (1972) 'A Garbage Can Model of Organizational Choice,' *Administrative Science Quarterly*, 17: 1-25.
deLeon, Peter (1999) 'The Stages Approach to the Policy Process: What Has It Done? Where Is It Going?' in Paul A. Sabatier (ed.), *Theories of the Policy Process*, Boulder: Westview Press.
Jenkins-Smith, Hank C., and Paul A. Sabatier (1994) 'Evaluating the Advocacy Coalition Framework,' *Journal of Public Policy*, 14: 175-203.
Kingdon, John W. (1995) *Agendas, Alternatives, and Public Policies*, 2nd ed.(First edition published in 1984), New York: Harper Collins College Publishers.
Matsuda, Noritada (2008) 'Policy Information Market: Policy Analysts' Strategies for Knowledge Utilization,' *Interdisciplinary Information Sciences*, 14: 155-165.
Nakamura, Robert T. (1987) 'The Textbook Policy Process and Implementation Research,' *Policy Studies Review*, 7: 142-154.
Peters, B. Guy (1991) *The Politics of Taxation: A Comparative Perspective*, Cambridge: Blackwell.
Sabatier, Paul A. (1991) 'Toward Better Theories of the Policy Process,' *PS: Political Science & Politics*, 24: 147-156.
Zahariadis, Nikolaos (1995) *Markets, States, and Public Policies: Privatization in Britain and France*, Ann Arbor: University of Michigan Press.
Zahariadis, Nikolaos (1999) 'Ambiguity, Time, and Multiple Streams,' in Paul A. Sabatier (ed.), *Theories of the Policy Process*, Boulder: Westview Press.
秋吉貴雄・伊藤修一郎・北山俊哉(2010)『公共政策学の基礎』有斐閣。
市川伸一(2004)「心理学理論の特徴とその生成・検証のプロセス」森正義彦編『科学としての心理学——理論とは何か？なぜ必要か？どう構築するか？』培風館。
大嶽秀夫(1990)『政策過程』東京大学出版会。
大藪俊志(2007)「政策過程分析モデル」縣公一郎・藤井浩司編『コレーク政策研究』成文堂。
小島廣光(2003)『政策形成とNPO法——問題、政策、そして政治』有斐閣。
中沼丈晃(2007)「政策段階論の意義」縣公一郎・藤井浩司編『コレーク政策研究』成

文堂。
二宮祐（2005）「教育政策研究における政策過程アプローチの検討――「政策の窓」モデルの可能性」『〈教育と社会〉研究』15号、80-88頁。
松田憲忠（2003）「1980年代以降の税制改革――政治学における税制改革研究」『早稲田政治公法研究』74号、161-186頁。
松田憲忠（2006）「イシュー・セイリアンスと政策変化――ゲーム理論的パースペクティブの有用性」『年報政治学』2005-II号、105-126頁。
松田憲忠（2008）「政策の学問をめぐる模索――政策科学、総合政策学、そして……」中道寿一編『政策科学の挑戦――政策科学と総合政策学』日本経済評論社。
宮川公男（2002）『政策科学入門（第2版）』東洋経済新報社。

第3章
ローズの政策ネットワーク論

1　政策ネットワーク論

　政策ネットワーク論は、ある政策分野における政府アクターと社会アクターの関係に注目して政策過程の動態を明らかにしようとする理論である。バーゼル(Tanja A. Börzel)の分類によれば、政策ネットワーク論には、大きく分けて「利益調整学派(interest intermediation school)」と「ガバナンス学派(governance school)」という二つの学派が存在するとされる(Börzel 1998)。利益調整学派は、政策ネットワークをアクター間の利害関係を調整するシステムとみなす。この考え方は、アメリカ、イギリス、カナダなどアングロサクソン諸国で強いが、理論的発展は、各地の政治学的関心によるところが大きい。アメリカでは、ダール(Robert A. Dahl)に代表される多元主義的な政治過程論への批判と再評価という形で発展した。圧力団体、議会、官僚の三者が密接に関わり合いながら政策を形成していくとする「鉄の三角形」(Lowi 1979)が提唱される一方で、「イシュー・ネットワーク」(Heclo 1978)のように、政策課題(イシュー)ごとに形成されるより開かれたネットワーク概念も提起された。一方、イギリスでは、議会を中心とした政治過程論に対する批判として発展し、院外アクターの重要性を強調することとなった(Richardson and Jordan 1979)。カナダの場合、市民社会に対する国家の自律性の度合いに対する関心から政策ネットワーク論が発展することとなった(Coleman and Skogstad 1990)。
　一方、ガバナンス学派は、政策課題を解決するための官民協調型ガバナ

ンスの一形態として政策ネットワークを考える。これは、民間に全てをまかせる市場型、国家組織を中心とする階層型の中間に位置するガバナンス形態とされる。このような政策ネットワーク概念は、ドイツを中心としたヨーロッパ大陸を中心に発展し、ネットワーク管理論などにつながるものとなった。

　理論の発展とともに両学派の線引きは曖昧になってきているが、理念型として区別しておくことは有用である。本章で扱うローズ（R. A. W. Rhodes）の政策ネットワーク論は、利益調整学派に分類される。イギリスの政治学者である彼は、「ローズ・モデル」と呼ばれる政策ネットワーク論を展開し、その後の理論的発展の礎を築いた。第2節では、ローズ・モデルを紹介しつつ、その要点を押さえることとする。第3節では、ローズ・モデル以降の政策ネットワーク論を概観する。第4節では、政策ネットワーク論の可能性と課題について論じる。なお、本章ではローズ・モデルに焦点を当てている関係から、利益調整学派に絞って検討することをあらかじめ断っておく。

2　ローズ・モデル

　ローズの政策ネットワーク論は、イギリスの社会科学研究評議会（Social Sciences Research Council）の主導で1970年代末から1980年代初頭にかけて行われた二つの研究プロジェクトで最初に示された。それぞれ、中央政府と地方自治体の関係、政府と産業界の関係を分析するプロジェクトであった（Rhodes 1990）。

　ローズのモデルは、多元主義論とコーポラティズム論を批判しつつ、政府と利益集団のより現実的な関係を表す新たなモデルとして提示された。簡潔に言えば、多元主義論は開かれた政策形成過程を前提とし、その典型的なイメージは次のようなものである。自らの利害関係を政策に反映させたいと考えている多くの利益集団は、ロビー活動などを通じて政府に対する働きかけを行う。政府は、利益集団の要望に耳を傾けつつ、利害を調整

して政策としてまとめる、というものである。多元主義論では、利益集団同士のつながりはほとんどなく、どんな利益集団でも政府に接触することができる。政府は受け身の立場を取り利害調整に徹する。

これに対して、コーポラティズム論では、少数のアクターによる閉鎖的な政策形成過程が唱えられる。この場合、利益集団を束ねる少数の機関が業界や分野の利害を代表し、政府はそういった機関との交渉を通じて政策を作り上げるとされる。利益集団は組織化され、相互に密接な関係を築くとともに、政府もより積極的に政策形成過程に関与する。

ローズによれば、多元主義論とコーポラティズム論は、政府と利益集団の関係を一般化しようとするあまり大雑把な議論に陥っているとされる。すなわち、政策分野によって両者の関係は異なっており、政策形成過程のより精緻な理解を目指すのであれば、分野ごとに検証するべきであると考えているのである(Rhodes and Marsh 1992)。

また、ローズは、イギリスにおける政策ネットワーク論の先駆的研究であるリチャードソン(Jeremy Richardson)とジョーダン(Grant Jordan)の研究とも一線を画す(Richardson and Jordan 1979)。彼らは政策共同体(policy communities)という概念を提示し、イギリスにおける政策形成が、従来言われてきた議会での政治過程を中心とするものというよりは、むしろ、政策分野に関わりのある政府アクターと利益集団の交渉を通じて行われているということを明らかにした。しかし、ローズは、二人の主張に対して、認識論上の疑義を二点呈した (Rhodes and Marsh 1992, p.9)。まず、彼らの研究がアクター間の人間関係に注目していることである。ローズは、個人の行動様式に焦点をあてるミクロレベルでの分析よりも、組織の行動様式に焦点を当てる中間(メゾ)レベルでの分析が必要だと考えた。また、リチャードソンとジョーダンが政策分野をより細分化した下位部門での分析を唱えたのに対し、政策分野に共通の一般的な傾向を掴むため、政策分野レベルで分析するべきだとも唱えた。

ローズ・モデルの歴史的、理論的な位置づけを概観したところで、ローズの政策ネットワーク論の内容を見ていこう。まず、政策ネットワーク概念の定義については、組織間の資源相互依存性に注目するヨーロッパの組織間関係論の文献に依拠しつつ、ベンソン(Kenneth J. Benson)による次の

表1　ローズモデル

ネットワークのタイプ	ネットワークの特徴	ネットワークの統合度	ネットワークの開閉度
政策共同体	安定、非常に限定的なメンバーシップ、高い内部相互依存性、ネットワークの高い独立性	高	閉
専門家ネットワーク	安定、非常に限定的なメンバーシップ、高い内部相互依存性、ネットワークの高い独立性、専門家の利害関係に寄与		
政府間ネットワーク	限定的なメンバーシップ、限定的な内部相互依存性、ネットワークの低い独立性		
生産者ネットワーク	変動的なメンバーシップ、限定的な内部相互依存性、生産者の利害関係に寄与		
イシューネットワーク	不安定、メンバー多数、限定的な内部相互依存性	低	開

出典：Rhodes and Marsh (1992: 14)をもとに筆者作成。

定義を採用している。それによれば、政策ネットワークとは、「資源依存によって相互につながっているが、資源依存の構造において他の集合体や複合体とは切断されている組織の集合体あるいは複合体」とされる(Benson 1982, p.148)。

ローズは、この定義をさらに発展させる形で、五つのタイプの政策ネットワークを含む類型を連続体の形で示した（Rhodes 1990, p.304-305; Rhodes and Marsh 1992, p.13-15)。その際に基準としたのが、ネットワークの統合密度、ネットワークを構成するアクターの数と特色、ネットワーク内の資源配分状況である(表1)。

まず、「政策共同体」と呼ばれるネットワークは、少数のアクターによって構成され、統合度が最も高い。すなわち、最も閉じられたネットワークである。そのため、メンバーの継続性が高く、ネットワークの安定性も高い。政策共同体は機能主義的なネットワークで、特定のサービスを提供するために存在している。そのため、メンバー同士の相互依存性も高く、他のネットワークと一般大衆からの独立性が高い。

政策共同体が、最も閉鎖的なネットワークだとすると、その正反対に位置するのが、「イシュー・ネットワーク」である。先述したように、この

ネットワークは、政策課題（イシュー）ごとに形成される。政策課題に多かれ少なかれ関心を抱くアクターが多数参加する開かれたネットワークで、メンバー同士の相互依存度も低く、ネットワークとしての統合度は低い。つまり、メンバーの出入りが自由に行われる緩やかなネットワークである。多元主義的なネットワークと言えるが、政府アクターも積極的に関与する点で異なる。

両者の間に、残り三つのタイプのネットワークがある。まず、「専門家ネットワーク」は、技術的な知識を必要とする政策分野に見られ、当該分野の専門家によって構成される。そのため、ネットワークでは特定の専門家集団の利害関係が反映される。メンバーである専門家同士の相互依存度が高いため、ネットワークとしての統合度も高くなる。一方、技術的な知識を共有する専門家の集まりであるため、他のネットワークとのつながりはほとんどなく、独立性が高い。

次に、「政府間ネットワーク」は、地方自治体の代表組織によって構成される。行政サービスの提供を目的としたネットワークではないため、サービスの依頼、実施といった縦の相互依存性は存在しない。その一方で、地方自治体の代表組織がメンバーであり、多岐にわたる政策分野に関与するため、さまざまな政策分野のネットワークとのつながりを形成することが可能である。

最後に、「生産者ネットワーク」は、経済的な利害関係を持つ官民アクターによって構成される。比較的開かれたネットワークで、メンバー構成は絶えず変化する。このネットワークでは、商品供給と専門知識に関して、産業部門に政府が依存している状態にある。

このように、ローズ・モデルは、政策ネットワークを類型化することで政策分野ごとに政府と市民社会の関係を明らかにしようとするものだった。マーシュ（David Marsh）とローズが編纂した『イギリス政府における政策ネットワーク（*Policy Networks in British Government*）』が示すように、九つの政策分野における政府と市民社会の多様な関係を明らかにした（Marsh and Rhodes 1992）。

この節の始めに述べたように、ローズ・モデルは、イギリスにおける中央政府と地方自治体の関係、政府と産業界の関係を明らかにする研究プロ

ジェクトの基本的な分析枠組みを成すものであった。しかし、ウィルクス (Stephen Wilks) とライト (Maurice Wright) らが中心となって行われた政府と産業界の関係についてのプロジェクトでは、異なる分析枠組みが使われることとなった (Wilks and Wright 1987)。まず、リチャードソンとジョーダンと同様、分析レベルを政策分野の下位部門に細分化するとともに、個人同士の関係を重視した。また、ローズ・モデルでは、「政策共同体」を政策ネットワークの一類型と位置づけていたが、独立した概念として提示した。すなわち、政策共同体は、ある政策分野に関心を持つアクターの集まりを意味し、政策ネットワークは、政策共同体に属するアクター間の動態的な関係を意味するとしたのである。しかし、ローズは、理論の簡素化という観点に適わないとして、このような考え方を拒否している。しかし、カナダにおける政策ネットワークの多様性を描き出したコールマン (William D. Coleman) とスコッグスタッド (Grace Skogstad) の編著書に見られるように、ウィルクスとライトの考え方を継承する研究者も少なくない (Coleman and Skogstad 1990)。

　政策ネットワークの類型化という理論的方向性を開いたローズであったが問題点もあった。その一つが、政策ネットワークの変容を説明できないという問題である。政策ネットワーク論は、ある政策分野におけるアクター同士の権力関係の継続性と安定性に主眼を置きつつ政策過程の動態を明らかにしようとするため、ネットワーク自体の変容に対する注意が足りない部分があった。

　ローズ自身は、戦後のイギリスにおける中央政府と地方自治体の関係を分析することで、周囲の環境変化に伴って政策ネットワークが変容してきたと論じ、福祉国家の発展、混合経済の衰退、政党制、政治制度、社会的亀裂の発展など、政治、経済、社会上の六つの変化をその要因として挙げている (Rhodes 1990, p.305)。また、マーシュとともに編纂した著作では、ローズ・モデルをさまざまな政策分野で検証することで、ネットワーク変容を引き起こす大きな要因として、①経済・市場の状況、②イデオロギー、③知識の蓄積や技術の発展、④制度上の発展の四つを導き出している (Marsh and Rhodes 1992, p.257)。いずれの場合も、政策ネットワークの変容を説明するため、マクロレベル(環境)とメゾレベル(政策ネットワー

ク)の関係を重視していることが分かる。言い換えると、ネットワークの外部にネットワーク変容の原因を求めていることを意味する。その一方で、ローズはネットワーク内部の要因の重要性も指摘している。その場合は、ネットワークを構成する組織や集団の動きに注目する必要が生じてくる。

また、ローズは、政策ネットワークと政策変容の因果関係についても、政策ネットワーク論の理論的課題を指摘している。政策ネットワーク論には、ネットワークのメンバーシップとアクター間の権力関係の安定性を強調することで政策の継続性を説明しようとする傾向があるため、政策変容を説明することができない。ローズは、マーシュとの共同著作の中で、政策ネットワークが政策変容の唯一の要因ではないとしてその因果関係を証明することの難しさを指摘している(Marsh and Rhodes 1992, p.260)。

ローズ自身が気づいていたように、政策ネットワーク論においては「変化」をどう扱うかが大きな理論的課題となっている。ローズは、その問題点を指摘し、事例研究に基づいて帰納的にいくつかの要因を抽出しているが、体系的な答えを出すには至らなかった。ローズ・モデル以降の政策ネットワーク論は、まさにこの変化の扱いをめぐって展開することとなった。

3　ローズ・モデル後の政策ネットワーク論

ローズ・モデル以後、政策ネットワーク論への注目がいっそう高まり、1990年代には学術雑誌でも特集号が組まれるほどであった（Schubert and Jordan 1992; König 1998）。また、ローズによる政策ネットワークの類型に呼応するかのように、さまざまな研究者が異なる基準を用いながら、独自の類型を提示した。例えば、カナダの政治学者であるコールマンとスコッグスタッドは、政府アクターと利益団体の構造的な権力関係(政府アクターの自律性と調整能力、利益団体の組織力)に着目し、六つの政策ネットワークのタイプを抽出した（Coleman and Skogstad 1990）。大きく分けると、多

元主義型、コーポラティズム型、国家主導型に分かれる。多元主義型は開かれたネットワークで、国家権力は多くの政府アクターによって細分化されている。利益団体の組織力は弱く、各団体が政府アクターの注意を喚起するために競合する状態にある。逆に、コーポラティズム型と国家主導型は閉じられたネットワークである。この場合、政府アクターの自律性・調整能力ともに高く、利益団体の組織力も高く、自分たちの利害関係を代表する上位団体を組織している。コーポラティズム型の場合は、政府アクターと上位団体が密接な関係を築き、交渉を通じて政策を形成していく。これに対して、国家主導型の場合は、政府アクターの権力が圧倒的に強く、利益団体が政策形成過程に関わる度合いは低くなる。

政策ネットワークの類型が多く登場する中で、政策ネットワーク論に対する理論的な批判がなされるようになった。その中でも、最も重要な批判を論じた一人が、ダウディング（Keith Dowding）である（Dowding 1995; 2001）。ダウディングによれば、政策ネットワーク論は単なる分類システムで、政策分野における政府アクターと利益団体の関係の描写に過ぎないとし、痛烈に批判した。また、政策ネットワークの構造的特徴を把握することで政策過程を説明できるとする議論についても、ネットワークの構造自体の特徴というよりも、アクターの特徴によるものではないかと疑義を呈した。すなわち、政策ネットワーク論では、アクター、ネットワーク、政策過程の三者間の因果関係が明らかではないとされたのである。この問題を克服するため、政策ネットワーク論はミクロレベルの要因として、アクターの行動論理を組み込むべきだとダウディングは主張した。

さらに、ローズ自らも指摘していたが、ネットワークの変容とそれが政策変容にどのような影響を及ぼすのかという理論的な問題も批判の対象となった。ローズを含めた研究者たちが指摘したのは、ミクロレベル（アクター）、メゾレベル（ネットワーク）、マクロレベル（環境）が政策形成過程でどのような因果関係にあるのかを明らかにすることの必要性であった（Atkinson and Coleman 1992, p.172-176; Daugbjerg and Marsh 1998; Marsh and Rhodes 1992, p.257-261）。ミクロレベルでは、ダウディングの指摘にもあったように、アクターの行動論理に注目することが唱えられた。具体的には、アクターの現実認識、信念、戦略、選好、利益などを基に、アク

ターの行動がネットワークの発展にどのような影響を及ぼしているかを評価するのである。マクロレベルでは、これもローズが指摘したように、政治的、経済的、社会的文脈がネットワークにどのような影響を与えているのかを検証することである。ただ、これらの内的、外的要因を指摘するだけでは不十分であり、因果関係を実証できるモデルにまで昇華させる必要がある。そのような試みとして、ここでは、合理的選択制度論、弁証法的アプローチ、理念的アプローチを取り上げることにしたい。

まず、合理的選択制度論は、ミクロレベルから議論が出発し、アクターは自らの利益を最大化しようとして行動することが前提とされる。この際、各アクターの利益は、それぞれの社会的地位によって所与のものとされている。この理論によれば、政策ネットワークはアクターにとって戦略的な文脈とみなされ、アクターはネットワークによって与えられた環境の中で自分たちの利益最大化を追求しようとする。さらに、合理的選択制度論によれば、ブロム＝ハンセン（Jens Blom-Hansen）が指摘するように、政策ネットワークは、メンバーの利益を最大化する際に出現し、存在し続けるとする（Blom-Hansen 1997）。つまり、政策ネットワークは、アクターにとっての道具として存在するのである。また、アクターが選択する政策ネットワークの形態を説明し、予想できるとする論者もいる。例えば、ドイツの労働市場を分析したクーニッグ（Thomas König）とブラウニンガー（Thomas Bräuninger）の研究によれば、社会的アクターは、自らの利益を最大化させるために、制度的な権力を有する決定者や、他の社会的アクターとネットワークを形成すると論じた（König and Bräuninger 1998）。

これに対し、弁証法的アプローチは、合理的選択制度論が前提とする利益の所与性に疑問を呈する。マーシュとスミス（Martin Smith）が唱えたこのアプローチは、アクター、ネットワーク、環境の三者間の相互関係に注目して、政策ネットワークの変容や、ネットワークが政策に及ぼす影響を明らかにしようとする（Marsh 1998; Marsh and Smith 2000; 2001）。「弁証法」という呼称を用いているが、止揚（アウフヘーベン）へと至る発展的意味合いはなく、三者間の相互関係を表すに過ぎない。マーシュによれば、三つのレベルをつなぐ鍵は、アクターの状況認識にある。ローズ・モデルにも見られたように、政策ネットワーク論では、ネットワークの変容の説明

を、政治、社会、経済、イデオロギーといった周囲の環境変化に求めることが多い。しかし、そのマクロレベルの変化がどのようにネットワークの変化へとつながっていくのかが明確ではなかった。このギャップを埋めるため、マーシュはアクターの認識に注目した。アクターが環境変化を認識・解釈し、ネットワーク内の他のアクターとの交渉を通じて、自らの選好と利益を決定するとともに、ネットワークや環境に対して影響を及ぼしていくと考えたのである。政策ネットワーク論では、ネットワークの構造的な特徴がアクターの行動を決定するとの構造主義的な考え方もあったが、マーシュはこの構造主義論には陥らず、アクターの自律性を重視し、ネットワークや環境を変える能力を持つと考えていた。つまり、アクターは、政策ネットワークや環境の影響に対して受け身であるだけでなく、自らの意思をもって能動的に反応し、必要に応じてネットワークや環境に対して働きかけていくものだと考えたのである。マーシュとスミスは、1930年代以降のイギリスの農業政策の継続性と変容の実証分析を通じて弁証法的アプローチの有効性を訴えたが、ダウディングによれば、豊穣な描写に基づく彼らの研究では、どの要因が一番重要なのかという因果関係の優先順位が明確に示されていないという点で、定量的分析に比べると劣っていると、再び政策ネットワーク論を厳しく批判した（Marsh and Smith 2000; Dowding 2001）。

　弁証法的アプローチを批判的に検討し、理念的アプローチを提唱したキスビー(Ben Kisby)は、政策に関するアクターの信念に注目して、政策ネットワークが政策帰結に及ぼす影響を明らかにしようとした（Kisby 2007）。キスビーの理念的アプローチの最大の特徴は、政策に対するアクターの信念を独立変数とし、政策ネットワークを媒介変数としたことである。すなわち、政策ネットワークは、政策に反映されるアクターの信念を選別するフィルターの役割を果たすこととなる。キスビーは、アクター、ネットワーク、環境の三者間の複雑な相互関係を受け入れている点で弁証法的アプローチに近いが、政策のあり方についてアクターが抱いている信念を同アプローチが含んでいないことを批判している。その上で、イギリスにおける市民権教育の導入過程を、アクターの信念に基づいて分析した。キスビーによれば、イギリス社会における社会資本の減少に対する否定的な認

識と、社会資本を再び増加させることによって社会の一体性を維持していこうとするアクターの信念が教育政策ネットワークの中で共有されたことが、市民権教育の導入につながったとした。キスビーがアクターの信念を重視する根拠は、統計上、社会資本がイギリスで低下しているというデータがなかったことである。つまり、データ上、社会資本はほとんど変わらない状態であったにも関わらず、政策ネットワークのアクターは社会資本が低下していると認識し、何らかの是正措置を施すべきだと考えていたのである。

　同じくイギリスの学者であるヘイ (Colin Hay) は、アクターの戦略的思考に注目してネットワークの変容過程を明らかにしようとした (Hay 1998)。彼が提唱する戦略的関係アプローチは、アクターの認識、自律的思考に焦点を当てる点において、弁証法的アプローチや理念的アプローチと趣を同じくする。しかし、このアプローチは、ネットワークの動態を分析する際にアクターの戦略的計算を中心に据えている点や、アクター間の権力関係に敏感で、ネットワークの変容過程を循環モデルとして捉えている点で、その独自性を発揮している。まず、ヘイによれば、ネットワークはアクターの戦略的な連合体であるとみなされる。すなわち、アクターがネットワークを形成するのは、戦略的に有利だと考えるからである。しかし、アクターの戦略は、自分たちの思うように立てられるものではなく、他のアクターとの関係、ネットワークの構造、政治的・社会的・経済的環境などによって左右される。これらの要因をアクターは加味しながら、自分が取りうる戦略を絞り込んでいくことになる。その結果、いくつかのアクターにとってネットワーク形成が望ましい戦略的選択肢となれば、ネットワークが誕生することになるのである。したがって、アクターの戦略が変化すると、ネットワークに変化が生じる可能性も生まれることとなる。

　ここで、アクター間の権力関係が重要な意味を持ってくる。ヘイによれば、ネットワークには「ネットワーク・ヘゲモン」と呼ばれる支配的なアクターが存在し、その認識や戦略がネットワークの動態に大きな影響を与えるとされる。つまり、ネットワークの変容に影響を与えるには、ネットワーク内でアクターが覇権（ヘゲモニー）を握っている必要があるのである。

さらに、ヘイはネットワークの形成・変容過程を循環モデルの形で提示した。弁証法的アプローチでは、さまざまな要素の相互関係が強調されていたため、要素間の因果関係が明確ではなかった。それに対して、一方通行の循環モデルを提示したことで、段階ごとの説明が可能となり、因果関係がすっきりして分かりやすくなった。ヘイのモデルによれば、いくつかのアクターが「共通の戦略的アジェンダ」を見出すと、ネットワーク形成が始まるとされる。共通の戦略的アジェンダを見出す条件として、ネットワークがもたらす互恵的な状況、ネットワークの実現可能性などが挙げられている。ネットワークの実現可能性を担保するものとして、物理的な距離、文化的規範の共有、時間や各種資源の投資に対する意欲などを挙げている。これらの条件が満たされると、アクターは互いに接触し合い、ネットワークが誕生する。その際、あるアクターが中核となって形成過程をリードすることで、ネットワーク・ヘゲモンとしての覇権的な地位を確立していく。

　ヘイのモデルによれば、ネットワークの変容は、アクターの共通戦略アジェンダが再定義される時に生じるとされる。この再定義が生じるのは、既存のアプローチと同様、外的な環境変化がきっかけとなる。しかし、環境変化自体が再定義をもたらすのではなく、その環境変化がアクターに認識され、戦略的思考にかけられた後に生じる。その際、ヘイはネットワーク・ヘゲモンが持ちうる三つの認識が重要になると考えている。まず、環境が変化したことを認識していること。次に、既存のネットワークが失敗していると認識していること。最後に、既存のネットワークが役目を終えたと認識していることである。ヘイによると、支配的な地位にあるアクターがこのような認識を持った時に、ネットワークの変容が起こると考えている。

　このように、ローズ・モデル以降の政策ネットワーク論は、ネットワークの構造自体と政策帰結の因果関係、ネットワーク自体の変容過程のメカニズムを明らかにすることに力が注がれてきた。研究者たちは、ミクロ（アクター）、メゾ（ネットワーク）、マクロ（環境）の三つのレベルの相関関係に注目してきたが、上記で紹介した三つのアプローチは、違いこそあれ、いずれもアクターの行動に注目している点で共通している。この点で、ダ

ウディングの批判が、ローズ・モデル以後の理論的発展に大きな影響を与えていることも見逃せないだろう。

4　政策ネットワーク論の可能性と課題

　これまでローズ・モデルを中心に政策ネットワーク論を紹介してきたが、同理論の可能性と課題に触れて本章を閉じたい。ローズ・モデルを始めとする政策ネットワーク論は、分析視点を政策分野と集団レベルに置いたことで、それまでの多元主義論やコーポラティズム論といった総体的な国家―社会関係論に比べて、より精密な描写と理解を可能にしてきた。また、「強い国家」、「弱い国家」といった国家の自律性に焦点を当てた研究においても、政策分野によって国家の自律性が変化することが明らかになり、一枚岩的な国家像を崩し、国家権力の多様性を浮き彫りにした点では、政策ネットワーク論の貢献は大きいと言える。

　また、政策ネットワーク論は、ネットワークの構造的な特性と政策帰結の因果関係を明らかにすることも目的としていた。この点については、ダウディングの批判にも見られるように、理論的な疑念が挟まれることとなった。さらに、ネットワークの構造的特性と政策変容の関係や、ネットワーク自体の変容に関する説明メカニズムが存在しないことについても理論的な弱点と指摘された。これらの批判に答えるため、さまざまな理論的な試みがなされてきた。本章で紹介した三つのアプローチが示しているように、研究者の多くがアクターの行動様式に注目しつつ、ネットワーク、環境との相互関係を明らかにしようとしてきたことは興味深い。また、キスビーの理念的アプローチに見られたように、政策ネットワークを媒介変数として扱うことで、政策帰結に対するネットワークの特性の影響をあぶり出そうとする試みは、政策ネットワーク論の射程を踏まえた上での賢明な選択と言える。しかし、キスビーのモデルでは、ネットワーク内での理念の収斂を新たな政策が導入される変数としているが、理念が複数存在する場合に、どの理念が優先され、それはなぜなのかが説明されていな

い。その点を補うのが、ヘイのネットワーク・ヘゲモンの概念だと思われる。ネットワーク内におけるアクター間の権力関係に注目することで、理念間の権力関係をアクター間の権力関係で捉えることが可能となるからである。つまり、ネットワーク内に複数の理念が存在する場合、ネットワーク・ヘゲモンのような強力なアクターの理念が政策に反映されると考えるのである。こうすることで、媒介変数としてのネットワークの特性がより露になってくる。まだ理論的な課題は多いが、政策ネットワーク論は、今後もさらなる理論的な発展を遂げつつ、政策分析のツールとして存在感を発し続けることになるだろう。

参考文献

Atkinson, Michael M. and William D. Coleman (1992) "Policy Networks, Policy Communities and the Problems of Governance," *Governance* Vol.5, No.2, pp.154-80.
Benson, J. Kenneth (1982) "A Framework fo Policy Analysis," in D. L. Rogers and D. A. Whetten (eds.), *Interorganizationnal Coordination: Theory, Research, and Implementation*. Ames: Iowa State University Press, pp. 137-70.
Blom-Hansen, Jens (1997) "A 'new institutional' perspective on policy networks," *Public Administration* No.75, pp.669-93.
Börzel, Tanja A. (1998) "Organizing Babylon: On the Different Conceptions of Policy Networks," *Public Administration* No.76, pp.253-73.
Coleman, William D. and Grace Skogstad (eds.) (1990) *Policy Communities and Public Policy in Canada: A Structural Approach*. Mississauga, ON: Copp Clark Pitman Ltd.
Daugbjerg, Carsten and David Marsh (1998) "Explaining Policy Outcomes: Integrating the Policy Network Approach with Macro-level and Micro-level Analysis," in David Marsh (ed.) *Comparing Policy Networks*. Buckingham: Open University Press, pp. 52-71.
Dowding, Keith (1995) "Model or Metaphor? A Critical Review of the Policy Network Approach," *Political Studies* Vol.45, No.1, pp.136-58.
Dowding, Keith (2001) "There Must Be End to Confusion: Policy Networks, Intellectual Fatigue, and the Need For Political Science Methods Courses in British Universities," *Political Studies* Vol.49, No.1, pp.89-103.
Hay, Colin (1998) "The Tangled Webs We Weave: The Discourse, Strategy and Practice of Networking," in D. Marsh (ed.) *Comparing Policy Networks*. Buckingham: Open University Press, pp. 33-51.
Heclo, Hugh (1978) "Issue Networks and the Executive Establishment," in Anthony King (ed.) *The New American Political System*. Washington, DC: American

Enterprise Institute, pp.87-124.

Kisby, Ben (2007) "Analysing Policy Networks: Towards an Ideational Approach," *Policy Studies* Vol. 28, No. 1, pp.71-90.

König, Thomas (ed.) (1998) "Modeling Policy Networks," *Journal of Theoretical Politics* Vol. 10, No. 4.

König, Thomas and Thomas Bräuninger (1998) "The formation of policy networks: Preferences, institutions and actor's choice of information and exchange relations," *Journal of Theoretical Politics* Vol.10, No.4, pp. 445-71.

Lowi, Theodore (1979) *The End of Liberalism*. 2nd ed. New York: Norton.

Marsh, David (1998) "The Utility and Future of Policy Network Analysis," in David Marsh (ed.) *Comparing Policy Networks*. Buckingham: Open University Press, pp. 183-97.

Marsh, David and R. A. W. Rhodes, eds., 1992, *Policy Networks in British Government*. Oxford: Clarendon Press

Marsh, David and R. A. W. Rhodes (1992) "Policy Communities and Issue Networks," in David Marsh and R. A. W. Rhodes (eds.) *Policy Networks in British Government*. Oxford: Clarendon Press, pp. 249-268.

Marsh, David and Martin Smith (2000) "Understanding Policy Networks: Towards a Dialectical Approach," *Political Studies* Vol. 48, No. 1, pp. 4-21.

Marsh, David and Martin Smith (2001) "There Is More Than One Way To Do Political Science: On Different Ways To Study Policy Networks," *Political Studies* Vol. 49, No. 3, pp. 528-41.

Rhodes, R. A. W. (1990) "Policy Networks: A British Perspective," *Journal of Theoretical Politics* Vol. 2, No. 3, pp. 293-317.

Rhodes, R. A. W. and David Marsh (1992) "Policy Networks in British Politics: A Critique of Existing Approaches," in David Marsh and R. A. W. Rhodes (eds.) *Policy Networks in British Government*. Oxford: Clarendon Press, pp. 1-26.

Richardson, Jeremy and Grant Jordan (1979) *Governing under Pressure*. Oxford: Martin Robertson.

Schubert, Klaus and Grant Jordan (eds.) (1992) "A Speical Issue on Policy Networks," *European Journal of Political Research*. Vol.21, No. 1-2.

Wilks, Stephen and Maurice Wright (eds.) (1987) *Comparative Government-Industry Relations*. Oxford: Clarendon Press.

第4章
ピーターズ&ピーレのガバナンス論

1 「ガバナンス時代」の国家とは

　「ガバナンス (governance)」という言葉が、政治学や行政学の分野で用いられるようになってから、すでに4半世紀近くのときが流れた。「流行」の時期はすぎ、ガバナンス論は定着をみたといって差し支えないだろう[1]。ガバナンス論の興隆は「ガバナンスへの転回 (governance turn)」とも呼ばれるが (Chhotray and Stoker 2009)、このフレーズは「ガバメントからガバナンスへの転回」を示唆している。すなわち、「ガバナンス」は従来の「ガバメント」とは異なる、新しい統治形態・構造を示す概念として登場したのである。それは1990年代にさかのぼるが、初期のガバナンス論の理論的潮流は、新自由主義的な思想を背景とする「市場中心アプローチ」と、社会民主主義的背景を有する「社会中心アプローチ」との二つに分類できる (cf. Bevir 2009)。

　前者は、「小さな政府」を目的とし、NPM (New Public Management) の導入による、政策実施部門の分離および政策企画・立案機能への政府役割の転換・特化の結果として形成される、新たな行政機構のあり方をガバナンスとして捉えている (eg. Osborne and Gaebler 1993=1995)。

　そうした新自由主義的改革に対抗する形で理論構築されてきた後者は、

---

[1] 政治学・行政学分野でのガバナンス論に関する論考は枚挙にいとまがないが、最近のまとまった成果としては、岩崎編 (2011) や新川編 (2011) などがある。社会諸科学におけるガバナンス論については、岩崎・田中編 (2006)、Chhotray and Stoker (2009) を参照。

「政府なきガバナンス」をキーワードとし、政策形成・実施過程に包摂されるアクターの多元化、諸アクター間のネットワークを通じた新たな公共空間の形成に焦点をあて、そこに新しい統治形態を看取し、それをガバナンスとして論じる学説である (eg. Rhodes 1997)。

両ガバナンス論の思想的立ち位置は正反対であるが、しかし、国家（政府）の縮減という見方は双方ともに一致している。それゆえ、「小さな政府」の実現を標榜する前者のみならず、後者の議論に対しても、国家や政府の役割を軽視しているとの批判が存在する。ガバナンス論の興隆は、逆に、国家の再検討を促す。

そこで、参照すべきと思われるのが、「国家中心アプローチ」に立つガバナンス論である。その議論は、ガバナンス時代の国家の役割をもう一度見直し、再検討しようとの企図の下、既存のガバナンス論に欠如している事柄を埋め合わせるもので、酌むべき諸点を多く提供しているためである。

2　国家中心アプローチの射程

(1) ガバナンス論の背景

第二次世界大戦後、高度経済成長と社会保障制度の発展とを車の両輪にして「黄金時代」を謳歌してきた先進資本主義国家は、1970年代の二度にわたる石油危機などを契機に、低成長時代へと移行し、「危機の時代」を迎える。税収の伸び悩みと社会保障費の増大は政府財政を逼迫させた。こうした状況を受け、70〜80年代には「小さな政府」を旗印とする新自由主義の思想が支持を受け、各国で国有企業の民営化や社会保障費の削減などが実施された。90年代には、「成果志向」、「顧客志向」、「市場機構の活用」、「分権化(権限委譲)」を核とする「NPM」と呼ばれる新たな公共経営の理念・手法が広まり（山本 2002: 122-125）、行政サービスの効率化や質的改善を目的とする市場主義的・企業経営主義的な公共部門改革が進む。

「小さな政府」の実現を目的とした一連の改革によって、政府の機能は大きく減退することとなった。それに加えて、近年におけるグローバル化の

進行は政府の限界をいやがおうにも露呈させ、その能力低下を招いているという議論もある。「国家の空洞化 (hollowing out of the state)」という言葉は、これらの現象を総体的に表している (Rhodes 1994)。社会中心ガバナンス論は、国家の空洞化を基本的前提としつつも、むしろそれが公共空間のネットワーク化を促し、結果として新しい統治構造が形成されるという見方を提示する。国家中心アプローチは、この社会中心アプローチへの理論的対抗として提起された経緯がある。そこで、まず社会中心アプローチについて概説しよう。

（2）社会中心アプローチ

社会中心アプローチは「ニュー・ガバナンス」ともいわれ、国家と社会のネットワークやパートナーシップを媒介とした相互作用によるガバナンス、あるいは政府、とくに中央政府からの統制に依存しない市民社会それ自身によるガバナンスに焦点を向けるものである (Peters 2000a: 36; Pierre 2000: 3)。ローズ (R. A. W. Rhodes) のガバナンス論、オランダの「ガバナンス・クラブ」、ドイツの「ケルン学派」のガバナンス論などがこのアプローチに属する。一方で、NPMや市場中心ガバナンス論がいう「公共部門の市場化」には批判的だが、他方で国家中心アプローチとは異なり、国家の空洞化を前提としつつ、国家と社会のネットワーク関係、市民社会のなかに新たな統治・調整様式胎動の可能性を探ろうとする議論である。いわば、伝統的な大きな政府、新自由主義的な小さな政府、そのいずれとも違う「第三の道」を提示している。

社会中心ガバナンス論の代表的論者であるローズは、ガバナンスについて、「相互依存、資源交換、ゲームの規則、そして国家からの相当程度の自律性によって特徴づけられる、自己組織的、組織間ネットワークのことを指す」と定義している (Rhodes 1997: 15〔傍点部は原文イタリック〕)。すなわち、社会中心アプローチの鍵となるのは、国家が統治者としての特権的な地位を保持できなくなり、ネットワークの一員にならざるをえないという「国家の空洞化」、ネットワークの自律性や自己組織性を重視する「政府なきガバナンス」といった考え方である。

こうした見解に対して、国家中心アプローチの論者は批判的である。一つには、「政府なきガバナンス」や「国家の空洞化」という現状認識は正しいのか、という問題である。いま一つは、ネットワークによるガバナンスは妥当なのか、という規範的な論点である。次項では、社会中心アプローチの議論と対比させながら、ピーターズ（B. Guy Peters）やピーレ（Jon Pierre）らの国家中心アプローチの理論をみてみたい。

（3）社会中心アプローチへの理論的対抗

　ピーターズはアメリカのピッツバーグ大学教授、ピーレはスウェーデンのヨーテボリ大学教授で、ともに国際的学術誌『ガバナンス（Governance）』の編集委員を務めた経験をもち、政治学者・行政学者としてガバナンス論を牽引してきた。

　彼らのガバナンス論の特徴は何といっても、「ガバナンスに対する私たち自身のアプローチは国家中心アプローチである」と明言しているように（Pierre and Peters 2000: 12）、国家や政府の重要性に焦点をあてる「国家中心アプローチ（state-centric approach）」と自らが提唱する枠組みに依拠している点にある。

　そもそも「国家中心アプローチ」という言葉は、ローズらのガバナンス論を「社会中心アプローチ」と名付け、それとの対比のなかで用いたものである（Pierre 2000: 3）。「国家中心」との言葉を用いるのは、国家の空洞化を自明視するローズらのガバナンス論との対照性を明確に表すためである。国家よりも社会的な次元に目をむけ、自己組織性やネットワークといった概念を使い、政府抜きの新しい公共空間の形成に力点をおく社会中心アプローチに対して、国家、政府の役割が依然として重要であることを喚起し、そこに分析のまなざしを向けようとするがゆえの「国家中心」なのである。

　「ニュー・ガバナンス」とも呼ばれる社会中心アプローチとは違い、ことさら「新しさ」を強調せず、「オールド・ガバナンス」とも称される国家中心アプローチは、ガバナンスにおける国家、政府の役割に焦点をあてたアプローチである。ピーターズらの場合、「国家の空洞化」が指摘される今日に

おいても、国家や政府の機能が依然として重要であることを中心に論じている。国家中心アプローチの特徴は、国家が経済や社会をいかにして「舵取り(steering)」をするか、あるいはそれからどのような結果が生まれるのかに焦点が向けられる点にある。国家が舵取りをするための制度や能力の分析が基本的な研究課題となる(Pierre 2000: 3)。

このように国家を分析対象の中心におくことは、政治学においては伝統的である。国家や政治制度よりもアクターの行動に研究の目がいきがちだったアメリカ政治学でも、80年代以後、国家論の復活があり、学説史的にみても、このアプローチは歴史的な系譜にふさわしいものとされる(Peters 2000b: 32-33)。

(4) 国家中心アプローチの「ガバナンス」概念

ローズが自己組織的なネットワークという視点からガバナンスを意味づけているのに対して、ピーターズはガバナンスを、その語源に忠実であろうとし、「『舵取りすること』、すなわち社会に対して一貫した方向づけを与えるメカニズムを操ること」と捉えている(Peters 2000b: 32)。

こうした見解は、権限の分散化の必要性を否定するものではないものの、社会における諸課題に対処するにあたり、国家や政府といった中心的なアクターによる一定方向への指導、調整が必要なことを含意する(Peters 2000b: 32)。ネットワーク化されたガバナンスといえども、政府による権力付与の範囲内で作動しており、政策決定は一定のパラメーターのなかにおさまらなくてはならないし、実際のところネットワークも、「キノコのように自生的に成長するわけではない」のである(Peters 2000b: 42)。

したがって、分析の焦点はあくまでも、たとえば市民社会におけるガバナンスや、国家と社会の相互作用による自己組織的なネットワークといった「社会中心」のガバナンス形態ではなく、「政策を形成し実施する、換言すれば社会の舵を取る、そのための政府の能力に向けられる」(Pierre and Peters 2000: 1;〔傍点部は引用者〕)。

(5)「国家の空洞化」論への疑問と「ヒエラルヒーの影」

　社会中心アプローチが政府の機能低下や役割縮小、すなわち「国家の空洞化」を強調するのに対して、ピーターズは今もなお国家や政府というものは、統治の構造と過程において中心的な存在でありつづけていると主張する。その背景には、「ガバナンスは国家と社会との変化しつつある関係性、強制度の弱い政策手段に依存する度合いの高まり、こうしたことにかかわっているものであるとはいえ、国家は今なお、重要な政治権力の中心なのである」との認識がある (Pierre and Peters 2000: 12)。

　「大きな政府」の時代は過ぎ去り、確かにNPO、NGOなどの政府の外側に位置する社会的アクターの地位が向上してきていることはまぎれもない事実である。しかしながら、最終的に権力をもって法を執行するのは政府以外にはおよそ考えられない。それゆえ、政府の外的環境の不安定化は政府の不安定化に必ずしも直結するものではなく、むしろ従来とは異なる形で、政府機能の再構築を促し、国家の持続可能性を高める方向にも結びつく (cf. Pierre and Peters 2000: 196)。

　政府による社会の方向づけが、社会中心ガバナンス論の主張にもかかわらず、実際には従来にも増して重要になるのは、以下の理由からである。第一に、行政資源の不足状況はむしろその利用についての優先順位をきめる役割を政府に負わせる。第二に、政府に対する不信の高まりがガバナンス論台頭の背景にあるが、ネットワーク論者が主張するような非定型的な統治様式は政策の一貫性を失わせ、むしろ不信を高めてしまう。第三に、国際競争の激化は国内での協調的なプログラムを政府が策定する必要性を増加させる (Peters 2000b: 34)。そして何よりも、対立の調停と解決は統治機能の大きな役目だが、それは正統性をもつ政府によって主として担われるものである (Peters 2000b: 40-42)。

　こうした国家中心アプローチの主張の源には、社会秩序を保つための調整原理として、ヒエラルヒーを重視していることが挙げられる。一般的には、社会の調整原理として、三つのモードが存在することが知られている。すなわち、ヒエラルヒー（階統制）、市場、そしてネットワークである (Frances et al. 1991: 3-4; Börzel and Panke 2007: 154-156; Rhodes 1999; Bell and

Hindmoor 2009)。

　第一に、ヒエラルヒーは、アクター間の階統的関係を前提にした法律や命令などに基づく上意下達型の統制であり、そこでは権威を通じた調整、資源配分が行われる。第二に、市場は、アクター間の水平的・競争的関係を前提にした契約に基づく調整形態であり、市場での価格を通じた資源配分が行われる。第三に、ネットワークは、アクター間の水平的で対等な関係に裏打ちされた信頼、相互依存に基づく自律的、自動調整的な秩序原理であり、互恵的交換を通じた資源配分が行われる。

　政府の役割や位置づけを考えるために、これら三つの調整原理をガバナンスの様式（モード）類型として整理した場合、ヒエラルヒー型ガバナンスにおいて政府の役割が最も大きくなり、対照的に市場型ガバナンスではそれは後景に退く。そして、ネットワーク型ガバナンスのなかでは、政府もネットワークのなかの一組織としてとらえられる。ヒエラルヒーと市場を両極として、ネットワーク原理はそれらのいわば「第三の道」をゆくものであり、準市場の形成を通じた公私ミックスの制度体系などもこれに含めることができるだろう。

　モードとは、いいかえればガバナンス・ゲームのルールであるが、そのルールは多くの場合、法制度によって規定される。社会中心アプローチは非公式なルールによる自生的な秩序形成を重視するが、現代民主主義国家が法に基づく統治を基本的前提としている以上、法制度によってガバナンスのあり方は大きく異なってくるはずである。市場型ガバナンスでは所有権保護や公正取引の確保などに関して政府規制は不可欠であるし、ネットワーク型ガバナンスにおいても、ネットワークの形成、結社の法的承認、民主的正統性の確保などの点でやはり国家の存在は重要である。

　すなわち、ヒエラルヒー型のガバナンスだけでなく、他のモードでのガバナンスであっても、シャルプ（Frits W. Scharpf）のいう「ヒエラルヒーの影（shadow of hierarchy）」の下で展開されるのである（Scharpf 1997; Bell and Hindmoor 2009: 70）。少なくとも国民国家内部においては国家・政府は民主的正統性を備える唯一の存在であり、それゆえ「国家のみがガバナンス・ゲームのルールを変える能力をもつ」のであれば（Bell and Hindmoor 2009: 14）、やはり国家中心アプローチの視座が必要になるのである。

(6) 再び「国家の時代」へ？

　国家中心ガバナンス論は、社会中心ガバナンス論への理論的対抗軸としての役割を果たすべく登場してきた経緯があるが、一方で社会中心アプローチと同様に、NPM論、市場中心ガバナンス論については、「市場は資源の配分には効率的であるが、政治的アクターやアリーナと同様の役割をけっして担えない。その舞台に国家がいてはじめて、応答的政府と民主主義もまた存在するのである」と、批判的なまなざしを向ける（Pierre and Peters 2000: 13）。

　すなわち、政府の能力に着眼するとはいえ、それはガバナンスをもっぱらNPMの意味で、行政の効率化という視点からのみ論じるということとも異なるのである。NPMは個々の職員や組織のパフォーマンス向上に比重をおくあまり、政府全体としてのそれには貢献していないという点を、ピーターズらは批判している（Pierre and Peters 2005: 127-128）。

　事実、近年においては、NPM改革や権力分散化によって生じた課題を克服するため、政府の能力再生、再集権化の動きもみられる。ピーターズらによれば、今日の先進諸国の改革戦略は、主として、「分離戦略（letting go）」、「掌握戦略（holding on）」、「再中心化戦略（restoring the centre）」の三つに分けることができるという（Dahlström, Peters, and Pierre 2011a, 2011b）。

　このうち、分離戦略は分権化やエージェンシー化など、政策の立案と執行部門を分離して、中央政府を身軽にする、NPM改革の延長線上にあるものである。だが、そうした分離戦略をとり「小さな政府」を目指したとしても、今度は分離した部門をどう監督・統制するのかという新たな課題が発生し、ヒエラルヒーを通じた調整の必要性が改めて認識されてきている。皮肉なことに、NPM改革が進んだイギリスなどの諸国において、逆に、近年では再集権化を意図した制度改革が行われている（Dahlström, Peters, and Pierre 2011b: 264）。

　日本でも、2000年代以降、分離戦略に基づく改革が実施され、日本版エージェンシーである独立行政法人なども設けられたが、それによって中央政府による垂直的統制がなくなってしまったかといえば、そうしたこと

はない。総務省による評価制度などによって、独法の活動は統制を受けており、文字通り完全に政府から「独立」しているわけではない。大学経営の自律性向上を一つの目的として、やはり法人化された国立大学が、法人化以後は文部科学省の統制を受けずにまったく自律的に運営している、などということも実際には起きていない。むしろ、財政的な手段を通じた統制度合いは以前よりも高まっているとさえいえる。NPM的な分離戦略は、結果として、再中心化戦略を通じた垂直的・水平的調整の必要性を浮かび上がらせ、実際にもそうした方向で再集権化が図られているのである。

　また、「政府の分権化は、民主的統制や公的部門による自らの活動についての説明責任を減じがちである」との批判があるように（Dahlström, Peters, and Pierre 2011a: 7）、社会中心アプローチの論者が強調するネットワーク化やアクターの多元化は、政府活動の責任の所在をあいまいにさせ、民主的統制という点でも問題がある。各国では行政部門に対する民主的統制の強化を目的として、掌握戦略もとられており、政治主導や内閣主導の仕組みを導入している。

　ここまで記してきたことをまとめれば、第一に社会中心アプローチとは違い、事実面において、「国家の空洞化」論や「政府なきガバナンス」論に懐疑的であり、国家、政府の重要性を指摘し、そこに分析の焦点を当てようとする。第二に、第一の点とも関連するが、ネットワークを通じたガバナンスという見解に対しても、民主的正統性といった点から疑問を呈し、国家や政府による統治の必要性を主張する。そして第三に、NPM論、市場中心アプローチとも異なり、「小さな政府」を前提とせず、依然として重要な政府の果たすべき役割を検討するとともに、時代の変化に適した新たな政府戦略を具体的に提示しようとする。これらが国家中心アプローチの内容である。

3　ガバナンス論の分岐と収斂

（1）ガバナンス論の三様化

　社会中心アプローチとして後に総称される一連のガバナンス論が広がりはじめたのは、1990年代のことである。ピーターズとピエールの国家中心アプローチは、2000年代初期に、それらに対する理論的批判を携えて提起された。それでは、それ以降のガバナンス論の展開はどうだったのだろうか。大きくは、①メタ・ガバナンス論、②ネットワーク・ガバナンス論、③解釈論的ガバナンス論、の三つの潮流に区分できる。

　第一に挙げられるのが、ピーターズとピエールが提起した課題を引き継ぎ、国家中心アプローチの理論的発展を図ろうとする系譜である。ベル（Stephen Bell）とハインドムーア（Andrew Hindmoor）の「国家中心関係論的アプローチ（state-centric relational approach）」やジェソップ（Bob Jessop）らの「メタ・ガバナンス論」などが知られる。

　ガバナンス時代にあっても国家や政府の役割は重要であるとするベルとハインドムーアは、「国家中心関係論的アプローチ」と自らの視座を規定して、国家中心アプローチの深化を図っている。政府は今日においても、階統的な権威に基づいて自らの政策を実行し、たとえ他の方法による統治が行われる場合でも、国家は枢要な地位を保ちつづけるのである（Bell and Hindmoor 2009: 2-3）。

　彼らはガバナンスを「統治（govern）を助けるため政府によって用いられる道具、戦略、関係」と定義する（Bell and Hindmoor 2009: 2）。やはり、社会中心アプローチがガバナンスをネットワークに基づく統治として比較的狭く定義づけているのに対して、概念の意味範囲を拡大し国家の果たす役割に改めて光をあてている。統治の意味でいえばガバナンスの方法も多様であり、五つのモード、①ヒエラルヒー制、②説得、③市場、④共同体関与、⑤結社のそれぞれに基づくガバナンスがあると指摘する（Bell and Hindmoor 2009: 16ff）。

　あるいは、近年ではメタ・ガバナンス論も活発になっている。その代表的論者であるジェソップは、「メタ・ガバナンス」という観点から、国家の

重要性を指摘する。メタ・ガバナンスとは、要するに「ガバナンスのガバナンス」のことを意味する (Jessop 2002: 240=2005: 340)。ジェソップは、ガバナンスの基本規則と調整体制を整えること、ガバナンス内での紛争で「控訴審」の役割を務めること、相対的に力の弱い勢力やシステムを強化することで力の不均衡を調整すること、ガバナンスの失敗に対して責任を負うことなど、それらメタ・ガバナンスの局面において国家は枢要な位置を占め、その役割はよりいっそう増すと述べる (Jessop 2002: 242-243=2005: 343)。

　第二に、社会中心アプローチの進化形である、ソレンセン (Eva Sørensen) やトルフィング (Jacob Torfing) らによる「ネットワーク・ガバナンス論」が挙げられる。この系譜は、近年では「第二世代のガバナンス論」として総称され、発展著しい (Sørensen and Torfing 2007; 木暮 2011)。

　トルフィングによれば、ネットワーク・ガバナンスは、「相互依存関係にあるが運営面では自律性を有する諸アクターの比較的安定し水平的な接合 (articulation)」として定義される。そして、ガバナンス・ネットワークを構成する諸アクターは、「外部機関によって設定された範囲内で自己調整を行い、あわせて公共目的の創出に寄与する、比較的制度化されたコミュニティ内部で行われる交渉をとおして相互作用する」ものととらえられる (Torfing 2007: 5)。

　すなわち、第一に相互依存的だが自律性を有する公私双方のアクターから構成されるネットワークであり、第二に諸アクターは交渉を通じて相互作用関係をもち、第三にそれらのアクター間の交渉は比較的制度化された枠組みのなかで行われ、第四に単に具体的施策の形成や実施にとどまらずアイディアや規範を提供して新たな公共目的や公的価値の創出にも貢献すること、これらがネットワーク・ガバナンスの特徴である (Torfing 2007: 5-7)。

　第三に挙げられる潮流は、ベヴィア (Mark Bevir) とローズによる「解釈論的ガバナンス論」である (Bevir and Rhodes 2003, 2006, 2010)。既述したように、ローズは社会中心アプローチの主唱者として知られるが、2000年代以降はベヴィアと組み、それまでの自らの実証主義的研究を批判する形で、「反基礎づけ主義 (anti-foundationalism)」を背景とした解釈論的ガバナ

ンス論を積極的に展開している(堀 2011: 64以下も参照)。

　反基礎づけ主義は、与件としての客観的な社会的実在、真理の存在を否定的にとらえる(Bevir and Rhodes 2003: chap. 2)。ガバナンスに関しても研究者の視点から客観的にその構造を明らかにするといった従来のアプローチは批判される。「客観的」とされる事実も実際には主観的あるいは間主観的に意味づけられ、言説的に構成されたものであり、その構成のされ方を問うことが研究者の役割となる。

　「ガバナンス」と一口にいっても、NPMとしてガバナンスをとらえる立場もあれば、ネットワークとしてそれを論じる者もいる。あるいは、たとえばイギリスで「ガバナンス」とされるものとフランスで「ガバナンス」とされるものも、一見同じように思えるが、比較すればその意味内容は実際には異なる (Bevir, Rhodes, and Weller 2003: 14)。つまり、ガバナンスを論じる主体により、それぞれが異なる仕方でガバナンスを理解しているのである。

　このことは、ガバナンスが客観的な「実体」として存在しているのではなく、人びとの信念を通じて「構成」されていることを意味する。人びとは異なる理論をもっているがゆえに、世界をそれぞれに違った仕方で知覚している (Bevir 2004: 200)。それゆえ、ガバナンスとは何かを他のアプローチのように一義的に定義することはできず、個々のケースにおいて、それぞれに定義するしかないのである(Bevir and Rhodes 2010: 92)。

　人びとがもつ信念、ある社会や集団での人びとの理解の仕方を一定程度方向づける過去からの伝統、新しい信念と古い伝統が齟齬をきたすディレンマの過程に目が向けられ、そうした「意味の網の目」をさまざまな文書やインタビュー調査などを通じて明らかにするといった研究手法によって、ガバナンスをめぐるナラティブが明らかにされている。

(2) 二つのアプローチの接近

　社会中心アプローチに対抗する形で国家中心アプローチを提唱したピーターズとピーレだが、2005年の著作『複雑な社会を統治する (*Governing Complex Societies*)』では、二つのアプローチの融合を図っており、以前の

主張に比べて、理論上の「対決姿勢」を弱めている。すなわち、「私たちが信じるところでは……ガバナンスに対する諸アプローチ間に築かれてきた区分は誤った二分法であり、最も有効なガバナンス形態にとって必要なのは、社会的ネットワークと強い国家の双方である」と述べ、ここでは、国家か社会か、という二元論的な思考はとっていない（Pierre and Peters 2005: 1-2）。そして、「本書の分析では、以前の私たちのガバナンス研究と比べ、複雑性に焦点をあてる、より社会中心的な見方をとっている」として（Pierre and Peters 2005: 134）、社会中心アプローチの論者が提起した、社会の複雑化やそれにともなう国家の役割変化という認識を一定程度受け入れている。

とはいえ、このような主張の変更は、彼らの国家中心アプローチとしての立場を完全に放棄したことを意味するわけでは必ずしもない。国家－社会関係の実態に即した見方を示し、そのことで経験的分析としてのガバナンス論の理論的発展を意図したものととらえることができる。

そのことを端的に示しているのが、同書で提示されている、ガバナンスの五つのモデルである（Pierre and Peters 2005: ch. 2）。すなわち、第一に、政府がガバナンスのあらゆる局面で枢要な役割を担っている「国家主義（étatiste）」モデル、第二に、国家が中心に位置しているものの、利益団体や他の社会集団も影響力を行使しうる機会や構造をもつ「自由民主主義（liberal-democratic）」モデル、第三に、コーポラティズムのように、国家がガバナンスの中心にあるものの、社会的アクターとの関係が制度化されている「国家中心（state-centric）」モデル、第四に、社会的ネットワークの役割が重視され、国家も多数のアクターの一員にすぎないような「オランダ・ガバナンス学派（Dutch governance school）」モデル、そして第五に、国家は統治能力や正統性を失い、私的アクターが国家以上に重要な位置を占めるようになる「政府なきガバナンス（governance without government）」モデルである。

強い国家か、それとも強い社会か、そのどちらなのか、という問いのたて方ではなく、実際には、それらを両極としながら、ガバナンスにはその中間形態も存在しているということを、これらのモデルは示している。先に紹介したベルとハインドムーアが、単なる「国家中心アプローチ」では

なく、「国家中心関係論的アプローチ」と名乗っていることも、国家中心アプローチと社会中心アプローチの接近を物語るものである。

　政府による非国家的アクターとの戦略的関係やパートナーシップの構築にも目を向けることから、「関係論的」との語句を入れているとする彼らも、ガバナンス論における「社会中心アプローチか、それとも国家中心アプローチかという選択は間違い」であり、したがって、「私たちの国家中心関係論的アプローチは、ガバナンスにおける国家の重要性について強調するとともに、国家と社会の関係の重要性についてもまた強調するものである」と述べている(Bell and Hindmor 2009: 3)。

4　国家中心アプローチと社会中心アプローチの交錯

　とくにヨーロッパの場合にあてはまるが、1990年代にガバナンス論が台頭し発展してきた背景には、80年代の各国における新自由主義の席巻があった。それらに対抗する形で登場した社会中心アプローチは、旧来型の「大きな政府」とも、新自由主義的な「小さな政府」とも違う、「第三の道」として、国家と社会のネットワーク化を通じた、新しい公共空間の創出を論じたのである。すなわち、ガバナンス論とは、新自由主義後の国家・市場・社会の関係を問い直す視角にほかならない。

　だがしかし、ピーターズやピーレらが批判するように、社会中心ガバナンス論は「国家の空洞化」を強調しすぎ、国家やヒエラルヒーを通じた統治の重要性を看過する傾向があった。ローズらが指摘するほどには国家の機能は衰えておらず、それどころか、社会の複雑化や多元化が増すにつれ、実は国家の役割はむしろ重要度を増す、というのが国家中心ガバナンス論の認識である。国家は正統性を背景として、調整や評定の最終権者としての責任を負っているからである。

　実態面からいっても、政府機能の再強化や再集権化の動きがあることはすでにみたとおりだが、2008年のリーマンショック、あるいは格差問題の深刻化などを契機として、国家による規制が重要だとの認識は、一般的

にも広まってきている。その背景には、国家の空洞化がネットワーク・ガバナンスの構築には必ずしも至らず、「公共の空洞化」とも呼ぶべき問題を引き起こしていることが挙げられる。こうした現状を踏まえるならば、ピーターズとピーレの国家中心アプローチに基づく主張は適切であるといえるだろう。

　とはいえ、国家が今日でも盤石な存在であるかといえば、そうとはいいきれない。そもそも、新自由主義やガバナンス論が興隆した背景には、政府の統治能力の低下があり、それを各国政府が克服したとはいいがたいからである。その点では、社会中心アプローチやネットワーク・ガバナンス論による、新たな公共空間の形成可能性に関する議論の方が、むしろ将来展望を示してくれる。国家の正統性の一義性自体がゆらぎつつある今日においては、ネットワークによる諸アクターの包摂、熟議を踏まえた合意形成など、社会中心ガバナンス論者の主張も真剣に受け止める必要がある。伝統的なものとは異なる新しい形での「権威（authority）」の確立が求められていることも、また事実なのである（cf. Hajer 2009）。

　こうした流れのなかで、最近、国家中心ガバナンス論者のピーターズ、ピーレと、ネットワーク・ガバナンス論者のトルフィング、ソレンセンの4人が共著『インタラクティブ・ガバナンス（*Interactive Governance*）』（Torfing et al. 2012）を刊行したことが注目される。彼らは、「一連のアイディア・ルール・資源の動員・交換・活用によって共通の目標を構築・促進・達成するために、さまざまな利害関心をもつ、多数の社会的および政治的アクターが相互作用する、複合的な過程」として定義される、「インタラクティブ・ガバナンス」という概念を提示し、新たな理論展開を図っている（Torfing et al. 2012: 14）。同書では、従来のヒエラルヒー型ガバメントとは異なる相互作用を通じたガバナンスを中心に論じつつも、「ガバメントからガバナンスへの転回」というような単純な見解はとらず、政府（ガバメント）の重要性もきっちり踏まえている。つまり、国家中心アプローチと社会中心アプローチの理論的接合が図られているのである。二つの学的潮流の融合状況がうかがえる。

　今後、彼らのいう「インタラクティブ・ガバナンス」のパラダイム形成に至るのか、現段階では判然としないが、理論的諸潮流に立脚した体系的な

ガバナンス論構築に向けた、大きな第一歩であることだけは間違いないだろう。

参考文献

Bell, Stephen, and Andrew Hindmoor (2009) *Rethinking Governance: The Centrality of the State in Modern Society*, Port Melbourne: Cambridge University Press.
Bevir, Mark (2004) 'Governance and Interpretation: What are the Implications of Postfoundationalism?', *Public Administration*, 82(3): 605-625.
Bevir, Mark (2009) *Key Concepts in Governance*, London: Sage Publications.
Bevir, Mark, and R.A.W. Rhodes (2003) *Interpreting British Governance*, London: Routledge.
Bevir, Mark, and R.A.W. Rhodes (2006) *Governance Stories*, Abingdon: Routledge.
Bevir, Mark, and R.A.W. Rhodes (2010) *The State as Cultural Practice*, Oxford: Oxford University Press.
Bevir, Mark, R.A.W. Rhodes, and Patrick Weller (2003) 'Traditions of Governance: Interpreting the Changing Role of the Public Sector', *Public Administration*, 81(1): 1-17.
Börzel, Tanja A., and Diana Panke (2007) 'Network Governance: Effective and Legitimate?', in Eva Sørensen and Jacob Torfing (eds.) *Theories of Democratic Network Governance*, Basingstoke: Palgrave Macmillan, pp. 153-166.
Chhotray, Vasudha, and Gerry Stoker (2009) *Governance Theory and Practice: A Cross-Disciplinary Approach*, Basingstoke: Palgrave Macmillan.
Dahlström, Carl, B. Guy Peters, and Jon Pierre (2011a) 'Steering from the Centre: Strengthening Political Control in Western Democracies', in Carl Dahlström, B. Guy Peters, and Jon Pierre (eds.) *Steering from the Centre: Strengthening Political Control in Western Democracies*, Toronto: University of Toronto Press, pp. 1-23.
Dahlström, Carl, B. Guy Peters, and Jon Pierre (2011b) 'Steering Strategies in Western Democracies', in Carl Dahlström, B. Guy Peters, and Jon Pierre (eds.) *Steering from the Centre: Strengthening Political Control in Western Democracies*, Toronto: University of Toronto Press, pp. 263-275.
Frances, Jennifer, Rosalind Levačić, Jeremy Mitchell, and Grahame Thompson (1991) 'Introduction', in Grahame Thompson, Jennifer Frances, Rosalind Levačić, and Jeremy Mitchell (eds.) *Markets, Hierarchies and Networks: The Coordination of Social Life*, London: Sage Publications, pp. 1-19.
Hajer, Maarten A. (2009) *Authoritative Governance: Policy-making in the Age of Mediatization*, Oxford: Oxford University Press.
Jessop, Bob (2002) *The Future of the Captailist State*, Cambridge: Polity Press. ボブ・ジェソップ／中谷義和監訳（2005）『資本主義国家の未来』御茶の水書房。
Osborne, David, and Ted Gaebler (1993) *Reinventing Government: How the*

Entrepreneurial Spirit is Transforming the Public Sector, New York: Plume. D・オズボーン・T・ゲーブラー／総合行政研究会海外調査部会監修・日本能率協会自治体経営革新研究会訳（1995）『行政革命』日本能率協会マネジメントセンター。

Peters, B. Guy (2000a) 'Governance and Comparative Politics', in Jon Pierre (ed.) *Debating Governance: Authority, Steering, and Democracy*, Oxford: Oxford University Press, pp. 36-53.

Peters, B. Guy (2000b) 'Globalization, Institutions, and Governance', in B. Guy Peters and Donald J. Savoie (eds.) *Governance in the Twenty-first Century: Revitalizing the Public Service*, Montreal and Kingston: McGill-Queen's University Press, pp. 29-57.

Pierre, Jon (2000) 'Introduction: Understanding Governance', in Jon Pierre (ed.) *Debating Governance: Authority, Steering, and Democracy*, Oxford: Oxford University Press, pp. 1-10.

Pierre, Jon, and B. Guy Peters (2000) *Governance, Politics and the State*. New York: St. Martin's Press.

Pierre, Jon, and B. Guy Peters (2005) *Governing Complex Societies: Trajectories and Scenarios*, Basingstoke: Palgrave Macmillan.

Rhodes, R.A.W. (1994) 'The Hollowing out of the State: The Changing Nature of the Public Service in Britain', *Political Quarterly*, 65(2): 138-151

Rhodes, R.A.W. (1997) *Understanding Governance: Policy Networks, Governance, Reflexivity and Accountability*, Buckingham: Open University Press.

Rhodes, R.A.W. (1999) 'Foreword: Governance and Networks', in Gerry Stoker (ed.) *The New Management of British Local Level Governance*, Basingstoke: Macmillan Press, pp. xii-xxvi.

Scharpf, Fritz W. (1997) *Games Real Actors Play: Actor-Centered Institutionalism in Policy Research*, Boulder: Westview Press.

Sørensen, Eva, and Jacob Torfing (eds.) (2007) *Theories of Democratic Network Governance*, Basingstoke: Palgrave Macmillan.

Torfing, Jacob (2007) 'Introduction: Democratic Network Governance', in Martin Marcussen and Jacob Torfing (eds.) *Democratic Network Governance in Europe*, Basingstoke: Palgrave Macmillan, pp. 1-22.

Torfing, Jacob, B. Guy Peters, Jon Pierre, and Eva Sørensen (eds.) (2012) *Interactive Governance: Advancing the Paradigm*, Oxford: Oxford University Press.

岩崎正洋編（2011）『ガバナンス論の現在――国家をめぐる公共性と民主主義』勁草書房。

岩崎正洋・田中信弘編（2006）『公私領域のガバナンス』東海大学出版会。

木暮健太郎（2011）「第2世代のガバナンス論と民主主義」岩崎正洋編『ガバナンス論の現在――国家をめぐる公共性と民主主義』勁草書房、165-186頁。

新川達郎編（2011）『公的ガバナンスの動態研究――政府の作動様式の変容』ミネルヴァ書房。

西岡晋（2006）「パブリック・ガバナンス論の系譜」岩崎正洋・田中信弘編『公私領域のガバナンス』東海大学出版会、1-31頁。

西岡晋（2011）「福祉国家論とガバナンス」岩崎正洋編『ガバナンス論の現在――国家をめぐる公共性と民主主義』勁草書房、141-164頁。

堀雅晴（2011）「公的ガバナンス論の到達点――ガバナンス研究の回顧と展望をめぐっ

て」新川達郎編『公的ガバナンスの動態研究――政府の作動様式の変容』ミネルヴァ書房、50-78頁。

山本清（2002）「21世紀のガバナンス」宮川公男・山本清編『パブリック・ガバナンス――改革と戦略』日本経済評論社、107-150頁。

第5章 ツェベリスの拒否権プレイヤー論

1 ツェベリスの挑戦

「神はサイコロを振ったりしない」とは、物理学者アインシュタイン（Albert Einstein）の最もよく知られた引用句のひとつであり、その心意気がここに示されている。すなわち、世界は一貫した法則によって支配されているはずで、当時の論争相手の量子物理学派の主張していた確率論という曖昧なものに頼らずとも、いつかその全てを説明できるはずだ、という心意気である。

もちろん政治学や行政学が扱うのはけっして神ではなく、紛う事無き人間の営みである。それにも関わらず、あるいは、それだからこそと言うべきか、その営みは常に不確かで、これを研究・分析することは不断の挑戦的試みである。

本章で紹介するツェベリス（George Tsebelis）は、自らをこの挑戦の系譜に位置付ける際、時として古代ギリシャやローマ時代の古典にまでさかのぼる。そして現代の、民主主義体制と非民主主義体制、大統領制と議院内閣制、連邦制国家や単一国家などの違いを個別に分析する細分化した多様な学説を踏まえ、これらに対して、全てを包括的に単一の「ものさし」で比べることができる分析手法を提示する。

それこそが「拒否権プレイヤー論」である。本章では拒否権プレイヤー論

の基本的な枠組みを整理し、その具体的な適用事例を紹介する[1]。

2 拒否権プレイヤー論とは

(1) ツェベリスはなぜ政策に注目するか

　拒否権プレイヤー論とは、拒否権プレイヤー (veto player) という概念を手がかりとして、新制度論や合理的選択論などの既存の主要な分析アプローチを矛盾なく統合した分析手法といえる。その醍醐味は、これまでの分析手法では比較することが難しいと思われていた大統領制と議院内閣制などの異なる制度を有する国々やEUなどの国際機関を普遍的に比較することを可能とし、さらには分析対象となるアクターの相互作用を精緻に分析することで、すでに起こった出来事についての合理的な説明のみならず研究対象についての演繹的な予測すら可能とするというものである。

　ツェベリスの分析の出発点は、政策がどのように決定されるかに注目することである。そもそも政治体制とは、例えば大統領制であれ議院内閣制であれ、あるいはこれらの民主主義体制かそれとも非民主的な権威主義体制であるかの違いにも関わらず、あるいは国家以外の組織でも同様に、人々が何かを決める仕組みであると言えよう。そしてそこでの決め事こそが政策と呼ばれる。政策が何より重要なのは、政治体制に関わる全てのアクターが政策に関心を寄せるからである。なぜなら、政策そのものについての選り好みはもちろん、たとえ政策にそれほど関心がない場合でも、どの政策を支持したほうが自らに有利かについての関心があるからである。例えば政治家が、次の選挙で再選されるかどうかを基準に政策選好をする場合などである。

　ここで、政治体制において政策が決定するまでの過程に注目すると、ある政策で合意するためには必要不可欠なアクターが存在することに気付くだろう。例えば、政策案の可決に必要な議会過半数の議員や、二院制の国

---

[1] 本章の記述は基本的にはTsebelis(2002)に基づく。訳語はその翻訳である真柄・井戸(2009)に準ずる。また縣・藤井編(2007)pp. 81-108も参照。

では下院で可決しても上院でも可決を必要とするだろう、また大統領が拒否権を有する国もあれば、政策によっては国民投票で一定割合の同意が必要かもしれない。さらに司法機関が違憲判決によって政策決定を覆すかもしれない。これら民主主義的手続きが無視されるような国々で、一見すると独裁者が専制的に政策を決定しているようにみえる場合でも、実際には強権体制を支える軍部などの同意を必要としているかもしれない。ツェベリスは、これら政策決定で合意するには必要不可欠なアクター、言い換えれば政策案に反対して政策決定過程を堰き止めることができるアクター、すなわち拒否権を有するアクターのことを「拒否権プレイヤー」と呼ぶ。

（2）拒否権プレイヤー

　ツェベリスは上述した拒否権プレイヤーについて、さらに制度的拒否権プレイヤーと党派的拒否権プレイヤーに区別する。
　制度的拒否権プレイヤーとは、憲法によってその存在が制度的に規定されている拒否権プレイヤーのことを指す。例えば、各国の議会は憲法によって定められた制度的拒否権プレイヤーであり、日本やドイツのような二院制を採用する国では、これらを二つの拒否権プレイヤーとして数える。またアメリカのような大統領制国家の場合、大統領も制度的拒否権プレイヤーとしてみなされる。また、国あるいは特定の法案によっては、レファレンダム（国民投票あるいは住民投票）を要する場合がある。この場合のレファレンダムも制度的拒否権プレイヤーの一つとして数える。
　一方の党派的拒否権プレイヤーとは、政策過程における政治的駆け引き（political game）の渦中に存在する拒否権プレイヤーのことである。つまり、制度的拒否権プレイヤーとして認識される議会において、ある政党が過半数を制している場合、造反議員や内部分裂などによって過半数割れを起こさない限り、この政党こそが過半数の賛成で可決される通常の立法過程における拒否権プレイヤーであり、これを党派的拒否権プレイヤーと呼ぶ。また、政権がいくつかの政党からなる連立政権として議会過半数を確保している場合には、連立与党それぞれを党派的拒否権プレイヤーとして数える。

ところで、実際の政策過程における拒否権プレイヤーの数を数える場合に、ツェベリスは「吸収ルール」という数え方を用いる。議院内閣制の国で首相が間接選挙によって議会から選出される場合、一般的に政府と与党は一致して政策実現に取り組むと考えられるので、一つの党派的拒否権プレイヤーとしてみなすことができる。そして、その国が二院制で、与党が上下両院で過半数を確保している場合、実際の政策過程において政府が提出した法案は、与党の支持によって上下両院で可決することができる。このような場合、二つの制度的拒否権プレイヤーとして上院、下院をそれぞれ数えるのではなく、政府与党という一つの党派的拒否権プレイヤーとして数えた方が、実態に即した合理的な分析ができる。この時、拒否権プレイヤーの数は二つから一つへ減少する。このように複数の拒否権プレイヤーの数を適切な数にまとめる行為を「吸収ルール」と呼ぶ。
　以上のことから、拒否権プレイヤー論を用いた分析とは、政策実現に関わる拒否権プレイヤーは誰か、その数はいくつかという「ものさし」を用いた分析手法であるといえよう。

（3）現状打破集合と現状打開圏

　分析対象の国あるいは組織における拒否権プレイヤーは誰であるか、その数はいくつであるかが明らかになれば、拒否権プレイヤー間の駆け引きを通じて政策がどのように決定されるかを分析することができる。図1は、拒否権プレイヤー論で用いる最も基本的な概念図である。これは任意の二次元の政策領域をあらわす平面に、A、B、Cという三つの拒否権プレイヤーが存在する状況を表している。点A、点B、点Cはそれぞれの拒否権プレイヤーの理想とする政策の位置を示す[2]。この政策領域を表す概

---

[2] ツェベリスは拒否権プレイヤーを個別的拒否権プレイヤーと集団的拒否権プレイヤーとに区別しており、図1は全て個別的拒否権プレイヤーとして表示している。例えば大統領のような個別的拒否権プレイヤーは、その選好を図上の唯一点で表すことができる。一方で、議会や政党などの個々のアクターが集合して意思決定をするアクターを集合的拒否権プレイヤーと言い、その選好は唯一点で表すことはできない。しかし、集合的拒否権プレイヤーの選好は理論的に、その集合の統制の強弱を反映した一定の無差別曲線で表すことができ、その現状打破集合も同様に導くことができる。また取引コストについても、単純化のため図1ではこれを考慮しない。

第5章　ツェベリスの拒否権プレイヤー論

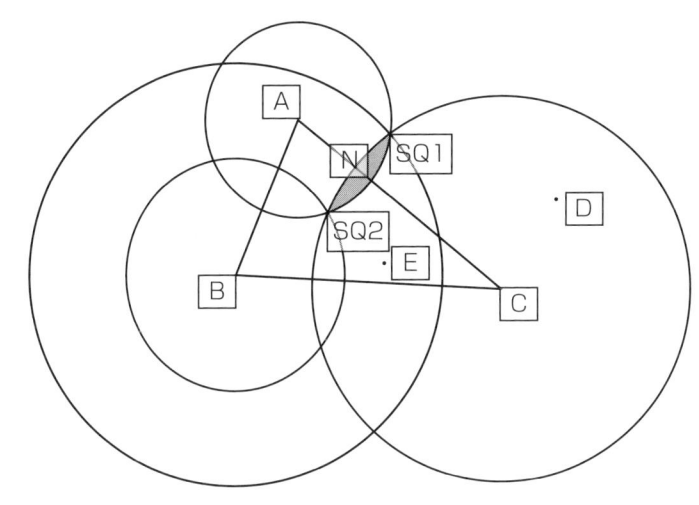

図上の影をつけた部分が現状打破集合

図1　拒否権プレイヤー論の基本概念図
出典：Tsebelis（2002:1.2., 1.3.および1.6.）をもとに筆者作成。

念図における現状の政策を点SQ（status quo）で表示する。

　ここで現状の政策SQからの政策変更が議論されているとしよう。現状の政策SQにかわる新たな政策はどのような内容のものとなるであろうか。言い換えれば図上のどの位置で拒否権プレイヤー間の合意がなされるであろうか。合理的選択論の考え方に基づけば、それぞれの拒否権プレイヤーは現状の政策SQと同程度あるいはそれよりも自身の理想とする政策に近い政策案が提案されれば、それに合意するだろう。具体的には、点Aを中心として点SQまでを結んだ直線ASQを半径とする円を描く。これを点Aからの無差別曲線と言い、この無差別曲線の線上および内側は、拒否権プレイヤーAにとって、現状の政策SQと同等かそれよりも自らの理想に近い政策の領域を示すことになる。この無差別曲線に囲まれた政策領域内のどこか任意の点で表される新たな政策案が提案された場合、拒否権プレイヤーAはその提案に合意するであろう。現状の政策より提案された新たな政策の方が好ましいからである。

　同様に点B、点Cそれぞれを中心として、現状の政策SQとの直線BSQ、CSQを半径とする無差別曲線を描くことで、拒否権プレイヤーBおよびC

にとって、それぞれが現状より好ましいと考える政策領域が示される。

　ここで重要なことは、拒否権プレイヤーの定義からして、政策変更には全ての拒否権プレイヤーの合意が必要不可欠であるということである。図1の概念図では、政策変更が可能な場合と不可能な場合の二つが考えられる。現状の政策が点SQ1のように三角形ABCの外側にある場合と、点SQ2のように三角形ABCの内側にある場合である。

　現状の政策が点SQ1のように三角形ABCの外側にある場合、拒否権プレイヤーA、B、Cそれぞれからの現状の政策SQ1に対する三つの無差別曲線（半径ASQ1、BAQ1、CSQ1）全てに囲まれた一定の政策領域が出現する（図の影）。ツェベリスによれば、この拒否権プレイヤーの無差別曲線に重複して囲まれた圏内は現状に対して代替可能な政策を表示する点の集合（the winset of the status quo）である。これは現状打破集合あるいは現状打開圏と和訳される。現状の政策SQ1に対抗する新たな政策案がこの現状打破集合の範囲内に提案された場合、それは拒否権プレイヤーA、B、Cの全員にとって現状よりも好ましい政策案であるから、新しい政策案は拒否権プレイヤーによって合意され、政策変更が実現する。

　一方で現状の政策が点SQ2のように三角形ABCの内側にある場合、拒否権プレイヤーA、B、Cそれぞれからの現状SQ2に対する三つの無差別曲線が同時に交差するのは唯一点SQ2のみであり、上述のSQ1の場合のような現状打破集合は出現しない。これをSQ2に対する現状打破集合が空集合であるという。その意味するところは、現状の政策SQ2に対して拒否権プレイヤーA、B、C全員が合意できるような政策代替案は存在しないということである。このように政策変更が不可能な状況は、各拒否権プレイヤーの理想とする政策の位置を表す点を頂点とする多角形、図1の場合は三角形ABCの内側に現状の政策が存在する場合に生じる。ツェベリスはこのような現状からの政策変更が不可能な政策領域を全者合意コアあるいは全会一致コア（unanimity core）と名付けている。

　この最も基本的な概念図で説明したような理論をさらに展開しつつ、これを現実の政策変更をめぐる事例に適用することで、ツェベリスの拒否権プレイヤー論は、現実に起こった事例についての合理的な説明を可能とし、さらに条件がそろえば演繹的にこれから起こりうる事例を予測するこ

とも可能であると主張する。

（4）政策安定性

図1の概念図から読み取れる最も重要なことは、政策安定性の大小である。ツェベリスは政策安定性（policy stability）を「現状維持からの変革の難しさ」と定義している。第一に政策安定性の高低と現状打破集合の大小とは反比例の関係にある。すなわち、現状打破集合が大きい程、政策領域において政策の変更で合意できる余地は大きくなり、よって政策安定性は低くなる。逆に現状打破集合が小さい程、政策変更の余地は小さくなり、よって政策安定性は高くなる。第二に政策安定性の高低と全会一致コアの大小とは比例関係にある。すなわち、全会一致コアが大きい程、政策領域においてこれ以上の政策変更ができない領域が広がり、よって政策安定性は高くなる。逆に全会一致コアが小さい程、政策安定性は低くなる。

ツェベリスはここから以下の命題を導く。すなわち「新たな拒否権プレイヤーが加わると、政策安定性は高まる、あるいは変化しない」。例えば、議会での可決によって法案が成立する場合と、それに加えてレファレンダムを要する場合では、前者よりも後者の方が拒否権プレイヤーが増加している。

この命題は、図1の概念図に新たな拒否権プレイヤーを書き加えてみれば、容易に理解できる。第一に、既存の拒否権プレイヤーの全会一致コアの外側、すなわち三角形ABCの外側に新たな拒否権プレイヤーDが出現する場合である。この場合、現状打破集合は半径DSQ1の無差別曲線が加わるのでこれまでより縮小する。また全会一致コアは三角形ABCから四角形ABCDへと拡大する。よっていずれの場合も政策変更の余地は減少し政策安定は高まる。

第二に、既存の拒否権プレイヤーの全会一致コアの内側、すなわち三角形ABCの内側に新たな拒否権プレイヤーEが出現する場合である。この場合、これまでの現状打破集合は半径ESQ1の無差別曲線を加えても変化しない。また全会一致コアも四角形ABCEはすでに三角形ABCに含まれているので変化しない。よって政策安定性にも変化は見られない。このよ

うな場合、四つの拒否権プレイヤーが存在するものの、実際には必要な三つの拒否権プレイヤーについて考慮するだけで十分である。これが先に述べた「吸収ルール」の理論的な根拠である。

　政策安定性の高低に影響を及ぼす重要な要素について、拒否権プレイヤーの数だけではなく、それぞれの拒否権プレイヤーが選好する政策の間の隔たりの大きさにも注目しなければならない。例えば保守対革新などに代表される拒否権プレイヤー相互の政策間の距離を、ツェベリスはイデオロギー距離(ideological distance)と呼ぶ。これを図1の概念図を用いて説明すれば、拒否権プレイヤー間のイデオロギー距離が大きい程、図上でのそれぞれの理想とする政策を示す点も互いに遠ざかる。それとともに、現状打破集合は小さくなり、全会一致コアは大きくなる。すなわち、政策安定性が高くなる。極端な場合、三角形ABCよりも小さな四角形を想定すれば、イデオロギー距離の大きな三つの拒否権プレイヤー間の方が、イデオロギー距離の近い四つの拒否権プレイヤー間よりも政策安定性が高くなることもありえるだろう。

(5) 政策安定性が高いとどうなるか

　拒否権プレイヤー論を用いた各国の事例の比較やEUなどの分析を通じて、ツェベリスは政策安定性が高いとどうなるかについての一般的傾向として以下の五点を指摘する。第一にアジェンダ設定の重要性の低下、第二に政権の不安定化、第三にレジームの不安定化、第四に官僚の自由裁量の増加、第五に司法の独立傾向の五点である。

　第一に、アジェンダ設定の重要性が低下するとは、新たな政策案(アジェンダ)を提案する立場から得られる利点が低下するということを意味する。そもそも合理的選択論の最も基本的な考え方によれば、各拒否権プレイヤーは現状の政策より好ましい政策案が提示された時点で、これに合意し政策変更は実現するだろう。すなわち、代替政策案が現状打破集合の範囲内の任意の一点にありさえすれば合意に至る。そうであるなら、新たな政策案を提示できるアジェンダ設定者(agenda setter)となった拒否権プレイヤーは、現状打破集合の範囲内で自らの選好に最も近い政策を提案し実現

できる。例えば上述の図1において、拒否権プレイヤー Aがアジェンダ設定者であるなら、点Aに最も近い現状打破集合内の点Nが提案され、他の拒否権プレイヤーからの合意も獲得して実現するだろう。もし、他の拒否権プレイヤーがアジェンダ設定者となる場合でも、同様にそれぞれの選好に最も近い現状打破集合内の点を提案するだろう。このように、アジェンダ設定者は他の拒否権プレイヤーよりも有利な立場を獲得できる。

しかし、政策安定性が高まる程、アジェンダ設定者の位置と現状打破集合との距離は遠ざかり、従ってアジェンダ設定から得られる利点も減少することになる。そして極端な場合、政策安定性が高すぎて政策変更は不可能となり、アジェンダ設定の重要性が失われることになるだろう。

第二の政権の不安定化は、とくに議院内閣制の国々で政策安定性が高い場合にみられる。政権に参加する連立政党の数が多い、連立政権を構成する各党の間のイデオロギー距離が大きい、あるいは少数与党のために議会野党も法案可決に不可欠な拒否権プレイヤーとして振舞うことができるなどの場合で、政権の政策安定性があまりに高くなってしまうと、法案を可決して政策を実現するという政権運営は行き詰ることになる。結果として、政権は不安定化し、政権内での首班交代や議会での連立組み替え、議会解散による選挙の実施など、政権交代につながるような事態が繰り返されて政権の平均的存続期間が短縮するだろう。

一方、憲法によって任期が定められている大統領制国家において政策安定が高い場合、第三のレジームの不安定化という状況が生じる。一般的に大統領が率いる政権は任期が決まっているので、議院内閣制のように不定期に政権交代をすることができないからである。あるいは非民主的な体制の国も同様に政権交代の手続きが定められていない。これらの国々で政策安定性があまりに高くなってしまうとレジームそのものが不安定化し、場合によっては崩壊するかもしれない。大統領が辞任あるいは弾劾されて、副大統領等による後継政権や選挙などを通じて新たなレジームへ転換するか、場合によっては軍部による体制転覆などの非民主的な手法さえ起こりうるであろう。

第四に、政策安定性が高まると官僚の自由裁量が増加する。拒否権プレイヤーが多くイデオロギー距離も大きい政権において政策変更を試みる場

合、大胆な政策変更は非現実的であり、立法過程で拒否権プレイヤーの要求を調整しながら、漸進的な政策変更を積み重ねる傾向となる。しかも法律の内容は複雑かつ曖昧な余地を残し、その数も多くなる。このような場合、実際の政策を実施する官僚が、法律の解釈や運用の面で大きな自由裁量権を獲得するようになる。ツェベリスはこの傾向を、各国における中央銀行の独立性についての比較分析から裏付けた。

　第五に、政策安定性が高まると司法が独立して判断を求められる場合が増加する。憲法裁判所による違憲立法審査などにおいて違憲判決が下された場合、司法は制度的拒否権プレイヤーとして機能したといえる。ツェベリスはアメリカで憲法をめぐる画期的な判決が下されてきた事例を挙げる。ただし司法の役割は通常、議会など他の拒否権プレイヤーによって制定された法律を否定することでははけっしてなく、その解釈について判決を下すことにあり、普段は「吸収ルール」を適用して拒否権プレイヤーの数に含める必要がない。しかし、法律の内容や適用について違憲判決を下す場合、通常は拒否権プレイヤーとして振舞うことができないアクターが異議申し立てをする場合、拒否権プレイヤー間で合意に至らなかった政策についての判断が持ち込まれた場合、司法は制度的拒否権プレイヤーとして機能する。また通常の政策過程においても、既存の拒否権プレイヤーは後で司法機関から違憲判決を受けない範囲内で政策決定をしているという点では、司法は「潜在的」拒否権プレイヤーとして機能しているともいえよう。

3　アジェンダ設定の重要性

（1）合理的選択制度論への批判と反論

　拒否権プレイヤー論に限らず、いわゆる合理的選択制度論に対しては批判もあり[3]、ここでは大きく二つの論点を挙げる。第一に合理性仮定に対

3　久米・川出・古城・田中・真渕（2003, pp. 347-357）。

する疑問である。分析対象となるアクターはそもそも合理的に行動するのか否か、行動するとしてその目的は政策の実現で首尾一貫しているといえるのか。これに対しツェベリスは、例えば選挙で再選するためという観点からある政策が選好されるということも含めて、幅広く政策分析の対象としている。また例えばある政策XよりもYを選好し（X＜Y）、YよりもZを選好する（Y＜Z）にも関わらず、XよりもZではなくZよりもXを選好する場合（X＞Z）がありえることを、拒否権プレイヤー論は合理的に説明できると主張する。

　第二に現実の単純化に対する疑問である。合理的選択制度論は分析対象の変数をできるだけ少なくすることで、回帰分析などの数式を用いて多くの事例を網羅し、分析結果は図表で明確かつ普遍的に表現される。しかし、これは必ずしも個々の現実を反映してはいないのではないかという疑問である。ただしこのような疑問もツェベリスは承知した上で拒否権プレイヤー論を展開していると思われる。より多くの分析対象を共通の「ものさし」で比較できることこそがその醍醐味であり、ひとつの分析対象に特化した「ものさし」で他の分析対象と比べることができなくなってしまえば意味がない。

　だからこそツェベリスは次に紹介するような共同研究を推進しているといえる。すなわち、拒否権プレイヤー論という普遍的な比較の「ものさし」を提供し全体的な比較を可能としつつ、個別の事例については適任の分析者が「ものさし」をそれぞれ調整してより詳細な現実に即した分析を行うという研究手法である。これにより、普遍的な比較分析と個別の事例に即した理解とを両立させることを可能としている。

（2）アジェンダ設定の各国比較

　ツェベリスの関心は、上述のような批判も踏まえつつ拒否権プレイヤー論を発展させ、アジェンダ設定の重要性をより強調するようになった。つまりアジェンダを設定する拒否権プレイヤーが、政策安定性の高低に左右されつつも、どのようにして他の拒否権プレイヤーからの合意を獲得し、政策変更を実現するかについての包括的な比較分析である。

ラッシュ（Bjørn E. Rasch）とツェベリスの共編著（Rasch and Tsebelis 2010）は、拒否権プレイヤー論に基づくアジェンダ設定の分類という共通の手法を用いて、14か国を比較しており、日本もその一つに含まれている[4]。共同研究者がそれぞれ担当する国について分析し、それをツェベリスの提供する共通の「ものさし」に照らし合わせて包括的な比較を実現している。ここでツェベリスはアジェンダ設定の実行力を三つの類型に整理している。第一に制度的なアジェンダ設定、第二に党派的なアジェンダ設定、第三に位置的なアジェンダ設定である。

　第一の制度的アジェンダ設定の実行力は、例えば法案提出、議事進行、会期設定などの議会における政策過程を政権側が制度的に主導できるような仕組みが充実していることを指す。フランスやスペインがこれに当てはまる。

　第二の党派的アジェンダ設定の実行力は、議会多数派の政権を形成し、制度的拒否権プレイヤーを上述の「吸収ルール」によって取り込むことで、政策過程における制度的拒否権プレイヤーの全てを味方につけ、政策の実現を図るという仕組みである。とくに日本やドイツなど、制度的アジェンダ設定の実行力が脆弱な国々では、この党派的アジェンダ設定の実行力に頼って政策を実現しようと試みられる。

　第三の位置的アジェンダ設定は、上述の二つのアジェンダ設定の実行力を行使できない国々での政策実現には必要不可欠となる。制度的アジェンダ設定の実行力が脆弱な国で、党派的アジェンダ設定を行使できるような議会多数派政権を形成できない場合である。これに該当するような議会少数派の政権は、議会での法案成立に必要な割合（国や法案によって過半数の場合もそれ以上の場合もあるだろう）の同意を得られるような限られた現状打破集合内でアジェンダを設定せざるを得ない。これを位置的アジェンダ設定といい、ノルウェーやデンマークがこの類型の代表例である。

　日本の事例研究を担当したケスターリーマン（Silke Köster-Riemann）は、第二次世界大戦後の自民党単独政権および自民党中心の連立政権を分析対

---

[4] 以下はとくにRasch and Tsebelis(2010)を参照。とくにツェベリス執筆のpp. 1-20およびpp. 270-273。

象とし、第二類型の党派的アジェンダ設定によって政策を実現している国に位置づけている[5]。ただしその一方で、日本の特徴として、内閣のアジェンダ設定の実行力の弱さを指摘している。なぜなら、戦後長期間に渡って蓄積された自民党の党内手続きにより、内閣のアジェンダ設定の実行力は小泉純一郎政権時のような例外を除き、党内派閥などの実質的な党派的拒否権プレイヤー間での合意が得られる現状打破集合の範囲内に制限されてきたからである。

この事例分析以後も、2009年の民主党への政権交代、それに前後しての参議院での与党過半数割れなどについて、なぜ、日本では首相がすぐに交代するのか、「ねじれ国会」などと報道されて政策過程が停滞しがちであると思われるのか。このような疑問も拒否権プレイヤー論を用いて分析することで、その実態が論理的に把握できるであろう。

4 拒否権プレイヤー論の発展

本章の最後に筆者は、国際関係や国家レベルだけでなく、さらに下位の州や地方レベルの事例にも拒否権プレイヤー論を適用してみよう。ドイツのバーデン・ヴュルテンベルク州における州都中央駅再開発についての事例である[6]。州都シュトゥットガルトの歴史的な中央駅を地下駅化して一新し、周辺の地域開発と鉄道網の高速近代化を実現する一大プロジェクト「シュトゥットガルト21」は、計画起草から約16年を経た2010年2月にようやく建設着手に漕ぎ着けた。この時点までの拒否権プレイヤーは、1953年以来一貫して州首相を輩出してきたCDU（キリスト教民主同盟）中心

---

[5] SilkeKöster-Riemann, "Decades of partisan advantages impending cabinet's agenda setting power" (Rasch and Tsebelis 2010, pp. 254-269).
また筆者も縣・藤井編(2007)、pp.98-102で同様の事例に注目した。

[6] バーデン・ヴュルテンベルク州政治教育センター〈http://www.landtagswahl-bw.de/〉〈http://www.lpb-bw.de/volksabstimmung_stuttgart21.html〉
*Mitteldeutsche Zeitung*新聞、2011年11月28日、*Berliner Morgenpost*新聞、2012年1月14日など参照。

の連立与党と、事業者としてのドイツ鉄道（DB）もこれに加えられよう。

　しかし、政策の実施段階になり中央駅の旧駅舎解体工事が実際に始まると、膨大なコストや地下駅の構造的安全性、周辺環境への影響などに対する批判を訴える大規模な反対運動が巻き起こった。主要メディアでの報道量やデモの規模も拡大し、デモと警官隊との衝突で重傷者が出るという事態に陥ると、プロジェクトは一時中断された。そして2010年10月より仲裁会議が開催され、推進派の州政権与党やドイツ鉄道、反対派の緑の党や市民グループが参加した。ここに至り反対派は事実上の党派的拒否権プレイヤーとして認識されたといえる。この時点での全ての拒否権プレイヤーが参加しての合意形成が模索され、ドイツ鉄道にはプロジェクトのコストや安全性についてのストレステストが課せられた。

　しかし、2011年3月27日の州議会選挙が大きく事態を変えた。それまで野党であった緑の党とSPD（ドイツ社民党）が合わせて過半数を獲得して政権交代が実現し、しかも緑の党が連立第一党となりドイツ史上初の緑の党の州首相が誕生した。ただし緑の党のこの劇的な勝利には、選挙の争点として「シュトゥットガルト21」への賛否だけでなく、直前の3月11日の東日本大震災にともなう福島第一原発事故も大きく影響した。翌週3月15日にはメルケル（Angela Merkel）連邦首相がドイツ国内の旧型原発七か所の停止を決断する程、「フクシマ」はドイツにも多大な動揺をもたらし、反核運動を結党のきっかけの一つとする緑の党への支持率にも影響を及ぼしたのである。

　新連立政権は「シュトゥットガルト21」の賛否を問うレファレンダムとして州民投票の実施を決めた。ドイツ鉄道はなお拒否権プレイヤーとして振舞い、一方的なプロジェクト中断に対しては損害賠償を要求する構えをみせると共に、民間に委託したストレステストでの合格を通達した。確かに「シュトゥットガルト21」は前政権が正統性を持って決定し、実施段階にまで至った政策であり、その中断にも相当の正統性が求められたのである。

　ツェベリスによれば、レファレンダムの選好は中間的な世論の選好に接近し、新たな拒否権プレイヤーが加わるという点では基本的に政策安定性が増加する。果たして、2011年11月27日に実施された州民投票の結果は、

58.8％の明確な過半数で州政権のプロジェクト中断案を否決した。緑の党とSPDの連立政権はレファレンダムの結果を尊重し「シュトゥットガルト21」は継続されることとなった。「シュトゥットガルト21」をめぐる顛末は、拒否権プレイヤーを増やしつつ紆余曲折した結果、現状からの政策変更が実現しないという政策安定性の高さを示す結果となった。まさにツェベリスの拒否権プレイヤー論が予測する傾向を裏付ける事例の一つに位置づけられよう。

　このようにツェベリスの拒否権プレイヤー論は、その醍醐味として民主主義体制と非民主主義体制、大統領制と議院内閣制、連邦制国家や単一国家、さらには国際的なレベルから国家レベルだけでなく州や地方レベルを含めて、あらゆる事例を包括的に単一の「ものさし」で比べることができる分析手法を提示していることにある。さらに普遍的な比較の枠組みは、現実の過度の単純化に対する批判があるにしても、一定の指標として有意義であり、個別の事例について足りない部分は現実に即してそれぞれ補強すればよいだろう。それが拒否権プレイヤー論の裾野を広げ、さらに理論的なフィードバックも期待される。この循環こそまさに「拒否権プレイヤー論」を通じてツェベリスが意図する挑戦的試みではなかろうか。

参考文献

Rasch, Bjørn Erik, and George Tsebelis(Ed.),(2011) *The Role of Governments in Legislative Agenda Setteing*, Routledge.
Tsebelis, George, and Jaenette Money (1997), *Beibameralism*, Cambridge University Press.
Tsebelis,George(2002) *Veto Players-How Political Institutions Work*, Russell Sage Foundation. ジョージ・ツェベリス/真柄秀子・井戸正伸監訳（2009）『拒否権プレイヤー』早稲田大学出版部。
Rasch, Bjørn Erik, and George Tsebelis(Ed.),(2011) *The Role of Governments in Legislative Agenda Setteing*, Routledge.
縣公一郎・藤井浩司編（2007）『コレーク政策研究』成文堂。
縣公一郎・藤井浩司編（2007）『コレーク行政学』成文堂。
新川敏光・井戸正伸・宮本太郎・真柄秀子（2004）『比較政治経済学』有斐閣。
久米郁男・川出良枝・古城佳子・田中愛治・真渕勝（2003）『政治学』有斐閣。

真柄秀子・井戸正伸編（2007）『拒否権プレイヤーと政策転換』早稲田大学出版部。

第6章

ブキャナン＆タロックの公共選択論

1　人々の行動と公共選択論

　日常生活において「あれか、これか」と選択を迫られる場面は多い。一人で行動するときは、こうした選択も自分一人の意思で決定することができるが、複数の人々と行動する時にいくつかの選択肢の中から一つに決定することは意外に難しい。

　人々や企業などの民間部門の行動だけでなく、国や地方自治体といった公共部門においても、政策の立案や決定に関して常にある一つの選択を行っている。こうした、公共部門の行動がどのような過程を経て決定されているかを研究するのが公共選択論である。

　公共選択論は、公共財やサービスの供給など非市場的決定の経済学的分析手法を政治学に適用した研究である。非市場的決定とは、市場で取引が行われないかもしくは市場での取引に馴染まない財やサービスの供給量の決定を指す。市場で取引されないもしくは取引に馴染まない財やサービスは公共財と呼ばれ、国や地方自治体が供給量を決定している。したがって、公共選択論は公共部門あるいは非市場部門と政治の関係する問題を研究の対象としている。

　公共選択論が研究分野として明らかにしようとしていることは、①我々にとって、どのような政治や社会が望ましいか、②我々の政治や社会がどのような状態にあるのか明らかにする、という二点に集約することができる。①は「望ましいか」という点からも明らかな通り、「あるべき」を考えて

いる。こうした視点は規範的公共選択論と呼ばれる。一方で、②は「どのような状態にあるのか」という点から「実際にどうなっているか」を研究する。こうした視点は実証的公共選択論と呼ばれている。

　公共選択論は、方法論的個人主義、ホモ・エコノミクス、交換としての政治を分析の前提としている。方法論的個人主義とは、分析の対象が個人に置かれていることを意味している。つまり、個人の集合体である集団が何かある事柄を決定したとしても、それは各個人の意思の集合の結果であることを意味している。ホモ・エコノミクスとは、合理的人間を意味し、①選択肢に対し常に意思決定を行うことができる、②自らの選好に順序を付けることができる、③選好の順序付けは推移的である、④常に選好順序の最も高い選択肢を選択する、⑤同じ選択肢に対しては、必ず同じ選択をする、という五つの特徴を持った人間を想定している。最後の交換としての政治は、経済学的な考え方や分析手法の政治学への応用を意味している。

　独裁体制ではなく、民主主義体制を採用している国において、どのような政策を選択し実施するかは、立法府での議論を経て投票による合意形成によって決定されている。したがって、最も重要と考えられることは、何らかの合意形成に対して社会構成員（法案に対する政治家や国民投票に対する有権者）の支持を獲得することである。ヴィクセル（Knut Wicksell）は、合意形成に関して全員一致ルールを提唱したが、実践的な理由から合意形成のルールは相対的ないし近似的一致で良いとして、三分の二や四分の三などの条件付き多数決を支持した。

　国や地方自治体の公共財やサービスの供給がどのような過程を経て行われているかを研究する公共選択論において、選択肢に対する人々の投票行動は中心的な研究対象である。効率的な政策の選択に対する合意の形成について、ブキャナン（James Buchanan）とタロック（Gordon Tullock）は著書『公共選択の理論――合意の経済理論（*The Calculus of Consent : Logical Foundation of Constitutional Democracy*）』において、経済学の手法を導入して分析を行っている。経済学は、合理的人間を想定しているため、市場取引における消費者や企業の行動を常に効率的なものであると想定している。ブキャナンとタロックは市場取引の効率性を共同意思決定過程の分析

に用い、政治現象に対する効率的な合意の形成を体系化した。

　公共選択論の考え方を現在の日本に照らし合わせてみると、さまざまな政策の実行に際して効率的な合意が形成されていないことが考えられる。日本において財政再建や社会保障制度改革などの経済的事象に属するような改革が政治的理由によって進んでいないとすれば、彼らの理論を検討し、日本が現在どの点で立ち止まっているのか、言い換えれば、どの点で非効率に陥っているのかを認識する必要がある。本章では、彼らの主張を基に、意思決定過程における合意の形成方法について検討する。

2　公共選択論による合意の形成

　公共選択論の立場から意思決定に関する分析を行ったブキャナンとタロックによる議論は、経済学的手法の政治への適用以外に、意思決定に関する時間的連続性や、投票に関して取引が行われることを導入した点に大きな特徴がある。そして、意思決定の過程を二段階に分け、最初の段階では必ず全員一致による合意が達成されることを示している点も、全員一致の不可能性を主張する他の議論と大きく異なっている。

　他の公共選択論の研究者と同じようにブキャナンとタロックも、ある意思決定の選択に対し、個人が自分の利益を追求し期待効用を最大化するように行動する合理的経済人を想定している。ここでの利益とは、個人が得られる便益から費用負担を引いた差分を指している。

　ある選択に直面した個人は、自分が得られる便益が費用負担よりも大きければそれを選択するような行動を取る。また、便益から費用負担を引いた利益が最大になるような選択を行う。しかし、複数の選択肢から効用が最大となるように行動するためには、それぞれの選択肢からの効用が比較できなければならない。そこで、個人が選択肢から得られる効用は、完備性、推移性、反射性という三つの性質を有している必要がある。完備性とは、二つの選択肢Ａ、Ｂがある時、効用の大小関係が必ず判断できＡ＜ＢあるいはＢ＜Ａを決められる、という性質である。推移性とは、三つの

選択肢がある時、順序付けに矛盾が生じないことである。例えば、A、B、Cの三つの選択肢があるとする。AよりもBの方が効用が大きく（A＜B）、BよりもCの方が効用が大きい時（B＜C）、必ずAよりもCの方が効用が大きくなる（A＜C）ことが担保されるということである。反射性の性質とは、ある個人にとって選択肢の効用の大きさは常に一定で変化しない、という性質である。

さらに、彼らは合理的な個人は、複数ある意思決定の局面において、それぞれを独立した事象と考えず時間的な連続性を認識していると想定している。つまり、自分にとって影響が小さい問題に関する場合、他者の投票に協力を行い、自分にとって影響の大きい問題に関しては見返りとして他者からの投票を求めるような行動を取る、ということである。他者との取引の中で自分の利益を最大化しようとする考え方は、市場における取引の考え方と同様である。したがって、時間的な連続性の無い国民投票のような状況においては、意思決定に対して取引を行うような誘因は存在しない[1]。

一方で、複数の法案に対して絶えず投票が繰り返される議会などにおいては、各法案の投票において取引が行われる誘因が発生する。そのため、ブキャナンとタロックは、民主的な議会を有する諸国家においては、投票の取引が常に発生していると指摘している。彼らの主張によれば、意思決定の過程は二つの段階を経て行われている。最初の段階は、社会や国家といった組織に対して人々が参加することへの合意である。これは、社会契約と呼ばれるものと等しく、彼らはホッブズ（Thomas Hobbs）、ロック（John Locke）およびルソー（Jean-Jacques Rousseau）が主張したように、全員一致による合意が可能であると指摘している。なぜなら、社会契約の締結は個人の任意による参加であり、損失が予想されるものに合理的な個人が自発的に参加することはないからである。そして、全員一致の合意形成が達成された後の段階で単純多数決や条件付き多数決といったさまざまなルールが選択されることになる。

---

[1] 例えば、憲法改正に対する国民投票や、地方自治体における住民投票の場合、投票が実施される時期が不確定である上に、有権者の数が多いため、取引を行うにしても費用がかかりすぎてしまい、便益よりも負担の方が大きくなってしまう可能性があるからである。

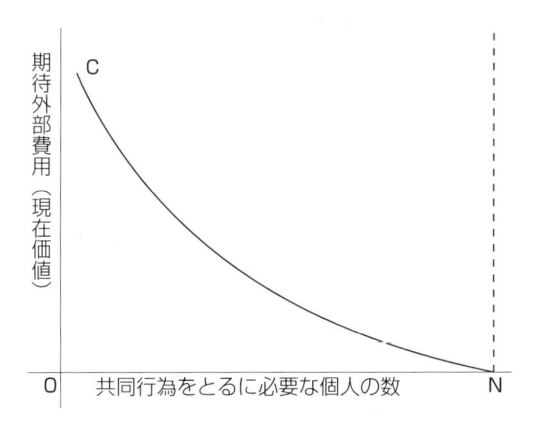

図1　期待外部費用曲線
出典：ブキャナン&タロック（1979: 75）。

　したがって、多数決ルールは個人や集団の利益が分散したときに、それに対処するための便宜的な一手段にすぎないと主張する。なぜなら、社会の構成員全てが同意する事柄であれば、全員に便益を与えるため、投票の取引（ログローリング）を避けることができるからである。合意の形成は、ルールが全員一致であれ、多数決であれコスト（費用）がかかると彼らは主張している。費用には意思決定に参加するための費用である意思決定費用と他者の行動によって自分に不都合が生じる費用を表す外部費用の二種類から構成されており、外部費用は意思決定費用に比べて費用の規模が大きい。

　さらに、図1に示したように、外部費用は共同行為をとるのに必要な人数が増加するにつれて低下し、全員が一致する点においてゼロになる。なぜなら、全員が支持する点においては、他者から何ら不利益を被ることがなくなるからである。

　一方で、意思決定にかかる費用は図2で示されているように、合意に達するのに必要な人数が増加すればするほど大きくなる。

　意思決定費用曲線が右上がりの形状であるのは、ある個人が自分の望む結果を得るために他者に同意を得ようとしたときに、他者を説得するためにかかる交渉費用は必然的に人数が多くなれば大きくなるからである。

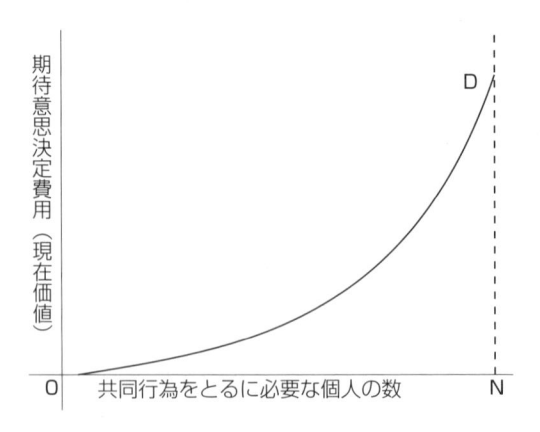

図2　意思決定費用曲線
出典：ブキャナン&タロック（1979: 80）。

　外部費用曲線と意思決定費用曲線を合わせた図3が合意の形成にかかる総費用を表した曲線となる。合意の形成にかかる総費用は、図3より明らかな通り、N人の内、K人が同意した時に最少となる。この点は、必ずしも全体の51％の同意が得られた点ではないことに注意が必要である。つまり、合意形成にかかる費用の側面から見た場合、単純多数決ルール（合意形成に全体の51％の支持を必要とする多数決ルール）による合意の形成は必ずしも効率的なルールとは言えないことになる。

　単純多数決ルールは、決定力を持つ構成員が合意形成を行う他の集団の人々（少数派）に外部費用を課すことを可能にし、多数派はこの費用を十分に考慮しない。そのため、単純多数決ルールは公共部門において過剰な財政支出を招きやすくなる。単純多数決ルールによる資源の浪費は、合意形成の際に、ログローリングや裏金といった補償が行われれば縮小が可能となる。したがって、道徳面や倫理面を考慮しなければ、ログローリングや裏金といった方法での補償は、効率性を向上させることにつながる。

　多数決による合意形成は、全員一致ルールによる合意形成よりも現実的な手段として用いられている。政治選択において個人が時間的連続性を認識しているとすれば、意思決定に際して多数決ルールが採用される時、他者との取引に応じることで利益を拡大できることを認識しているため、投

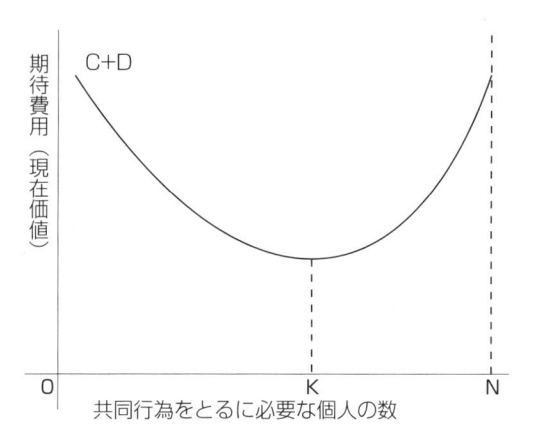

図3　合意の形成にかかる総費用
出典：ブキャナン＆タロック（1979: 81）。

票の取引（ログローリング）が行われる[2]。

しかし、個人が全ての問題に対して同じ強さの選好を持っているとすれば、投票の交換によって利益を得ることができないため、投票の交換は発生しないことになる。そのため、全ての選好が等しいと考えると単純多数決は必ず多数派の便益が少数派の損失を上回ることを保証するルールとなる。

個人の選択肢（法案など）に対する選好に強弱がある時、ログローリングが生じる。合理的個人は自分の選好が強く、関心の強い法案などについては多数派を形成しようと協力を求めるかわりに、選好が弱く、関心の薄い法案などに対しては見返りとして選好の強い他者を手助けしようとする。ログローリングには、二つの形態が見られる。一つ目の形態は、投票に際して、少数派が多数派に対して票の取り込みを行う形態であり、いわゆる多数派工作と呼ばれる形態である。この形態は、代議制において生じやすく、政治過程の結果に影響を与えやすい。二つ目の形態は、利益団体など自分たちに都合の良い政策が実行され、利益が得られるならば合意

---

[2] ブキャナンとタロックが指摘しているのは、投票の取引が行われることが「正しい行為」か否かではなく、実際に観察されることであり、そのために分析の対象となりうる、ということである。

形成のコストを負担しても良いと考える政治的企業家と呼ばれる人々が、複数の政策を組み合わせて提示することで、他の政策には反対であっても結果的に自分たちの政党や政治家に投票することを誘導する形態である。二つ目の形態は特に、暗黙のログローリングと呼ばれる[3]。

　ログローリングは政治的交換に対して経済的価値が存在すると考えることであり、政治的交換と経済的交換が同じであるということになる。経済学においては、市場機構での財やサービスの売買は、双方に利益をもたらし、結果的に市場参加者全員に利益をもたらすと考えられている。市場機構においては、個人は、道徳や倫理に制約されながら行動を取るわけではなく、自分の利益を最大化するように行動する[4]。一方で、政治学的視野においては、利益を得るような個人は、他者の損失という犠牲の上に利益を得ていると考えられていることがある。したがって、実際にこうした政治的視野が認められるのであれば、取引や交換の秩序は、個人の道徳や倫理に強い制約を受けながら行われることになる。

　しかし、ブキャナンとタロックは道徳や倫理といった問題に対して、市場の性質により克服できることを主張する。彼らは、経済的な交換は二つの段階で行われることを指摘する。一つ目が交換関係に参加するかしないかを決定する、ということである。つまり、市場そのものに参加するか否かを決定する段階である。二つ目は交換が行われる条件に参加者が同意するか否かを決定する段階である。道徳や倫理が重視されるのは、二つ目の段階であるが、この時、市場が完全性を有していれば倫理的な問題は議論の余地が小さくなる。なぜなら、完全市場状態にある時、市場には無数の売り手と買い手が存在し、一人ひとりの参加者の影響力は限りなく小さいからである。つまり、したがって、交換の条件が不当である場合、交換は行われなくなり、自然と淘汰されることになる。

　これらの合意形成に関するコストやログローリングからの分析を基に、ブキャナンとタロックは、議会における合意形成過程の分析も行って

---

[3] 選挙において政策を提示する側（政党や政治家）が増税を企図している場合、増税案だけでは反対が多くなるので、社会保障を手厚くする政策や他の歳出項目を削減する政策などを同時に提示することで争点を曖昧にし、票を獲得しようとする行動に現れやすい。

[4] 市場においては、しばしば臓器売買など道徳的・倫理的には容認されないような売買も需要と供給が一致すれば市場として成立することになる。

いる。まず、直接民主制については、非常に小さな政治単位である場合を除いて、合意の形成に関して費用が大きくなってしまうことを指摘している。直接民主制は言うまでも無く国民や住民が全員参加で意思決定を行うため、合意形成過程では前述の外部費用曲線と意思決定費用曲線がそのまま適用されることになる。コストの面から考えた場合、これらの費用を削減する方法の一つは代議制を導入することである。

　費用を削減し、最適な代議制を導入するためには、代表を選ぶルール、議会において合意形成を行うルール、代表の程度、代表の基盤、の4点を考える必要がある。このうち、議会において合意形成を行うルールについては、意思決定費用曲線と外部費用曲線を垂直に合計した費用が最小になる点の多数決ルールが費用最小になる。代表の程度についても意思決定費用曲線と外部費用曲線の垂直和から考えることができる。すなわち、前者の曲線は右上がりの形状を持ち、後者の曲線は右下がりの形状を持つため、費用を最小にする地点は代表者数の全投票者に対する割合で考えた場合、集団の人数が少ない時よりも、多い時のほうが、全体に占める割合が小さいところで最小費用を達成できることになる。

　代表の基盤については、さらに代表が地域の無作為の基盤から選出されるか、あるいは似たような利害関係を持つ人々の集団から選出される機能的基盤からの選出か、という二つに分類することができる。無作為基盤から代表が選出される場合、投票者にとって代表を選出する際の多数派形成が最も重要になる。なぜなら、無作為基盤の場合、選出される代表が必ずしも自分の効用を高めるような行動を取る人物であるとは限らないため、外部費用が発生することが予想される。そのため、投票者は議会での代表の行動よりも、自分にとって有益な代表をいかにして選出するかに関心を持つようになる。一方で、機能的基盤による代表の選出の場合、代表の選出過程よりも、議会での合意形成過程の方が重要になる。したがって、議会が一院制の場合、選出される代表者は無作為基盤による代表と機能的基盤による代表の間に位置することになる。

　代表を選ぶルールについては、ブキャナンとタロックは二院制を中心に説明している。二院制議会が一院制議会と同じような合意形成を生み出すためには、両院において同じ利益団体からなる結託が多数派を形成しなけ

105

ればならない。これは、日本の国会が衆議院と参議院でそれぞれ多数派が異なるために、しばしば法案が可決せず機能不全に陥りやすくなっている状況から見ても明らかである。そのため、代表を選出する基盤やルールが両院で同じであるとすれば、一院制より二院制の方が多くの意思決定費用を必要とすることは明らかである。したがって、代表の基盤が両院で同じような場合、意思決定費用が過大になってしまうので、それを相殺するくらい外部費用が削減されなければ、二院制を採用する必要性がないことになる。

　一方で、代表の基盤が大きく異なる場合においては、意思決定費用を別々に考えることができるため、外部費用を削減する有効な手段となり二院制を採用することが有効となる。また、代表の選出方法が、両院において全国民（有権者）を代表し、各選挙区の多数派だけを代表するような選出方法ではなく比例代表制のような選出方法であれば、両院が合意形成に単純多数決を採用している場合、全国民の多数派が支持する法案が可決することになる。

　ブキャナンとタロックは政府の規模についても意思決定にかかる費用から分析している。まず、意思決定に関しては、個人が地域を自由に移動できるかどうかによって変化する。意思決定費用は、追加的に参加者を増やす場合にかかる費用である。地域間の移動が確保されていない場合、ある地域において個人が自分の望まない決定が行われた時、個人はその決定を覆すためには他者を説得し多数派を形成しなければならない。

　しかし、意思決定を行う地域が広範である場合、説得をする必要がある人数が多くなり、費用が大きくなってしまう。もし、地域間の移動が確保されているとすれば、多数派を形成するために必要な費用と他地域への移動にかかる費用を比較して後者の方が小さいとすれば、個人は他者を説得するよりも他地域への移動を選択することが合理的となる。また、隣接地域間での合併による経済効果が、意思決定にかかる費用を上回るような場合は地域を拡大するべきであると主張している。

　これらの主張から、個人が代替的な共同体（地域）を選択できる可能性によって、意思決定にかかる費用と外部費用を制限することが可能になることが示される。したがって、意思決定を行う範囲に関しては、意思決定に

かかる費用や外部費用を考慮した場合なるべく小さい規模で組織されるべきであるということになる。彼らの主張によれば、大きな意思決定組織が積極的に容認されるのは、分権化した後の外部性が非常に大きくなってしまう場合である。

分権化による意思決定の優位性について、ティボー（Charles Tiebout）の「足による投票」理論やオーツ（Wallace E. Oates）の「分権化定理」など、経済学や財政学の面からも指摘されてきた。ブキャナンとタロックは、意思決定にかかる費用の側面から分権化の効率性を主張したと言えよう。

3　公共選択論を含めた合理的選択論の系譜

本章では、ブキャナンとタロックの『公共選択の理論』を中心に、公共選択論の中の合意の形成について触れてきた。公共選択論は、経済学的分析手法を政治現象に適用するという点で、政治学と経済学というように、それぞれ独立した研究分野に橋渡しを行う領域と言える。

公共選択論は、研究領域としてより大局的な見地に立った場合、合理的選択論という領域の一つとしてとらえることができる。公共選択論は、ブキャナンとタロックのように経済学や財政学の領域からのアプローチであるため、経済学的合理的選択論と位置づけられている。そして、合理的選択論には、これ以外にも政治学的合理的選択論、社会的選択理論といった他の分野からのアプローチが存在している。

合理的選択論の大きな研究目的は、個人や集団の意思決定過程や合意形成過程の分析である。特に、選挙における投票行動などの個人の行動分析は合理的選択論の中心的な研究主題である。

合理的選択論に関する研究は、コンドルセ（Marquis de Condorcet）による投票ルールの研究から始まると考えられる。コンドルセは複数の選択肢に対して二つずつの単純多数決投票を行った場合、単純多数決の勝者が循環してしまい、勝者を一つに絞り込めないという投票のパラドックスを示した。投票のパラドックスは、選択肢をどの順番で投票にかけたかによっ

て結果が変化してしまうことを表しており、多数決が手続きとして不完全、不公正であることを示した。

コンドルセの示した投票のパラドックスは、多数決の結果が経路によって左右され、不安定に陥るというものであったが、これをさらに論理展開したのがアロー（Kenneth Arrow）の「不可能性定理」である。アローは、社会を構成する個人が三つ以上の選択肢に対し弱い選好順序を持つとき、民主主義に関わる諸条件と相容れない結果を招いてしまうため、社会全体として社会的選好順序を作ることができないことを指摘した。アローが指摘した弱い選好順序とは、既述の個人が効用から得られる性質と類似しているが、「弱い」選好であるため、若干の相違点を有する。

まず、二つの選択肢A、Bがある時、必ずA＜BあるいはA＞Bが成立する。これは、既述の完備性に等しい。そして、三つの選択肢A、B、Cがある時、A≦B、B≦Cならば、A≦Cが成り立つ、というものである。これは、推移性と似ているが、等しいこともあることを示している。

つまり、場合によっては、A＝B＝Cもありえるということである。さらに、アローは民主主義の諸条件として、個人が自由に選考の順序を決められるという普遍的許容性、少数派が多数派に意見を変えたとしても社会全体の結果は変化しないという正の関連性、A＜B＜Cの選好順序がある時、Bの選択肢が無くなったとしてもA＜Cが変わらないという独立性、個人の選好順序と無関係に社会的結果が決まることは無いという市民主権、特定の個人の選好で社会全体の選好が決まらないという非独裁の五つを示した。

アローによれば、選好に関する二つの条件と、民主主義に関する五つの条件が同時に認められる場合、投票のパラドックスに陥る可能性がある。アローのこうした社会全体の意思決定に関する考え方は、合理的選択論の中の社会的選択理論と呼ばれている。

コンドルセやアローが示した投票のパラドックスに対しての反証的研究として、ブラック（Duncan Black）は単峰型の選好が成立するならば、投票のパラドックスは解消されることを指摘した。また、セン（Amartya Sen）は、投票者が奇数の場合、選好が価値制限的であれば、アローの条件の正の関連性、独立性、市民主権、非独裁の四つの条件と推移性を満たし、投

票のパラドックスが発生しないと主張した。しかし、彼らの指摘はアローの提示した民主主義の条件の普遍的許容性を満たしていないため、投票のパラドックスを覆すものではなかった。

　ブラックやダウンズ（Anthony Downs）は、政治学的合理的選択論の研究において、政党や有権者の行動分析を行っている。特に、ダウンズは、ホテリング（Harold Hotelling）の企業立地に関する「差別化最小の原理」やブラックの中位投票者モデルを選挙における政党の公約に応用し、対立する二候補者間での選挙戦においてそれぞれの候補者は支持者を拡大するために公約が類似していき、最終的には全投票者のうち中位の選好を示す投票者が望む選考と等しくなる「ダウンズ均衡」を構築した。彼の提唱したダウンズ均衡は、現実的妥当性に疑問が残るものの、国や地方自治体の公共支出分析などにおいて供給対象者としての個人像を作り上げたと言えよう。

　また、ライカー（William H. Riker）によって政治現象の実証的分析の側面が加えられ、実証政治理論として発展している。実証政治理論は、政治を個人の選好から集団の意思決定までの過程としてとらえ、社会的選択理論とゲーム理論から分析していている。

　公共選択論でも中心的な研究対象となっている合意形成に関するルールについては、メイ（Kenneth O. May）が無名性、中立性、正の反応、決定性の四つの条件から成る「メイの定理」を提唱し、これら四つの条件を満たせるのは単純多数決だけであるとして、選択肢が二つのケースに関する単純多数決ルールの優位性を示している。

　経済学の分析手法を政治制度や現象に応用した研究者としては、アロー、ブラック、ブキャナンらが挙げられる。財政学の研究から経済学による政治分析を行い合理的選択論、そして公共選択論の研究を行ったブキャナンは、財政連邦主義に関してケインズ経済学を批判しながら財政赤字の原因を政治的要因に求めている。財政連邦主義は財政学の一分野として研究が行われたが、地域住民の地域間移動による効率的な財政運営を分析したティボーの「足による投票」理論は、公共選択論の先駆的研究と言える。最適な政府の規模とより規模の小さな政府による財政運営の優勢に関する研究は、オーツの「分権化定理」によって示された。また、自分の効用を最大化する行動を個人が常に採るとする合理的選択論の基本概念から、官僚が

自分の属する官庁の予算規模を拡大するために行動するという行動仮説を立てたタロックの研究は、レントシーキングとしてニスカネン（William A. Niskanen）によって継承され、官僚の行動研究として体系化された。

こうした政治学および経済学からの個人に分析の対象を置いた分析は、ミュラー（Dennis C. Mueller）によって統合され、最近では分析手法の接近などから政治現象に対する経済学的手法の導入は明確な分野上の分類が困難になっており、境界性が曖昧になってきている。

合理的選択論の立場では、個人は常に自己の利益を最大化するような行動をとると想定されているが、そもそも個人は全ての選択において合理的に行動するのかという批判が存在する。特に、合理的選択論や公共選択論においては、ある事象に対して数学的なモデルを構築して分析を行うことが多い。しかし、数学的な記述で表現することが困難であるものが存在することも事実である[5]。

例えば、人々の心の問題等に関しては数学的記述が困難なものの一つである。こうした事柄を前にしても、数学的なモデルをもって対処しようとすることへの批判が存在する。また、モデルを利用するが故に、モデルが複雑になりすぎるという批判も存在する。複雑なモデルは、仮定条件が多くなってしまい、一層現実の社会を表現するものから乖離する可能性がある。実際の社会を単純化し分析するはずのモデルが、モデルの構築に特化するあまり、現実的な社会を表現していないという皮肉な結果に陥ることも否定できない。

4　効率的な合意形成への適用

日本のケースを見ると、GDPを超える債務残高を抱える状況から増税と歳出削減の必要性が話題にはなっているが、遅々として進んでいないの

---

[5] 個人が効用の最大化のみを目的として行動すると仮定しすぎると、人々は自らの所得が減少するような結婚や出産などの行動を取らなくなるといった極端な行動仮定が成立することになる。

が現状である。特に衆議院と参議院において多数派を占める政党が異なる「ねじれ国会」の状況に陥ってからは、合意形成にかかる費用（時間も含めて）は大きくなってきていると思われる。現状認識から政策を立案、実行するまでに時間を要するために、財政政策には「ラグ」が大きく分けて三種類存在すると考えられる。

まず、「認知のラグ」とは、現状を適切に認識するまでにかかる時間的なラグである。景気後退になったときに、政権がなかなかそれを認めないことなどから生じる。そして、「実行のラグ」は、現状を認識した後、それに対して適切な政策、法案等を立案、可決するのに時間がかかってしまうことを指す。最後に、「効果のラグ」は、認知および実行において不必要に時間が経過してしまったため、認識していた状況と現状が異なってしまい、当初予定していた効果があげられない結果になることを指す。

現在の日本のように、両院において多数派が異なる場合、これら三つのうち、「実行のラグ」が最も大きくなってしまうと思われる。例えば、震災復興に関して、衆議院で可決されても参議院で否決されてしまうと、法案を修正、協議しなければならず、その分だけ復興が遅れてしまい当初目論んでいた効果を得られなくなる可能性がある。

さまざまなラグが発生するということは、合意形成に非効率が発生していると指摘できよう。したがって、これを取り除くには、合意形成の場所あるいは規模を縮小する方法と代表の選出方法を変える方法の二つがあると思われる。前者は地方分権改革であり、後者は選挙制度改革につながると言える。

2000年代初頭に始まった三位一体の改革による国と地方自治体の関係の見直しは、合意形成の場を国から地方へ移そうとする改革であった[6]。財政状況が逼迫している日本のような状況では、国が実施する政策を画一的に決定するのでは非効率が生じる可能性や政策決定に時間がかかりすぎる可能性がある。その意味で、三位一体の改革は1990年代の景気浮揚策が結果的に効果的ではなく、債務残高を累積させるだけになったことへの

---

6 三位一体の改革は「国から地方へ」「行政サービスの場を住民に近い場所へ」などを掲げるなど、地方自治体へ行財政の権限を委譲することを目的としていたと言える。

反動と考えることもできる。三位一体の改革による地方分権は、所得税の一部税源移譲、地方交付税と国庫支出金の削減を行い、これまで先送りにされてきた財政面での改革に一歩踏み出した。地方自治体への税源移譲額と補助金の削減額が釣り合わず、地方自治体の財政状況を逼迫させる一因となったという批判もあるが、これまで先送りされてきた地方分権を進めたことは評価すべきことである。

　地方分権と合理的選択論の関係を見た場合、合理的選択論では個人の純便益の最大化に着目しているため、意思決定にかかる費用が大きくなりがちな中央集権は忌避されやすく、より小さな意思決定機関である地方自治体に財源と権限を移譲する地方分権の推進が望ましくなる。しかし、ブキャナンとタロックの示した分権の考え方は、国の役割を縮小し、地方自治体の役割を大きくするといった地方分権ではない。彼らの主張では、意思決定にかかる費用が分権化することにより少なくてすむ限りにおいて地方分権は望ましいことを主張している。意思決定にかかる費用は、住民の同質性にも関連している。したがって、財源と権限を地方自治体に移譲したとしても、意思決定費用が削減されなければ、地方分権は効率的とは言えないことになる。財源、権限の移譲と共に、地方自治体がそれぞれ特徴を持ち、社会保障や税制などの政策によって住民を呼び込み、意思決定費用を削減させる必要があると考えられる。

　代表の選出方法に関しては、ブキャナンとタロックが示したように、両院で同じ利益集団から代表が選出されていれば一院制と同じような合意形成がなされることになる。しかし、同じ利益団体から両院の代表が選出されるのであれば、合意形成に関する意思決定費用の面から見ても二院制を維持する根拠が無いことは既述の通りである。したがって、同じような選出方法（衆議院、参議院ともに選挙区を導入しての代表選出方法など）ではなく、二院においてそれぞれ異なる選出方法を採用することが必要となる。一方の院が、選挙区の多数派が選出した代表で構成され、もう一方の院が全有権者の代表者で構成される院であれば、全有権者の代表者で構成される院は一つの政党が多数派を占めることが困難になるため、法案に対して暗黙のログローリングが行われることで意思決定にかかる費用が削減でき、合意形成に到達するまでの時間を短縮することが可能になるのではないか

と思われる。地方分権改革にせよ、選挙制度改革にせよ、制度改革を行わなければならない状況になってきている。制度改革を行うのであれば、合意形成にかかるコストに着目し、これを少しでも削減できるような方策を考える必要がある。

参考文献

Arrow, Kenneth(1951) *Social Choice and Individual Values*, J. Wiley & Sons（長名寛明訳（1977）『社会的選択と個人的評価』日本経済新聞社）.

Black, Duncan(1958)*The Theory of Committees and Elections*, Cambridge University Press.

Buchanan, James M. and Tullock, Gordon (1962) *The Calculus of Consent: Logical Foundation of Constitutional Democracy*, University of Michigan Press（J・M・ブキャナン＆G・タロック／宇田川璋仁監訳（1979）『公共選択の理論——合意の経済理論』東洋経済新報社）.

Buchanan, James M. and Wagner, Richard E.(1977) *Democracy in Deficit: the Political Legacy of Lord Keynes*, Academic Press（J・M・ブキャナン＆R・E・ワグナー／深沢実・菊池威訳（1979）『赤字財政の政治経済学——ケインズの政治的遺産』文真堂）.

Downs, Anthony(1957) *An Economic Theory of Democracy*, Harper and Row（古田精司監訳（1980）『民主主義の経済理論』成文堂）.

May, Kenneth O.(1982)'A set of Independent, Necessary, and Sufficient Conditions for Simple Majority Decision,' in Brian Barry and Russell Hardin, eds., *Rational Man and Irrational Society —An Introduction and Sourcebook*, Sage, pp. 297-304.

Mueller, Dennis C.(1989)*Public Choice II*, Cambridge University Press（加藤寛監訳（1993）『公共選択論』有斐閣）.

Mueller, Dennis C.(1996) *Perspective on Public Choice:A Handbook*, Cambridge University Press（D・C・ミュラー編／関根登・大岩雄次郎訳（2001）『ハンドブック　公共選択の展望』第Ⅰ～Ⅲ巻、多賀出版）.

Niskanen, William A.(2006) *Bureaucracy & Representative Government*, Aldine Transaction.

Oates, Wallace E.(1972) *Fiscal Federalism*, Harcourt Brace Jovanovich（ウォーレス・E・オーツ／長峯純一・米原淳七郎・岸昌三訳（1997）『地方分権の財政理論』第一法規出版）.

Riker, William H.(1962) *The Theory of Political Coalition*, Yale University Press.

Sen, Amartya K.(1970)*Collective Choice and Social Welfare*, Holden Day.

Tiebout, Charles M.(1956) 'A Pure Theory of Local Expenditures,' *Journal of Public Economy*, 64: 416-424.

縣公一郎・藤井浩司編（2007）『コレーク政策研究』成文堂.

井堀利宏・土居丈朗（2004）『日本政治の経済分析』木鐸社。
上村敏之・田中宏樹編（2008）『検証　格差拡大社会』日本経済新聞出版社。
大嶽秀夫（2005）『政策過程』東京大学出版会。
加藤寛（2005）『入門公共選択――政治の経済学』勁草書房。
小西秀樹（2010）『公共選択の経済分析』東京大学出版会。
小林良彰（1988）『公共選択』東京大学出版会。
小田中直樹（2010）『ライブ・合理的選択論――投票行動のパラドクスから考える』勁草書房。
長峯純一（2001）『公共選択と地方分権』勁草書房。
西尾勝（2009）『地方分権改革』東京大学出版会。
西田安範（2011）『図説　日本の財政（平成23年度版）』東洋経済新報社。
林宜嗣（2006）『新・地方分権の経済学』日本評論社。
林宜嗣（2008）『基礎コース　財政学（第2版）』新世社。
堀場勇夫（2008）『地方分権の経済理論』東洋経済新報社。
宮脇淳（2010）『創造的政策としての地方分権――第二次分権改革と持続的発展』岩波書店。
横山彰（1995）『財政の公共選択分析』東洋経済新報社。

第7章

ピアソンの歴史的制度論

1 歴史的制度論

　歴史的制度論は、新制度論の一学派に数えられている。「新」制度論と呼ばれているのは旧来の制度論と異なるからであるが、この呼称はアメリカ政治学の歴史に負っている部分が大きい。いわゆる旧制度論は、各国の憲法や法律に裏付けられた公式の制度を詳細に描写し、制度に埋め込まれた政治理念や哲学を明らかにすることに重点が置かれていたため、規範的な含意を持つ研究になる傾向が強かった(Rhodes 2006)。

　しかし、1950年代に入ると、旧制度論に対する批判として行動主義論が台頭することとなった。行動主義論者によれば、制度の描写と規範的考察に基づく旧制度論の静態的なアプローチでは、政治の動態的な過程とそのメカニズムを説明できないとされた。行動主義論者たちは、利益団体や政党の活動、市民の投票行動など、市民社会のアクターの行動に注目するようになった。経済学の影響を受けた行動主義論では、自己利益の最大化を目的とする「経済人（ホモ・エコノミクス）」が行動原理とされ、アクターの利益は、その社会的地位によって決定されるとされた。市民社会のアクターに注目した代表的な理論として多元主義論を挙げることができる。この考え方によれば、政治過程は、自己利益の最大化を目指す多数の利益団体や市民が、国家に対する影響力の行使をめぐって競合し、国家は社会からインプットされる多様な利益を調整しながら政策を決定するというイメージで捉えられる。すなわち、政治過程において、政治的要求の発生源

は市民社会の利益にあり、国家は調整官として受け身の立場にあるとされたのである。

　新制度論は、このような行動主義論への理論的な異議申し立てという形で始まった。新制度論者は、政治過程の動態的なメカニズムを解明するという点で行動主義論者と目的を同じくし、旧制度論への批判を共有する。しかし、市民社会のアクターにのみ焦点をあて、制度の影響を無視する行動主義論の考え方や、国家を単なる受け身の調整官とする多元主義論の考え方には異議を唱える。新制度論者によれば、アクターの行動は、自らを取り巻く制度の影響を受けており、政治共同体の制度的特徴が政治過程の動態に影響するとされる。また、新制度論の代表的な作品として知られる『国家を取り戻せ(*Bringing the State Back In*)』に見られるように、国家は受け身のアクターではなく、自らの意思と利益を持って市民社会へ関与していくアクターと考える(Evans, Rueschemeyer, and Skochpol 1985)。

　新制度論には、歴史的制度論を含めて、合理的選択制度論、社会学的制度論の三つの学派が存在すると言われる (Hall and Taylor 1996)。いずれの学派も、アクターの行動に制度が及ぼす影響力に注目しつつ政治過程を分析するが、重点を置く場所が異なっている。合理的選択制度論は、経済人の概念をアクターの行動原理の核としている。制度は、アクターにとって戦略的な文脈となり、その内部で自己利益の最大化を目指すこととなる。社会学的制度論は、組織論にその端を発し、制度を文化的実践の表れと考える。アクターは、その文化的実践に表れる規範を認識、解釈し、自分たちの行動を決定する。歴史的制度論は、制度発展の歴史に着目し、その道程や偶発的に生じた重大な岐路(critical juncture)を手がかりに制度・政策の発展を分析する。しかし、歴史的制度論については、「歴史が重要である」ということを指摘しているものの、論理的な因果関係が明らかではないなどの批判がある (河野 2002)。本章で取り上げるピアソン (Paul Pierson) の考察は、このような批判に応え、時間という要素がどのように政治過程に影響を及ぼしているのかを明らかにしようとするものである。

2　ピアソンの「歴史的制度論」

　アメリカの政治学者ピアソンは、1994年に『福祉国家は廃止されるのか——レーガン、サッチャーと縮減の政治学（*Dismantling the Welfare State? Reagan, Thatcher, and the Politics of Retrenchment*）』(Pierson 1994)を上梓して以来、長年にわたって、政治学に「時間」という要素を組み込むことに取り組んできた。本章で詳しく取り上げる『ポリティクス・イン・タイム——歴史・制度・社会分析（*Politics in Time: History, Institutions, and Social Analysis*）』(Pierson 2004、邦訳2010、以下全ての引用は邦訳から)は、これまで発表してきた論文に加筆・修正を加えるとともに、一部を新たに書き下ろして本としてまとめたもので、改めて歴史と政治学の理論的な結びつきを示そうとする試みである。したがって、同書は「時間的次元を含めた社会メカニズム」(ピアソン2010、8頁)に焦点が当てられ、いくつかの概念を検討することを通じて、歴史的制度論を理論的に補強することを目的としている。日本語版の序文でも述べられているように、ピアソンは、同書を合理的選択論に対する理論的な批判と位置づけている。合理的選択論の理論的長所を十分に認めつつも、昨今のアメリカ政治学における同理論は、「『アクター』の『手番』を凝視するばかりで、そのアクターが行動する文脈に着目しないことがあまりにも多い」とし、「計量分析の重視や、実験手法を精緻な研究の真骨頂とみなす最近の流行によって」その傾向は増すばかりだと考えている（ピアソン2010、iv頁）。このような傾向に対して、政治分析に時間という要素を取り入れることで「アクターが決定を下す文脈（ないしは環境）をより良く理解」し、政治過程のメカニズムの解明につなげたいというのがピアソンのメッセージである（ピアソン2010、iv頁）。

　政治学における時間の重要性を示すため、ピアソンは同書の中で、①経路依存、②タイミングと配列、③長期的過程、④制度の起源と発展、の四つの論点を中心に論じている。ここでは、各論点におけるピアソンの考え方を同書に沿ってまとめつつ、彼の歴史的制度論の全体像を浮かび上がらせたい。

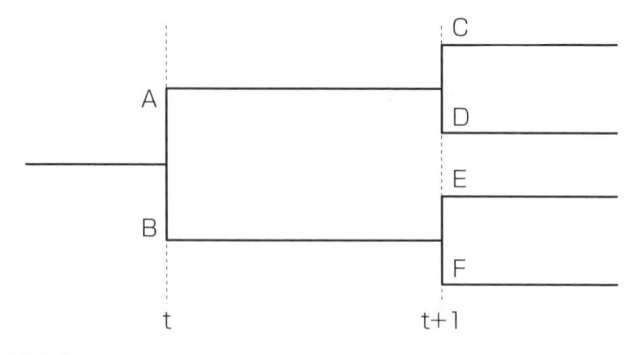

図1　経路依存
出典：筆者作成。

（1）経路依存

　経路依存は、歴史的制度論において中心的な役割を果たす概念であり、簡潔に言えば、ある時点tでの制度や政策の選択が、後の時点(t＋1)での制度や政策の選択肢を決定づけるということを意味する。例えば、ある時点tにおいて、AとBという選択肢があるとする(図1)。
　ここで、Aを選択すると、後の時点(t＋1)において、選択肢はCかDとなる。この時点では、もはやEやFを選択肢と考えることはできない。もしできるとしても、いったんtの時点までさかのぼって選択をやり直すか、AからEやFに橋渡しをする経路を改めて構築する必要が出てくる。その場合には、経路変更に伴うコストが生じることとなる。つまり、ある時点で経路（制度や政策の方向性）を決定すると、その制度や政策が将来取りうる選択肢が決められてしまうのである。
　経路依存が生じるのは、正のフィードバック（自己強化とも呼ばれる）というメカニズムが存在するからである。正のフィードバックという考え方は、経済学における「収穫逓増」という概念に由来する。収穫逓増とは、ある行動を取るごとに利得が増加することを意味するが、一番分かりやすい例が科学技術の規格をめぐる争いである。よく取り上げられるのが、ビデオカセットのVHSとベータの例である。ベータは先発組で性能もVHSよりも優れているとされたため、初めはベータの利用者が多く、VHS利用

者の利得は低かった。しかし、VHSの利用者数がベータに追いつき、上回ると、VHS利用者の利便性が向上するようになり利得も上昇していく。これにつられて、さらにVHSの利用者数が伸び続けると、ベータ利用者との利得の差が急速に広がり、ビデオカセットの市場はVHSが支配することとなった。この好循環が正のフィードバックであり、VHSの選択という市場の決定が固定化（ロックイン）され、経路依存が完成する。

ピアソンは、この経路依存の考え方を政治学に用いると、時間的次元を組み込んだ分析が可能になると唱える。というのも、政治においては、経済に比べて正のフィードバックが生じる可能性が高いからである。ピアソンによると、その理由は四つある（ピアソン 2010、39-51頁）。まず、政治の特徴は公共財を供給することにあり、そのためには集合的行為が基本とされる。このことは、何らかの方針を決定し、行動する際のコストを押し上げる。そのため、一度決定されたものを変更することは難しくなるし、制度化が進んでいる場合には、その困難度がさらに増す。つまり、集合的行為という政治の特徴により、一旦ある方向に動き出すと、自己強化の力学が働きやすくなるのである。

次に、政治制度が持つ強制性が挙げられている。政治制度の影響力は政治共同体の領域内にあまねく及び、アクターの行動に対して少なからぬ拘束力がかかることとなる。このため、アクターは、制度の基準に準じた一定の行動パターンを取るようになり、それが繰り返されることで、制度の自己強化が進んでいく。

さらに、アクターの権限や権力が非対称的であることも正のフィードバックを生む要因とされている。つまり、支配的な地位にある強力なアクターは、その他のアクターに対して一定の規則や制度を強制できる立場にあり、その強制力が継続されることで、規則や制度が自己強化されることになるのである。

最後に、政治の多義性も正のフィードバックの要因として指摘されている。価格という価値の統一基準が存在する経済と違って、政治の価値を一つの物差しで測ることは難しい。また、多くのアクターが介在する集合的行為では、行為と結果の因果関係が明確にならないことも多い。このようなことから生まれる政治の多義性は、既存の制度や政策の変更を難しく

すると同時にその継続を促し、ロックインに至る可能性を高くする。さらに、政治の複雑さは、経済人で想定されているような完全情報の取得をアクターに許さないため、「思い込み」による判断を生じさせる。その際、アクターは自己の都合に従って情報の取捨選択を行う傾向がある。都合の良い情報のみを選ぶことで、現状の経路を維持しようとするバイアスがかかることとなるのである。

　また、ピアソンは、正のフィードバックを強化する三つの要因も指摘している（ピアソン 2010、51-56頁）。まず、政治においては競争と学習というメカニズムがほとんど働かないことを挙げている。政治においては、経済市場におけるような競争圧力はなく、制度や政策の立案や改良が、新商品の開発のように行われることはまずない。また、政治の多義性により学習も難しい。経済市場では、経済活動の効率化を目指した学習が行われているが、政治の場合、価値基準と尺度の統一が難しいため、「客観的な」指標を基に学習していくことが困難である。

　次に、政治における時間的射程の短さが制度の自己強化を促す。政治的決定を行う政治家は、民主主義国家である限り、数年ごとに選挙の洗礼を受ける。そのため、政治家たちは、次期選挙での再選を見据えて短期的な視点から決定を下す傾向が強い。経路の変更に短期的なコストがかかり、変更によってもたらされる便益が長期的な場合、政治家たちは現状維持を選択する傾向が強くなる。

　最後に、政治制度には強い現状維持のバイアスがかかることが指摘される。このことは、制度設計者が、制度の将来的な安定性を確保するために変更コストの高い制度（これを粘着性の高い制度と呼ぶ）を作ることに起因している。例えば、日本の憲法改正手続きは、国会の発議や国民投票などさまざまなハードルが設けてあり、改正にかかるコストは極めて高く、制度としての粘着性は高い。そのため、制度が継続する可能性が強くなるのである。

（2）タイミングと配列

　経路依存を生じさせるメカニズムとして、ピアソンは、タイミングと配

列の重要性を指摘する。すなわち、ある事象がいつ生じ、どのような順序で展開するかが、その後の制度や政策の帰結に大きな影響を及ぼすと唱える。とりわけ、経路依存を引き起こす配列の大きな特徴として、「政治的空間の充満」と「社会的容量の発展」に着目している(ピアソン 2010、92-99頁)。政治的空間の充満とは、簡潔に言えば「早い者勝ち」の論理である。一番乗りで政治的空間に登場したアクターは、自分に有利となるような制度やルールを設計する。そして、この制度の定着化に成功すると、アクターは新たな制度的資源を活用できることになるとともに、制度の自己強化が始まる。そうなると、後発のアクターにとって、政治的空間への参入コストは上昇し、結局、先発のアクターが作り上げた制度やルールに従わざるを得なくなり、先発アクターは有利な地位に立ち続けることとなる。

このように想定すると、どのアクターが一番に入るかによって、制度の形が違い、その後の発展に大きな影響力を及ぼすこととなる。昨今話題となっている環太平洋戦略的経済連携協定(TPP)を例にとってみよう。日本では、TPPへの参加によって制度やルール作りに関与できるかが大きな争点の一つとなっている。この懸念も、日本が後発のアクターであり、TPPという政治空間にもはや余地がないのではないかという見方に基づくものと考えると、ピアソンが指摘する政治的空間の充満の重要性が分かるだろう。

社会的容量の発展は、ある特定の時点においてアクターが「社会的営みで利用できる資源(物質的・技術的・組織的・理念的資源)」の内容に着目して、配列の重要性を明らかにしようとする試みである(ピアソン 2010、96頁)。社会的資源の利用可能性は、アクターの行動の選択肢を決定する可能性があり、利用できる資源の違いは政治的帰結に大きな影響を与えうる。また、アクターの選択によっては、一定の政治力学を規定する経路の自己強化プロセスが始まる可能性もある。たとえば、インターネットの普及もこの文脈で考えられるだろう。2008年のアメリカ大統領選では、フェイスブックなどソーシャルネットワークを活用したオバマ(Barack Obama)の選挙戦が耳目を集めた。インターネットを通じて少額の寄付金を幅広く集める手法や、若者票を掘り起こした選挙戦は、大統領選挙の力学を変え、史上初の黒人大統領の誕生を後押しした。このような選挙戦

は、インターネットの誕生前では難しかっただろう。政治にもたらすテレビの影響にも見られるように、メディアの発展は、各国の政治的発展にも大きなインパクトを与えてきた。このような例は、社会的容量の発展が経路依存を引き起こす分かりやすい例といえるだろう。

（3）長期的過程

　政治分析における「時間」の影響を正当に評価するため、ピアソンは、長期の時間的射程を持った政治分析の必要性を説く。彼は、アメリカで発行されている政治学の主要四誌に1996年から2000年の間に発表された論文の内容を分析し、その約半数が短期的な因果関係を分析したものであることを示し、政治学が視野狭窄に陥っていると嘆いた（ピアソン 2010、126-127頁）。

　ピアソンは、長期間かけて進行する過程についての分析を促すため、自然現象のアナロジーを使いながら、原因と結果の時間的射程に沿って社会科学的説明を四つのタイプに類型化した（表１）。

　まず、ピアソンが懸念を表明した多くの政治学研究は、竜巻のように短期的な原因が短期的な結果を引き起こす第一のタイプに含まれる。自然科学における因果関係の典型的な説明はこのタイプであり、ピアソンは、政治学研究をこのタイプに閉じ込めてはならないとし、長期的な射程を持つ残り三タイプの重要性を主張している。

表１　社会学的説明の四タイプ

		帰結の時間的射程	
		短	長
原因の時間的射程	短	Ⅰ　竜巻型	Ⅱ　隕石／大量絶滅型 累積的効果
	長	Ⅲ　地震型 閾値効果 因果連鎖効果	Ⅳ　地球温暖化型 累積的原因

出典：ピアソン（2010: 105,120）をもとに筆者作成。

第二のタイプは、隕石が衝突したことで、地球の気候が変動し恐竜が絶滅した事例のように、短期的な原因が長期的な結果を引き起こすもので、累積的効果論と呼ばれる。例えば、政策の決定と、それに伴う政府歳出の変化がもたらす具体的な効果の間に長期的な時間差が生じる年金政策は、このような例の一つである（ピアソン2010、119頁）。

　第三のタイプは、長期的な射程を持つ原因が、短期的な帰結を引き起こすもので、閾値効果と因果連鎖効果がある。閾値効果は、原因がある一定のレベルに達すると、大きな効果を生じさせることを意味する。自然現象では地震を想像すると分かりやすい。ピアソンは、とりわけ集合的閾値に着目する。集合的閾値とは、「社会的変数がひとたび特定のレベルに達するとそれが引き金になって大きな効果が生じること」である（ピアソン2010、110頁）。しかし、長期的な原因を正しく評価するためには、引き金となった事件のみに注目するのは不十分で、緩やかに変数が増大していくそれ以前の段階に目を配るべきだと、ピアソンは警告する（ピアソン2010、110-111頁）。

　因果連鎖効果とは、変数Xと帰結Yの間にいくつかの中間的な段階（a, b, c）が介入し、XとYの因果関係が成立するためにはかなりの時間を有することを意味する（図2）。

　この場合、時間的射程を短く取って、変数cが帰結Yを引き起こしたと結論づけると、より根本的な変数Xの存在を見逃し、誤った分析結果を示すことになりかねない。このようなことを防ぐには、ある程度、時間的射程を長く取ることが重要になるとピアソンは論じている。

$$X \longrightarrow a \longrightarrow b \longrightarrow c \longrightarrow Y$$

図2　因果連鎖効果のイメージ
出典：筆者作成。

　第四のタイプは、長期的な変数が長期的な結果をもたらすもので、累積的原因論とピアソンは呼んでいる。自然現象では、地球温暖化がその好例

として挙げられている。累積的原因論は、閾値効果論と違って、緩やかな変数の変化が長期間にわたって少しずつ社会への影響を与えていくというものである。人口、移民、識字率、言語といった社会学的な変数が累積的原因論に分類される（ピアソン 2010、107-108頁）。

（4）制度の起源と発展

　長期の時間的射程を政治分析に含むことの重要性を示す論点として、ピアソンは、制度の起源と発展を最後に挙げている。ここでは、政治過程に影響を及ぼす独立変数として制度を扱うのではなく、制度自体に焦点を当て、従属変数として扱っている。ピアソンは、制度の起源と変化を扱う研究が少ないことを指摘し、制度選択と制度変化に関する研究を進めることを主張している。

　まず、ピアソンは、機能主義的な前提に立って制度選択を説明しようとする合理的選択モデルの限界を指摘する。このモデルによると、制度は、合理的なアクターが自己の目的を追求するために設計するものとされる。合理的選択モデルの有用性は認めつつも、ピアソンは、次の六つの理由から、アクターの制度設計能力の限界を指摘する（ピアソン 2010、142-160頁）。一つめは、制度がアクターの予想を超えた多様な効果をもたらす可能性を秘めていること。二つめは、制度選択にあたって、アクターは効率よりも、社会にとっての適切さを重視する可能性があること。三つめは、アクターの時間的射程が短く、自分が設計した制度の長期的な影響を考慮することができない可能性があること。四つめは、社会の複雑さも相まって、アクターが予期していない帰結を制度がもたらす可能性があること。五つめは、社会環境などが変化することで制度の効果がアクターの予期したものと異なってくる可能性があること。六つめは、制度に責任を持つアクターが変わることで、アクターの選好が変化する可能性があることである。

　このような制度設計能力の限界に対して、合理的選択モデルは制度の改良可能性、すなわち、制度が意図しない帰結を生む場合には、アクターが制度を是正し、自らの意図に沿うように改良できると主張する。このよう

な考え方には、学習モデルと競争モデルがあるが、ピアソンによれば、いずれも現実政治の中では限界があるとされる（ピアソン 2010、169頁）。アクターが学習を通じて制度を改良するという考え方に対して、ピアソンは、政治においては行動と帰結をつなぐ因果連鎖が長くなる傾向が強く、学習しにくい状況にあるとする。また、因果関係の不透明さから、アクターは自己の精神地図に頼って決定を下す傾向があり、バイアスによって学習が妨げられるとされる。

　一方、競争モデルは、不良な制度は競争によって淘汰されるという考え方で、自由市場制度の経済学的分析に着想を得ている。しかし、ピアソンは、政治制度が競争にさらされる機会は少なく、仮にあった場合でも、市場の競争に比べるまでもなく、このモデルも政治の世界には当てはまらないとする。

　これを受けて、ピアソンは、機能主義的前提を無批判に受け入れるのではなく、むしろ仮説として扱いつつ、制度の起源と変化を実証的に説明する必要があるとする。そのためには、「正真正銘の歴史研究」が必要だと説く（ピアソン 2010、171頁）。すなわち、単なる歴史的な描写に留まるものではなく、制度発生のメカニズムを時間の流れに沿って検証するものである。

　制度変化については、ピアソンは、時間的な含意を強調するために「制度発展」という用語を使っている。すなわち、前の時点の制度が後の時点の制度の選択肢をどのように方向付けるかの帰結が分かりやすいからである（ピアソン 2010、176頁）。制度発展の歴史的分析に際しては、制度弾性への着目が重要であるとする。これは、重大局面論や企業家論など、制度変化に対するさまざまな既存のアプローチに対する批判に基づいている。ピアソンが指摘する問題点は、次の三つである（ピアソン 2010、183-186頁）。まず、既存のアプローチでは、制度変化が生じるタイミング、また、特定の制度変化のパターンが生じるタイミングを予測できない。次に、事例研究の積み重ねが多く、事例選択に関するバイアスがかかりすぎていて、一般化の作業が困難である。最後に、制度変化の直近的原因に注目して、「引き金」研究に陥り、長期的な要因を見逃す恐れがあることである。

　このような問題を回避し、制度発展分析に歴史を正しく織り込むための

手法として、ピアソンは制度弾性を作り出す四つの要因に注目することを主張する（ピアソン 2010、187-201頁）。一つめは、調整問題である。ある制度をアクター間の利害関係が調整された均衡状態と考えると、そこに変更を加えるには、利害関係の調整を新たに行う必要が生じる。そのため、制度変更に伴うコストが生じ、ハードルが高くなってしまい、結果として既存の制度が継続することとなる。

二つめは、拒否点である。これは、制度上拒否権を持ったアクターが制度変更に合意しない限り変更が達成されないことを意味し、現行制度の粘着性を高める一つの障害と考えられる。

しかし、ピアソンは、これらの要因のみでは、時間がどのように関与しているのかが分かりにくいとする。そこで、制度弾性に時間という要素を組み込むために、時間の経過に伴って進路変更の魅力が低下する要因を加える。三つめの資産特定性は、特定の政治制度がアクターによるさまざまな投資を促すことで、制度変更に対するアクターの関心を低下させるというものである。例えば、政治家は、選挙制度に従って地元で後援会組織を形成し、さまざまな選挙に関するノウハウを構築していく。また、日頃の政治活動や選挙活動を通じて、人的なネットワークも形成する。このような、選挙に関する専門知識、地理的特性に関する資産（地元政治文化に対する知識など）、人的資産に政治家が時間をかけて投資すればするほど、制度変更に伴うコストは上昇することとなる。

四つめは、正のフィードバックであり、制度の自己強化が進むほど、制度変更のコストは上昇することとなる。

ピアソンは、制度発展研究の課題もいくつか指摘している（ピアソン 2010、206-219頁）。まず、制度配置の安定性（＝均衡）の度合いによる制度弾性の違いを検証する必要があるとしている。ピアソンは、ある制度配置が定着し「深い均衡」が生じると、制度変更が難しくなると考えている。ピアソンは、連立政権下の比例代表制を一つの代表的な例として挙げている。つまり、小政党にとっては自らの生存にとっては不可欠な制度である一方、大政党にとっても連立政権を形成するためには小政党の支持が必要となり、比例代表制に異議を唱えることが難しくなる。このような状態になると、選挙制度の改革が非常に困難な状況になる。

次に、制度変更の経路を特定する研究を進めるべきだとする。どのような制度であれば、どのような変更経路を辿るのかを明らかにするのである。また、制度同士のつながりが制度発展のパターンにどのような影響を及ぼしているかも明らかにする必要があるとする。さらに、長期的な過程を組み込むことで、制度発展の分析を引き金論に終わらせないことが重要だとする。最後に、重要な公共政策を制度と考えれば、制度発展の議論は、政策の選択・発展の分析に応用できるとする。

3　制度の変容とアクターへの視点

　これまで見てきたように、ピアソンは、長期的な時間が政治過程に及ぼす影響を重視している。経済学で発展した経路依存の概念を援用しながら、制度が自己強化するメカニズムを示し、時間とともにその粘着性が高まると主張している。

　一方、歴史的制度論が、制度の継続性や安定性、アクターの行動に対して制度がもたらす制約を強調するあまり、制度の発展やアクターの行動能力（agency）を軽視しているのではないかという批判も少なくない。例えば、ピーターズ（Guy Peters）らによれば、制度の持続性や安定性を重視する歴史的制度論では、政策やプログラムをめぐる政治的対立が隠されてしまっているという（Peters, Pierre, and King 2005）。政治の基本的な性質をアクター間の対立に見出す彼らは、制度の安定の裏には、制度を変更しようとする勢力と、維持しようとする勢力のせめぎ合いが常に存在し、両者の力関係のバランスが制度の維持・発展に少なからぬ影響を与えていると考えている。つまり、制度は自動的に変化するものではなく、アクターによって変化させられるものだという見方である。したがって、このような動態的な過程を理解するには、アクターの行動能力を歴史的制度論の分析射程に組み込む必要があるとピーターズらは考えている。

　制度に果たすアクターの役割を重視しながら歴史的制度論の精緻化を目指す試みとして、ここでは、セーレン（Kathleen Thelen）らの論考を紹

表2 漸進的な制度変化のモデル

	制度置換	制度併設	制度放置	制度転用	制度消耗
定義	従属的な役割を果たしていた制度が、支配的な制度に代わってゆっくりと台頭すること	既存の制度に加えられた新たな要素が、既存の制度の地位と構造を徐々に変化させること	外部環境の変化にも関わらず制度の維持を怠り、現場での制度的実践ができなくなること	旧来の制度を新たな目的のために再活用すること。旧来の構造に新たな目的を付与すること	時間の経過とともに制度が衰退すること
仕組み	背信	段階的発展	意図的な不履行	方向修正、再解釈	減耗
発生の仕方	・制度的不整合性が、逸脱した行為を可能にする ・既存の制度状況の内部で新たな行動「論理」が活発に教化される ・休眠状態あるいは潜伏状態にある制度的資源の再発見と活性化 ・外国での実践による「侵略」と同化	・旧制度の周辺に作られた新制度の急速な成長 ・周辺的なグループによる旧来からの主流派の侵食 ・新規の制度層による旧制度層への支持の流用 ・思い込みの「解決策」による既存の制度の不安定化 ・旧制度の漸進的な敗退へとつながる新旧制度間の妥協	・変化する状況への適応を(戦略的に)怠ることで、制度的帰結が変化すること ・外部の条件に応じて、ルール変更ではなく、ルール変更なしに変化させた制度の執行	・以下の理由によるルールと実施のギャップ (1) 先見性の欠如。制度設計の限界(意図せざる結果の可能性) (2) 制度的ルールの意図された曖昧性。妥協の産物としての制度 (3) 転覆。下からルールの再解釈 (4) 時間。変化する文脈の状況と連合による再活用の空間の開放	・自己消費。制度の通常の運営により、その外的な前提条件が弱体化 ・収穫逓減。一般化により費用対効果の関係が変化 ・過剰拡大。成長の限界

出典: Streeck and Thelen (2005: 31).

介したい。セーレンは、ドイツ、イギリス、アメリカ、日本の職業訓練制度の発展に関する比較研究を行った2004年の著作『制度はどのように発展するか(*How Institutions Evolve*)』を発表して以降、ストリーク(Wolfgang Streeck)やマホニー(James Mahoney)らとともに、漸進的な制度発展を説明するメカニズムの解明・理論化に取り組んでいる(Thelen 2004; Streeck and Thelen 2005; Thelen and Mahoney 2010)。

彼らが漸進的な制度発展に注目するのは、経路依存に基づく歴史的制度論が制度変容の現実を捉えていないと感じているからである。制度の安定と継続のメカニズムを明らかにしようとしてきた従来の歴史的制度論では、制度が変化するのは、「重大な岐路」に直面し、外部からの衝撃が加わったときだとされた。そのため、制度変容は、突如としてかつ大規模に

表3　漸進的な制度変容のパターン

		標的となる制度の特徴	
		解釈・強制の自由裁量が低い	解釈・強制の自由裁量が高い
政治的背景の特色	強力な拒否権の可能性	制度併設	制度放置
	弱い拒否権の可能性	制度置換	制度転用

出典：Thelen and Mahoney (2010: 19).

生じるという考え方が支配的だった。

　セーレンとストリークは、このような「安定 vs. 変化」といった制度発展に関わる二分法的な見方に疑問を呈し、重要な変化へとつながっていく漸進的な制度発展の動きを捉えようとした。その際、彼らは第三者によるルールの強制に制度の本質を見出し、ルールの作り手と受け手の間の闘争の結果が制度であるとみなした (Streeck and Thelen 2005, p.11)。つまり、制度の変容は、アクターの力関係の変化によって生じるものと考えたのである (Streeck and Thelen 2005, p.19)。その上で、漸進的な制度変化のモデルとして、①制度置換 (displacement)、②制度併設 (layering)、③制度放置 (drift)、④制度転用 (conversion)、⑤制度消耗 (exhaustion) を提示した (表2)。

　制度置換とは、従来の制度的配置が脇に追いやられ、これまで傍流だった別の制度的配置が主流となって入れ替わることを意味する。制度併設とは、従来の制度に新たな部分を付け足したり、改良を加えたりすることを意味する。制度放置は、既存の制度が社会の現状にそぐわなくなると生じる。偏流が起こらないようにするためには、制度が社会の現状に適応するよう絶えず更新し、改良していく必要がある。しかし、この作業を怠ると、制度は社会の現実から取り残され退化することとなる。制度転用は、制度自体に大幅な変更を加えずに目的や機能を再設定することを意味する。最後に、制度消耗は、年月とともに制度が徐々に崩壊していく変化を意味する。

セーレンとストリークは、漸進的な制度変容のモデルを示すことで、「安定vs.変化」という二項対立を越えたより現実的な制度発展の過程を明らかにしようとした。しかし、セーレンとマホニーは、このモデルの提示だけでは、どのような状況においてどのような変容モデルが生じやすいかを説明するものではないと批判し、変容の対象となる制度の特徴と政治的文脈の特色に注目して、制度変容のパターンを示した（Thelen and Mahoney 2010）（表3）。

　セーレンとストリークと同様、セーレンとマホニーは、制度をアクター間の政治闘争の対象とみなし、とりわけ制度の意味に関する解釈の曖昧性が、アクターの創造性と行動能力を引き出す空間の広がりにつながると考えた。そして、制度変容は、既存のルールの新解釈を可能にする政治的空間の開放が条件となると主張した。

　アクターによるルールの新解釈を可能にする変数として、制度の意味解釈・強制に対するアクターの自由裁量度の高低、現状維持を唱えるアクターの拒否権行使可能性の強弱を設定し、それに伴って生じる制度変容のパターン化を試みた。

　まず、制度の意味解釈・強制に対するアクターの自由裁量度が低い場合、制度併設か制度置換が生じる可能性が高くなる。現状維持を唱えるアクターが強力な拒否権を持っている場合、新たな解釈を出そうとするアクターの影響力は限られ、既存の制度を基本として追加や改良という戦略を取らざるを得なくなる。逆に、拒否権が弱い場合は、新たな解釈が取って代わる制度置換のパターンとなる。アクターの解釈・強制の自由裁量が高い場合には、制度放置か制度転用が生じることとなる。現状維持の拒否権が強力に働く場合、反対派のアクターは、現状の制度を受け入れざるを得ないが、その一方で、自由裁量の大きさを活かして、独自の意味解釈を制度に吹き込み、新たな制度発展の道を切り開く。現状維持派の拒否権が弱い場合、反対派は、自由裁量の大きさを活かして既存の制度を自分の都合の良い方向へと導いていく制度転用のパターンを辿ることとなる。

4　歴史的制度論の功績と今後

　ピアソンの歴史的制度論の最大の功績は、経路依存の概念を中心として、政治分析に「時間」をいかに組み込むかを示したところにある。その結果、「歴史」が制度や政策の発展を説明する変数としてどのように役立っているかを明らかにすることに成功した。合理的選択論を始めとする、短時間の因果関係の解明に重きを置く現代政治学の分析手法との対話を可能にし、政治学の豊饒化につながっている点もみのがせない。

　その一方で、セーレンらが指摘しているように、制度や政策の継続性と安定性を強調するあまり、アクターの行動能力や、制度と政策の変容メカニズムへの視点が不足していたことも否めない。その解決方法として、セーレンらが示しているような、漸進的な制度発展を含めた制度発展の形態の精緻化と、そのパターンを説明するアクターの行動論理との連関を明らかにすることが有効な手といえるだろう。

参考文献

Evans, Peter B, Dietrich Rueschemeyer and Theda Skochpol (1985) *Bringing the State Back In*. Cambridge: Cambridge University Press.
Hall, Peter A and Rosemary C.R. Taylor (1996) "Political Science and the Three New Institutionalisms," *Political Studies* Vol. 44, No., pp.936-57.
Peters, B. Guy, Jon Pierre and Desmond S. King (2005) "The Politics of Path Dependency: Political Conflict in Historical Institutionalism," *The Journal of Politics* Vol.67, No.4, pp.1275-300.
Pierson, Paul (2004) *Politics in Time: History, Institutions, and Social Analysis*. Princeton: Princeton University Press. ポール・ピアソン／粕谷祐子監訳（2010）『ポリティクス・イン・タイム──歴史・制度・社会分析』勁草書房。
Rhodes, R.A.W. (2006) "Old Institutionalisms," in R.A.W. Rhodes, Sarah A. Binder and Bert A. Rockman (eds.) *The Oxford Handbook of Political Institutions*. Oxford: Oxford University Press, pp.90-108.
Streeck, Wolfgang and Kathleen Thelen (eds.) (2005) *Beyond Continuity: Institutional Change in Advanced Political Economies*. Oxford: Oxford University Press.
Thelen, Kathleen (2004) *How Institutions Evolve: The Political Economy of Skills in*

Germany, Britain, the United States and Japan. New York: Cambridge University Press.

Thelen, Kathleen and James Mahoney (eds.) (2010) *Explaining Institutional Change: Ambiguity, Agency, and Power*. New York: Cambridge University Press.

河野勝（2002）『制度』東京大学出版会。

第8章
シュミットの言説的制度論

1 制度変化を引き起こすアイディアと言説

　未来の政治学者が、日本の防災政策やエネルギー政策の歴史的発展過程を振り返り、分析してみたとき、2011年3月11日の東日本大震災とそれにともなう東京電力福島第一原子力発電所の大規模事故の発生は、その後の政策展開の経路を大きく変えた、まさに転機となる「重大局面 (critical juncture)」であった、と考えるにちがいない。福島第一原発事故を受け、大震災以前と以後とでは、原子力政策の中身は大きく変わりつつある。

　このような政策転換はどのようにして、また、なぜ起きるのか。震災がなければ政策転換は生じなかっただろうから、震災や事故の発生が制度変化の要因であると、ひとまずはいえる。だが重要なことは、そうした物理的現象としての惨事の発生がストレートに政策転換に結びつくわけではない、という点である。政策過程論や「大惨事の政治学 (disaster politics)」が明らかにしてきたように、大惨事の発生と政策転換のあいだには、さまざまな政治的なやりとりが介在している (cf. Birkland 2007; Pelling and Dill 2010)。一連の政治過程を経て、政策の転換もなされる。そのとき、価値観や主観的認識の根本的な転換、新しい政策アイディアの創案あるいは片隅に追いやられていたアイディアの再発見、他者を説得するための言説戦略といった、観念的・言語的要素が決定的に重要となる。

　そうした特殊な状況に限らず、一般的な政策過程についても、それを政治学的に考察しようとする際、アクターの利害や損得の観点から分析する

ことが比較的多い。政治の世界には、利害や権謀術数が渦巻いていることも確かである。けれども、政策過程の基盤をなすものは、アイディアや言説といった「言葉」にほかならない (Majone 1989 = 1998)。アイディアの創出や他人とのコミュニケーションはすべて、言葉を通じて表出され、やりとりされる。そもそも、言葉がなければ、政治どころか人間社会は成り立たない。

こうした、言語的要素であるアイディアや言説に着眼しながら政治過程を解明しようというのが「アイディア中心アプローチ」に依拠する政治学である。それには多種多様な分析枠組みが存在するが、そのなかで、近年とみに注目されるのが、シュミット（Vivien A. Schmidt）が提唱する「言説的制度論(discursive institutionalism)」である。

言説的制度論はアイディアや言説といった観念的要素を分析枠組みのなかに取り入れ、制度変化を説明しようとするもので、制度改革がなぜ、どのようにして起きたのかを的確に把握できる。その上、他のアイディア中心アプローチとも異なり、アイディア的要素を分析の核に据えるだけでなく、それが「第四の新制度論」としても位置づけられているように、政治制度の重要性も踏まえている点を大きな特徴とし、そのことで、より多角的に政治過程について考えることができる。

2　言説的制度論の射程

（1）「第四の新制度論」としての言説的制度論

シュミットは自らが提唱する理論的枠組みを「言説的制度論」と名づけ、それを、合理的選択制度論、歴史的制度論、社会学的制度論という従来の三つの新制度論に次ぐ、「第四の新制度論」として位置づけている (Schmidt 2011: 47f. 表1)。

第一の合理的選択制度論は、インセンティブ構造としての政治制度のもとで、自らの選好にしたがい利益を追求すべく、「計算の論理」にしたがって行動する合理的なアクターに分析の焦点をあてる。

第二の歴史的制度論は、政治制度をアクターの行動や政策選択の制約条件として捉え、その「経路依存性の論理」に従った長期的・歴史的な発展の過程に目を向けるアプローチである。

第三の社会学的制度論は、アクターを文化的な文脈においてそれ独自の固有性をもつルールや規範に由来する「適切さの論理」にしたがって行動するものであるとし、社会的構成、文化的フレーミングの産物という観点から政治制度を分析する。

これらの新制度論はそれぞれ独自の理論的特徴をもち、相互に対立的で論争の種も尽きないが、シュミットによれば、三つの新制度論に共通する理論的課題がある。それは、制度の均衡・安定性を重視する一方、その変化を看過しているという点である。すなわち、これまでの新制度論は静態的な制度観を有している。ところが実際には、制度は変化しており、動態的な存在である。したがって、制度の変化を説明する理論枠組みが必要になってくる。その枠組みとしてシュミットが提示するのが、言説的制度論である。

言説的制度論の概要を、先の三つの制度論の説明と対比的に記すと、制度的文脈下での、政治的行動に関するアイディアの生成・熟考・正統化の過程において、「コミュニケーションの論理」にしたがってアクターが操る

表1　四つの新制度論

	合理的選択制度論	歴史的制度論	社会学的制度論	言説的制度論
説明の対象	合理的行動や利益	歴史的ルールや一定性	文化的規範やフレーム	アイディアや言説
説明の論理	計算	経路依存性	適切さ	コミュニケーション
説明の諸課題	経済決定論	歴史決定論	文化決定論あるいは相対主義	アイディア決定論あるいは相対主義
変化の説明力	静態的：固定的な選好を通じた持続性	静態的：経路依存性を通じた持続性	静態的：文化的規範を通じた持続性	動態的：アイディアや言説的相互作用を通じた変化や持続性
例	プリンシパル－エージェント理論；ゲーム理論	歴史的制度論；過程追跡；資本主義の多様性論	構成主義；規範；文化分析	アイディア；言説；構成主義；ナラティブ；フレーム；唱道連合；認識共同体

出典：Schmidt（2006b:115table5.1）とSchmidt（2011:49table2.1）を統合。

言説に焦点をあてる理論枠組み、ということになる。他の制度論が制度の安定性や静態的側面を重視するのとは対照的に、言説的制度論は制度の変化、その動態的側面に分析の対象を定める (Schmidt 2011: 47)。

(2) 言説的制度論の基本的概念

シュミットは言説的制度論を、「アイディアや言説を用い、制度的コンテクストにおいて政治的変化(および持続性)を説明する」アプローチ全体を包含する、幅広いものとして捉えている (Schmidt 2010: 2)。そのため、限定的な定義が付されているわけではないが、「言説的制度論」と総称される研究におよそ共通する指針としては、以下の四つの点が挙げられる。

第一にアイディアや言説を「真剣に(seriously)」考慮すること、第二にアイディアや言説を制度的コンテクストのなかに位置づけること、第三にアイディアを「意味のコンテクスト」に置くとともに、言説を「コミュニケーションの論理」にしたがうものとして捉えること、そして第四に、最も重要な点として、従来の三つの新制度論が制度の均衡状態、静態的側面に焦点をあてるのとは対照的に、アイディアや言説を通じて制度改革への障害が克服されていく過程、制度変化の動態的な側面を分析の俎上に上げること、である (Schmidt 2008: 304)。

これらの共通指針からわかることは、政策過程でのアイディアの果たす役割を重視する点では、既存の「アイディアの政治学」(大嶽1994など)と重なる部分もあるが、相違点も存在するという点である。その端的な例が、「アイディア」ではなく「言説」という言葉を用いているところである。

そもそも、「言説(discourse)」とは、何のことだろうか。あまり耳慣れない、難しい言葉である。これは、政治学のような社会科学分野よりも先に、主として言語学や哲学といった人文学の分野で用いられてきた専門的概念であり、構造主義やポスト構造主義と呼ばれる思潮、とくにフランスの思想家フーコー(Michel Foucault)らの研究にその源流がある (Howarth 2000)。したがって、あまり日常会話のなかに出てくるような言葉ではないが、辞書的にいえば、「何らかの形で受け手に影響力を与える意図を持ったあらゆる言語表現」と定義される (阪口2004: 762)。会話、演説、答

弁、会見のように人々が述べたことや、著作物、政府白書、論文、記事、日記など文章として書かれたもの、つまり言葉によるあらゆる表現が含まれる。あるいは、そうした表面上で容易に観察しうる言語表現に限らず、言われてきたことや書かれてきたことの集積や歴史的堆積のなかから一定のパターンや構造を抽出して、その全体的編制を言説として捉える場合もある。

　シュミットの場合は、政治過程にかかわる言説に焦点を絞っており、言説は、「ある政策プログラムを生み出し、正統化するための取り組みにおいて、政策アクターがアクター同士で話し合う、あるいは国民に向けて話すことのすべて」から構成されると述べている。すなわち、「言説には一組の政策のアイディアおよび価値観、それに、政策の構築およびコミュニケーションの相互作用過程、その両方が含まれる」(Schmidt 2002a: 210)。

　シュミットは「言説」を包括的な概念として用い、具体的な政策案やより抽象的な政策理念、アイディア自体とともに、それらのアイディアを他者に伝達するための媒介手段という、二つの側面から捉えている。「アイディアの政治学」では、政策変化の要因となったアイディアそのものに着眼するが、言説的制度論ではそれのみならず、言説を通じて政策アイディアをどのようにして他者に伝え、説得し、合意を形成した上で、政策決定に至るのか、そこにみられる相互作用的なコミュニケーションの過程にも焦点を向けている点が特徴である。言説のコミュニケーション過程を焦点化することにより、政策アイディア実現の成否を解明することができるからである(Schmidt 2008: 309)。

　そもそも、「アイディアの政治学」でいわれる「アイディア」とは、ある政策課題についての解決策を示す「政策アイディア」のことを指す場合が多いが、言説的制度論では、これよりも幅広い意味で「アイディア」を捉えている(Schmidt 2008: 306f.)。政策アイディアを第一の次元とすれば、いったい何が政策課題なのか、達成されるべき目標は何かといった、より根本的な事柄を明示して、政策アイディアの理念的参照枠組みを提供する「プログラム」が、アイディアの第二の次元としてある。さらに、第三の次元として、プログラムよりもいっそう根源的な、価値観や規範、社会の原理・原則、世界像を示す「公共哲学」もアイディアのなかに含まれる。

表2　言説のアイディア的側面

機能	形態	アイディアの核	表現形態
認知的	政策プログラムの技術的目的と対象の明示、問題に対する解決策の提示、政策の手段や手法の明示	（社会）科学上の原則や規範	ナラティブ、技術的／科学的議論、パラダイム、参照枠組み、ガイドライン、技法、処方箋など
規範的	政策プログラムの政治的目標や理念の明示、従来からの、もしくは新しく形成されつつある価値観への訴求	国民生活の原則や規範	メタファー、スローガン、基盤となる神話、扇情的なフレーズ、イメージなど

出典：Schmidt (2002a:214 Tabel 5.1).

　政策案から公共哲学まで、アイディアに含まれる次元は多層に及ぶが、アイディアの果たす機能の面からすると、認知的機能と規範的機能の二つに、分析上、区分できる（表2）。

　認知的機能とは、政策の必要性を人びとに認識させる機能のことを指し、政治的行為の方法やガイドラインを提供し、「それが何であるのか、そして何をするのか」を明示することで、政策やプログラムを正統化するのに寄与する。これに対して、規範的機能とは、当該政策アイディアが価値の観点から妥当であることを人びとに訴え、「『何をなすべきか』という観点から、『ある事柄について、何が良いのか、何が悪いのか』を指し示す」ことをいう（Schmidt 2008: 306-307）。

　すなわち、政策アイディアが人びとに受容されるには、「認知的観点から納得がゆくこと（正統的であること）、規範的観点から説得力があること（適切である、および／あるいは正統的であること）、その両面を達成する必要がある」（Schmidt 2008: 313）。人びとは、その政策が合理的にみて必要であり、なおかつそれが価値観の点からも適切であると考えたとき、政策転換や改革を支持する。政治家や官僚など政策の導入を試みるアクターは、言説を通じて必要性と妥当性を訴え、国民からの支持を獲得していくのである。

　シュミットは、コミュニケーション手段としての言説を重視しているが、その観点から捉えた場合、言説には二つの類型があるとする。すなわち、「調整的言説（coordinative discourse）」と「伝達的言説（communicative

表3 言説の相互作用的側面

機能	アクター	対話の相手	アイディアの生成器	目的	形態
調整的	政策アクター	相互	認識共同体、言説連合、唱道連合、政策企業家	政策プログラムの構築、合意の達成	政策アクターの議論や熟議のために言葉や枠組みを提供
伝達的	政治アクター	国民	政策アクター、政治企業家	国民に向けた伝達、情報の方向づけや正統化	国民的議論や熟議のためにプログラムを身近な言葉に翻訳

出典：Schmidt (2002a:231,Table5.4).

discourse)」である (Schmidt 2002a, 2002b)（表3）。

　調整的言説は、「主要な政策集団がある政策案の構築において合意にいたる、共通の言葉やフレームワークを取り込んでいく」機能を果たすものである (Schmidt 2002b: 171)。意思決定に参加する政策エリート間で政策アイディアを議論し、一つのまとまりをもった政策案に練り上げていく過程における言説である。調整的言説を通じて政策エリート間での価値観の共有が図られ共通の認識を深めていく。

　もう一つの伝達的言説は、「主要な政策アクターが、調整段階で発展してきた政策が（認知的議論を踏まえて）必要であり、（規範的議論を踏まえて）適切であるということを、一般国民に向けて（議論や熟慮を踏まえて）説得させる手段」となる言説である (Schmidt 2002b: 171)。政治家らが、実現させようとする政策を国民や有権者に向かって発表し訴えかけ、その結果として政治的支持を調達する機能をもつ。この次元での言説は、調整的言説のように、政策エリート間同士の言葉のやり取りによって政策アイディアを精妙化するのではなく、当該政策の必要性や妥当性を一般国民に伝達して納得させる営為の一部として、その役割を果たす。

（3）言説と政治制度の関係

　政治過程における言語的・観念的要素を重視する分析枠組みは他にも存在するが、言説的制度論のきわだった特徴は、それらとは異なって、「制

度論」の一類型として位置づけられる点、すなわち、「制度」の文脈性を重視している点に見出せる。シュミットは、「言説は単に、何を誰に対して語るのか、という問題にとどまるのではなく、『どこでそれを語るのか』ということにもかかわってくる」と指摘し、言説と、それが語られる場である政治制度とを関連付けて分析している (Schmidt 2006a: 258)。このことは、言説的制度論が制度を、説明の対象たる従属変数としてだけでなく、変化を説明するための独立変数としても同時に扱っていることを意味する。

シュミットは、民主主義諸国の政治制度を「単一的政体 (simple polity)」と「複合的政体 (compound polity)」との二つに分類する (Schmidt 2006a, 2009)。前者は、単一の権威を媒介にして政府の活動が行われるイギリスやフランスなどの国であり、単一国家、国家中心の政策形成、多数代表型選挙制度をもつような政体である。一方、後者は多元的な権威を媒介にしており、連邦制や地域主義的制度、コーポラティズム型政策形成、比例代表型選挙制度を特徴とする。ドイツやイタリアなどが典型国とされる (Schmidt 2009: 525-526)。

こうした政体の二分類と、先ほどの言説の二分類とを組み合わせて整理すると、「単一的政体」と「複合的政体」の各々において、言説のパターンは異なり、前者では伝達的言説が、後者では調整的言説がより重要となる (Schmidt 2006a: 258ff, 図1)。

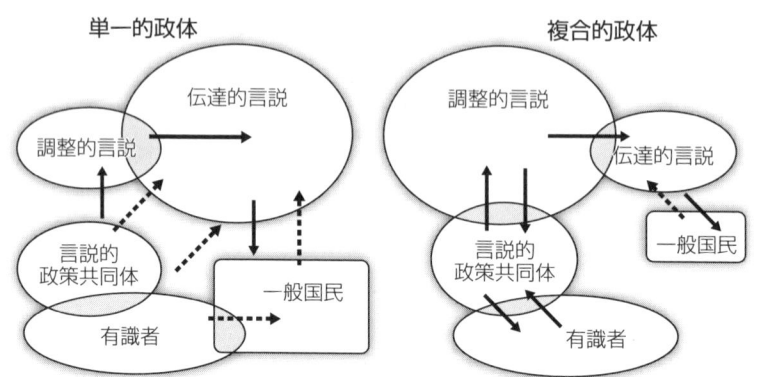

注：実践矢印はアイディアや言説の方向性を、点線矢印はフィードバックを、重なっている部分は複数のアクターが双方の領域に関わることをそれぞれ示す。

図1　単一的・複合的国家政体における言説的相互作用
出典：Schmidt (2006a:258, Figure 5.9).

単一的政体の国では、権力が中枢に集中しているため拒否権プレイヤーが少なく、多数の政策エリート間で調整を行うことの重要性は相対的に低く、むしろ国民一般に政策理念を訴え、支持を得ることがいっそう大切になる。

これに対して複合的政体の場合、コーポラティズムの仕組みなどによって、政策立案過程で平等に発言権をもつアクターが複数関与しており、拒否権プレイヤーが多数存在している状況にある。そのため、意見に対立が生じた場合、アクター同士の調整が不可欠となる。加えて、州政府、議会、審議会などに権力が分散化されていることも、拒否点の多さを示すものである。政府内での調整過程に時間を要するために、国民と直接的にコミュニケーションをとることは二の次になりがちである。

（4）福祉国家改革の比較事例研究

シュミットは、1980～90年代におけるイギリス、フランス、ドイツなどの諸国におけるグローバル化や欧州統合への政治的適応の過程や福祉国家改革の成否について、言説的制度論の観点から解明している（Schmidt 2002a: ch. 6, 2002b）。

単一的政体であるイギリスにおいては伝達的言説が効果を発揮し、新自由主義的な福祉改革が必要であり、また自国の伝統とも合致するという意味で適切であることを訴え、国民を説得するのに成功した。その結果、1980年代のサッチャー（Margaret Thatcher）政権では福祉や労働政策における市場志向の急進的な政策転換に結実し、そのロジックは労働党のブレア（Tony Blair）政権下でも引き継がれた。

これに対して、ドイツもまた、グローバル経済や欧州統合にいかに適応するかという点から、市場主義的な福祉国家改革が模索されたが、90年代にはあまり実現には至らなかった。たとえば、新自由主義的ともいえる改革を進めようとしたシュレーダー（Gerhard Schröder）首相は、99年にブレアと共同で「第三の道」と題する政策文書を発表したものの、国民からは不評であり、その年の10月の選挙で敗北したために自らの主張を変えざるを得なかった（Schmidt 2002a: 299-300）。複合的政体であるため、拒否点

で抵抗にあい、政策案が頓挫しがちであったのに加え、改革の必要性と妥当性を納得させ、障害を克服する、巧みな言説戦略も存在しなかったからである。

同じ複合的政体に類型化されるオランダでは、80年代には「ワセナールの合意」に見られるような調整的言説の成功によって、また90年代にはコック（Wim Kok）政権が伝達的言説により福祉・労働改革の正統性を獲得できたことで、オランダの戦後福祉国家体制を大きく変えるような改革を成し遂げた。

フランスは福祉国家制度においてはドイツやオランダと非常に類似しているが、政治制度に関しては単一的政体に区分され、したがって福祉改革に対する制度上の制約は相対的に弱い。この制度上の特質から、フランスでの福祉改革はイギリスほどには急激で新自由主義的なものではなかったが、他の諸国と比べても比較的実現度が高いという。とくに90年代後半の社会党政権の言説では新自由主義的色彩を和らげつつ、一連の改革は経済効率性の向上だけでなくフランス福祉国家の伝統的価値である社会的公平性を促進し、社会的排除にも対応するものであるというロジックが用いられた（Schmidt 2002b: 189）。結果的に、調整的言説と伝達的言説の双方である程度成功し、漸進的にではあるが、改革が進んだとされる。

（5）言説と民主主義

言説的制度論は、主として制度変化を説明するための理論枠組みとしての性格が強いものの、シュミット自身はそれにとどまらず、民主主義と言説の関係性を踏まえた、ある程度規範的な議論も展開している。

シュミットは、「民主主義は単に利益によって動かされるもの、制度によって形成されるもの、文化によって枠づけされるものではない。それは、言説を通じて伝えられるアイディアによっても充填されるものなのである」と指摘する（Schmidt 2006a: 248）。

そして、アイディアや言説が、民主主義の土台を形作る、大きな意味をもっていることについて、次のように論じている。

アイディアと言説は民主主義の基盤そのものである。それによって市民は困難を踏まえて判断したり、違いを議論したりするだけでなく、政治の世界に関する新しい解釈を構築したり、社会的関心を表明したり、目的や意味を共有したりできるようになり、それがひいては国の政策、施策、目的の正統化にもつながるからである（Schmidt 2006a: 248）。

このような認識を踏まえた上で、先の政体と言説の二類型のそれぞれにおける、民主主義的正統性の確保にともなう課題を挙げる。すなわち、単一的政体では調整的言説が希薄であり、政策が国民の反応の強さに左右されるので、国民の意に沿わない政策であっても、国民が強く抗議の声を上げない限り、そのまま遂行される恐れがある。

これに対して、複合的政体では調整的言説がボトムアップ的な意見集約を可能にするが、その調整の範囲が限定され、マイノリティを排除する形で政策形成が行われると、包摂性の観点から問題が生じる（Schmidt 2006a: 258ff.）。これらの論述は、言説的制度論が単なる事象の実証にとどまらないで、規範的考察をも可能にする、その射程の広さを示しているといえる。

3 言説的制度論の理論的課題

（1）制度の「断続平衡」観

シュミットが、「言説的制度論は、アイディアや言説的相互作用を通じた変化（持続性もそうだが）のダイナミクスを説明する際に一番役に立つ」とまとめているように（Schmidt 2011: 60）[1]、それが制度の変化を説明するための理論枠組みであることは明白である。歴史的制度論は制度の持続性を重視するが、それに対抗する形で登場した言説的制度論は制度の動態的側

---

[1] 制度の持続性についても括弧書きで言及しているものの、それは付け足し程度であり、焦点は制度変化に置かれている。

面に分析の照準を定めている。二つの制度論は分析上の関心、対象が大きく異なる。けれども、両者の制度観は「断続平衡（punctuated equilibrium）モデル」に依拠しており、その点では、むしろ共通性をもつ。

　断続平衡モデルにおいては、制度は徐々に変化するのではなく、不連続に発展するものとされる。制度は長期間にわたって安定的に持続するが、それがある時点の外生的ショックによって断続して、急激に大きな変化が生じ、その後は再び安定状態が継続する（Krasner 1988）。「断続」と「平衡」のうち、歴史的制度論は制度の「平衡」面に着目し、経路依存性を鍵概念として制度の長期持続のメカニズムを説明しようとし、他方、言説的制度論は制度の「断続」面に照準を定め、平衡状態を断絶させる比較的大きな規模の変化に目を向けた。

　これまでの政策過程研究では、言説的制度論以外にも、「政策の窓モデル」や「唱道連合モデル」など、政策変化の説明を目的とした理論モデルが開発されてきた。それらで焦点化される政策変化も、多くの場合、政策の目的と手段の変更を含む「政策転換」と呼べるほどの変化であり、断続平衡モデルに依拠したものだったといえる。

　しかしながら、現実の制度の歴史的展開過程を考えた場合、震災を契機にエネルギー政策が転換するといったような、「断絶」といえるほどの大きな制度変化はそれほど頻繁に生じるものとはいえないだろう。むしろ日常的に観察されるのは漸進的な、些細な変化であり、近年興隆しつつある制度進化論は、そうした局面にこそ分析の焦点をあてるべきだと主張し、断続平衡モデル的な「メジャーな」変化だけでなく、漸進的な「マイナーな」変化も重要な研究課題であると指摘する（Streeck and Thelen 2005: 8）。

　そもそも、制度の持続と変化の関係は、「持続か、それとも変化か」という単純な二元論的図式や、制度の直線的発展を前提とする線形的モデルによって理解できるものではなく、もっと複雑で循環的である（Marsh 2010）。変化のなかに経路依存的な面があったり、持続的発展のなかに変化の兆しが宿っていたりもする（cf. 西岡 2007a）。

　その上、断続平衡モデルに依拠した場合、制度に断続をもたらす大きな変化が観察された事例に分析の照準を定めることになるが、そのことは非決定権力や構造的権力の作動を軽視することにつながりかねないことも問

題であろう(Hacker 2004)。

（2） 言説的制度論と制度進化論の接合可能性

　断続平衡モデルを批判する制度進化論は、制度の漸進的変化を重視し、従来の制度論とは異なる枠組みを提示している。制度進化論は、制度自体の性質とそれを取り巻く政治的環境という二つの軸から、制度変化を、①「制度放置(drift)」、②「制度併設(layering)」、③「制度置換(displacement)」、④「制度転用（conversion）」の四つに類型化している（Mahoney and Thelen 2010）。

　第一に「制度放置」とは新たな政策課題に対応せず「非決定」によって政策有効性を低下させること、第二に「制度併設」とは従来制度を存続したまま新規制度を併設すること、第三に「制度置換」とは制度を抜本的に改正すること、そして第四に「制度転用」とは従来制度の解釈変更を通じて新たな政策課題に適用することをそれぞれ意味する。

　制度進化論は断続平衡モデルでは軽視されてきた漸進的変化に焦点をあてるとともに、かつての漸変主義モデルとも異なって理論的精緻化を図っている。とくに制度放置や併設といった概念は非決定権力の問題に改めて光を当て、あるいは類似制度の併設が従来制度にもたらす波及効果を射程に含むなど、これまでにない新しい知見をもたらしうる。しかしながら、制度進化論では、これらの類型のうちでどの変化形式に帰着するのかはもっぱら制度的要因によって説明され、アイディアや言説にはほとんど言及されていない。これに対してベラン(Daniel Béland)は、いかなる種類の制度変化が生じるのかは、制度的環境もさることながら、どのようなアイディアが提起されたのかという点にも左右されると述べる(Béland 2007)。

　そこで、制度進化論と言説的制度論との理論的接合の可能性が考えられる。両者を組み合わせることで、伝達的言説戦略では制度置換や制度転用を、調整的言説戦略では制度併設や制度放置を生み出しやすいといったパターンを発見できるかもしれない。あるいは、ときには矛盾した言説同士が結合することによって制度変化が起きるという事実も、断続平衡モデルよりも制度進化モデルによって説明できるだろう(Palier 2005: 138)。

4　来し方、行く末を考えるツールとしての言説的制度論

　ここまで見てきたように、言説的制度論は、制度・政策の変化過程の解明に主たる関心を寄せる理論枠組みである。こうした、変化に着目する議論に対して、コックス（Robert Cox）は、アイディアについてのもう一つの見方を提示している。「たとえ劇的な変化がないときにも、いかにアイディアが日常生活に対して恒常的に影響を及ぼしているのか」、そのことを探究することも重要だと指摘するのである（Cox 2004: 206）。

　この言明は、制度の変化ではなく、その持続にもアイディア的要素が大きく作用していることを示唆し、言説的制度論の別の活用の仕方を考えるための示唆を与えてくれる。だが、一方で、規範の秩序維持効果については、社会学的制度論を中心にすでに論じられてきた主題でもある。社会学的制度論とは異なる視点からの言説的制度論の活用法を考えた場合、既存の秩序や制度の維持にかかわる政治過程、とくにそこで展開される言説政治の過程・構造を深く掘り下げることが挙げられる。

　福島第一原発事故以降、原発推進に果たしてきた電力会社や「原子力ムラ」の経済的・政治的役割が批判的に論じられるようになった。マスメディア、広告、教育など、多様なチャネルを通じて、原発の維持・推進を意図した言説戦略が展開されてきたことが、明らかになってきている。これらの問題は、権力をめぐる現象や構造の解明を任務とする政治学にとっても本格的に研究すべき事柄であり、原発の「安全神話」はどのように形成され、普及・伝播してきたのか、といった言説政治にかかわる諸点を解明するには、言説的制度論の視座は不可欠であろう。

　アイディアや言説は権力行使の資源として利用され、それは人びとの考え方そのものに作用する。私たちはなぜ、今日のような社会を作り上げてきたのか、そして、どのような未来を構築していくのか。そのことを考える手がかりとしても、政治過程におけるアイディアと言説の役割を真剣に考慮する言説的制度論は有力なツールとなるはずである。

参考文献

Béland, Daniel (2007) 'Ideas and Institutional Change in Social Security: Conversion, Layering, and Policy Drift', *Social Science Quarterly* 88(1): 20-38.

Birkland, Thomas A. (2007) *Lessons of Disaster: Policy Change after Catastrophic Events*, Washington, D.C.: Georgetown University Press.

Cox, Robert (2004) 'The Path-dependency of an Idea: Why Scandinavian Welfare States Remain Distinct', *Social Policy & Administration*, 38(2): 204-219.

Hacker, Jacob S. (2004) 'Privatizing Risk without Privatizing the Welfare State: The Hidden Politics of Social Policy Retrenchment in the United States', *American Political Science Review*, 98(2): 243-260.

Howarth, David (2000) *Discourse*, Buckingham: Open University Press.

Krasner, Stephen D. (1988) 'Sovereignty: An Institutional Perspective', *Comparative Political Studies*, 21(1): 66-94.

Mahoney, James, and Kathleen Thelen (2010) 'A Theory of Gradual Institutional Change', in James Mahoney and Kathleen Thelen (eds.) *Explaining Institutional Change: Ambiguity, Agency, and Power*, New York: Cambridge University Press, pp. 1-37.

Marsh, David (2010) 'Meta-Theoretical Issues', in David Marsh and Gerry Stoker (eds.) *Theory and Methods in Political Science*, 3rd ed. Basingstoke: Palgrave Macmillan, pp. 212-231.

Majone, Giandomenico (1989) *Evidence, Argument, and Persuasion in the Policy Process*, New Haven and London: Yale University Press. G・マヨーネ／今村都南雄訳（1998）『政策過程論の視座——政策分析と議論』三嶺書房。

Palier, Bruno (2005) 'Ambiguous Agreement, Cumulative Change: French Social Policy in the 1990s', in Wolfgang Streeck and Kathleen Thelen (eds.) *Beyond Continuity: Institutional Change in Advanced Political Economies*, Oxford: Oxford University Press, pp. 127-144.

Pelling, Mark, and Kathleen Dill (2010) 'Disaster Politics: Tipping Points for Change in the Adaptation of Sociopolitical Regimes', *Progress in Human Geography*, 34(1): 21-37.

Schmidt, Vivien A. (2002a) *The Futures of European Capitalism*, Oxford: Oxford University Press.

Schmidt, Vivien A. (2002b) 'Does Discourse Matter in the Politics of Welfare State Adjustment?', *Comparative Political Studies*, 35(2): 168-193.

Schmidt, Vivien A. (2006a) *Democracy in Europe: The EU and National Polities*, Oxford: Oxford University Press.

Schmidt, Vivien A. (2006b) 'Institutionalism', in Colin Hay, Michael Lister, and David Marsh (eds.) *The State: Theories and Issues*, Basingstoke: Palgrave Macmillan, pp. 98-117.

Schmidt, Vivien A. (2008) 'Discursive Institutionalism: The Explanatory Power of Ideas and Discourse', *Annual Review of Political Science*, 11: 303-326.

Schmidt, Vivien A. (2009) 'Putting the Political Back into Political Economy by

Bringing the State Back in Yet Again', *World Politics*, 61(3): 516-546.
Schmidt, Vivien A. (2010) 'Taking Ideas and Discourse Seriously: Explaining Change through Discursive Institutionalism as the Fourth 'New Institutionalism'', *European Political Science Review*, 2(1): 1-25.
Schmidt, Vivien A. (2011) 'Reconciling Ideas and Institutions through Discursive Institutionalism', in Daniel Béland and Robert Henry Cox (eds.) *Ideas and Politics in Social Science Research*, Oxford: Oxford University Press, pp. 47-64.
Streeck, Wolfgang, and Kathleen Thelen (2005) 'Introduction: Institutional Change in Advanced Political Economies', in Wolfgang Streeck and Kathleen Thelen (eds.) *Beyond Continuity: Institutional Change in Advanced Political Economies*, Oxford: Oxford University Press, pp.1-39.
大嶽秀夫（1994）『自由主義的改革の時代――1980年代前期の日本政治』中央公論社。
木寺元（2011）「地方分権改革とアイディア――第一次地方分権改革と第二次地方分権改革のアイディア的構造」『季刊行政管理研究』第135号、14-29頁。
近藤康史（2008）『個人の連帯――「第三の道」以後の社会民主主義』勁草書房。
阪口功（2004）「ディスコース」猪口孝他編『〔縮刷版〕政治学事典』弘文堂、762-763頁。
シュミット、ヴィヴィアン（2009）「アイデアおよび言説を真摯に受け止める――第四の『新制度論』としての言説的制度論」小野耕二編『構成主義的政治理論と比較政治』ミネルヴァ書房、75-110頁。
西岡晋（2007a）「福祉レジーム再編の政治学――経路依存性モデルを超えて」『早稲田政治公法研究』第84号、207-241頁。
西岡晋（2007b）「政策アイディア論・言説分析」縣公一郎・藤井浩司編『コレーク政策研究』成文堂、143-168頁。
西岡晋（2011）「政策過程論の『構成主義的転回』」『金沢法学』第53巻第2号、97-140頁。

第9章 トゥールミンの「議論の技法——トゥールミン・モデル」

1 民主主義における政策と議論

　如何なる社会も複数の個人によって構成される。今日私たちが生活する社会では、価値観の多様性が受容されている。即ち、さまざまな価値観をもった人々が同じ社会のなかで活動している。こうした今日の社会のなかでは、その社会が進むべき方向性をめぐって、社会を構成する人々のあいだに意見の相違や衝突が生じ得る。このとき、異なる意見を如何にして一つにまとめることができるかが、社会の存続にとって重要な課題となる。

　社会の今後の方向性が示されるものとして、政策がある。詳しく定義すると、政策とは、社会が直面する問題をどのように解決するかについての、解決の方向性と具体的な解決手段である（秋吉他 2010）。私たちが生活する社会では、如何なる政策が社会にとって望ましいのかという問題をめぐって、さまざまな立場が存在し、ときに激しい論争が繰り広げられている。とりわけ近年では、政策のさまざまな段階（決定、実施、評価等）に、政府だけでなく、企業、NPO、一般の市民といった多様なアクターが積極的に関わることが期待され、その動きには、政策をめぐる意見の衝突が一層深刻なものとなる可能性が秘められている。

　如何なる政策を採用すべきかをめぐって人々が衝突するなかで、人々が自説への同調を獲得するための方法として、足立（1984: 17-18）は以下の四つを挙げている。

①「実力行使」によって他の意見の沈黙や譲歩を迫る方法
②「利益誘導」によって自説への同調を確保する方法
③シンボルを用いて他者の思想や行為を意識的に操作することによって、自説への同調を得る方法(「プロパガンダ」)
④理性的な言論、即ち「議論」を通じて、他者から自発的な合意を獲得する方法

　実力行使、利益誘導、プロパガンダの三つは、「他者を一方的に支配し操作しようとの自己絶対化の精神」が潜在する点で共通する（足立 1984: 18）。これらの方法は、民主主義社会において、それらの有用性が全面的に否定されるものではないものの、飽くまで必要悪的なものにすぎない。
　それに対して、多様な人々による議論や、結果として生まれる人々のあいだの討論は、民主主義社会において政策に関する合意が形成されるための不可欠なプロセスとして位置付けられる（足立 1984: 32-33）。議論という方法には、他者とのインターアクション（討論）を通じて他者の意見だけでなく自説をも変わり得る可能性が存在する。このことは、政策案の作成等のなかで多様な見解が提示されることによって、特定集団の意見が絶対視されることなく、将来への悪影響を少しでも抑えられる選択肢の発見を促す。さらに、議論や討論に基づく政策決定等は、議論や討論に携わった多くの人々による社会問題の解決への主体的な参加を引き出し得る。
　では、こうした民主主義社会における議論の意義を踏まえて、政策について如何に議論すればよいのであろうか。本章は、議論についての伝統的な考え方を批判し、新しい議論のあり方ないし技法を定式化したトゥールミン（Stephen E. Toulmin）のモデル（以下トゥールミン・モデル）をとり上げる。まず、トゥールミン・モデルの概要を示したうえで、政策をめぐる議論にトゥールミン・モデルを適用することの意義に目を向ける。次に、政策の議論に関する研究におけるトゥールミン・モデルの貢献や有用性を明らかにする。最後に、政策をめぐる議論について今後考えていくうえで、トゥールミン・モデルから示唆される検討課題を提示する。

2 政策の議論の構造とトゥールミン・モデル

「議論」の意味を『広辞苑（第5版）』（岩波書店、1998）で調べると、「互いに自分の説を述べあい、論じあうこと」、「意見を戦わせること」と書かれてある。このように議論を捉えるならば、それは討論や論争の類義語であるともいえる。しかし、トゥールミンが著書『議論の技法（*The Uses of Argument*）』等で焦点を当てた「議論（argument）」は、これとは異なる意味をもつ（Toulmin 2003=1958; Toulmin et al. 1979）。

トゥールミンによると、「議論」の主要な機能は「主張を支持するために行われる正当化」であり、それ以外の機能は副次的なものとされる（Toulmin 2003: 12, 邦訳: 18-19）。したがって、トゥールミンのいう議論とは、討論や論争のような複数の人の間で繰り広げられる活動ではなく、個々の人が自らの主張を展開するための正当化のプロセスなのであり、その意味では「論証」とも表現され得る（トゥールミン 2011: 385）。このように議論を定義したうえで、トゥールミンは議論のとるべき構造について論究し、それをトゥールミン・モデルとして定式化している。

トゥールミン・モデルは、三段論法に代表される形式論理を否定する。形式論理は議論が一般に行われる現実から大きく乖離しているために、形式論理を日常の議論に適用すると、その多くが不正な議論と評価されることになる。例えば、形式論理に立脚すると、ある結論が前提から論理必然的に導出されるためには、少なくとも前提の一つが全称命題（「全てのXは……である」等）であることが求められる。その一方で、日常の議論においては「多くのXは……」や「一般にXは……」といったことぐらいしか述べることができない。これらは論理必然性を欠くため、形式論理的には妥当でない議論である。しかしながら、こうした議論には社会的に意味がないということにはならないであろう。求められることは、こうした議論を一括して否定するのではなく、そのなかから社会的に意味がある議論を如何にして見つけ出すかについて考究することである（足立 1984）。

また、形式論理は議論における形式的な面を強調するのに対して、日常の議論では形式に加えて意味内容も重要となる（井上 1976）。日常的に用い

られる語には多義的なものが多いために、命題の評価には、議論の形式とは別に、議論が行われる文脈と照らし合わせてその語がもつ意味を解釈することが不可欠となる。この意味内容の解釈は、日常の議論では「価値」に関わる問題が少なからず扱われることを踏まえると、その重要性は一層高いものとなろう。

このように日常の議論を概観すると、日常の議論は論理必然性よりもむしろ蓋然性（確からしさ）によって特徴付けられることが見出される。したがって、より実際的な議論のあり方をめぐっては、蓋然性を考慮に入れて、「日常論理」に基づく考究が必要となる。こうした問題認識から提唱されたモデルの一つが、トゥールミン・モデルである。

トゥールミン・モデルは、議論を以下の六つの要素に分解したうえで、それらの要素を図1のようにレイアウトする。

- ❖ 主張（claim: C）
- ❖ データ（data: D）
- ❖ 論拠（warrant: W）
- ❖ 限定詞（qualifier: Q）
- ❖ 論駁（rebuttal: R）
- ❖ 裏付け（backing: B）

[D] 一般会計歳入に占める国債収入の割合（国債依存度）が50％近くまで増えた

[Q] ほぼ確実に

[C] 規模の大きな増税を行うべきである

[W]
- 財政再建を早急に進める必要がある
- 政府支出の更なる削減は難しい

[B]
- 財政再建は、国際的にも求められる
- 少子高齢化による福祉需要の増大等、更なる政府支出の増加が見込まれる

[R] 経済が大幅に好転しないかぎり

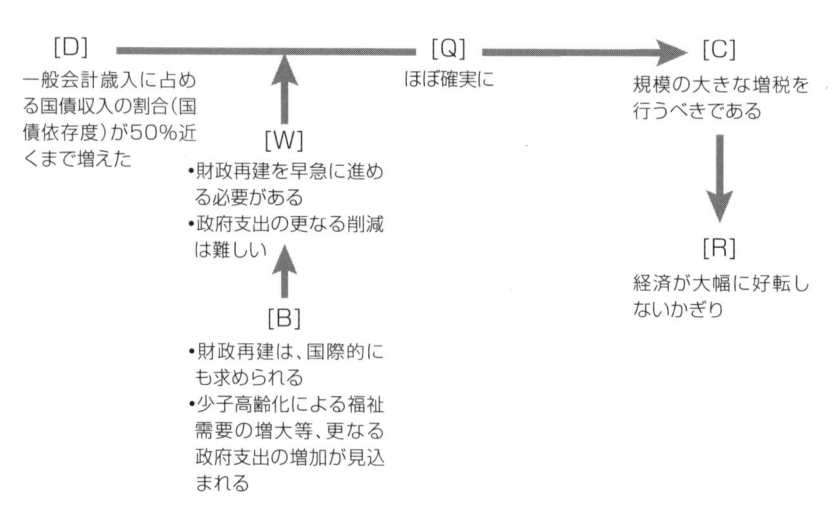

図1　財政再建をめぐる議論のレイアウト
出典：筆者作成。

ある主張（C）が示されるためには、その主張導出の根拠となるデータ（D）が必要となる。このデータからの主張の導出は、トートロジーでないかぎり、推論上の飛躍を伴う。換言すれば、データに含まれる意味は通常一つに限らず、人によって同じデータの解釈も異なる。そこで、それぞれの人が行ったデータの解釈を理由付ける論拠（W）が求められる。

　財政赤字に苦しむ国や地域で見受けられる議論を、図1のように、トゥールミン・モデルに基づいて整理してみよう[1]。しばしば議論されることは財政再建に向けた大きな規模の増税の必要性である。この主張を行うためには、その主張を支えるデータが求められる。例えば、国債依存度が50％近くまで増えたことを示す一般会計歳入のデータは、そうした根拠となり得るであろう。しかし、約50％の国債依存度というデータから増税の必要性という主張は必然的に導出されるわけではない。そもそも50％という数値を如何に解釈するかは人によって異なる。そこで、この数値は財政再建の緊急性を表しているということや、財政再建の手法として政府支出の更なる削減は難しいということ等が、論拠として提示される必要がある。

　主張がデータと論拠から必然的に引き出されるのであれば、その議論は三段論法における妥当なものである。しかしながら、蓋然性を主たる特徴の一つとする日常の議論では、形式論理的に妥当な議論は稀であろう。議論が蓋然的であるからこそ求められるのが、その蓋然性の程度を明らかにすることである。蓋然性の程度は、限定詞（Q）によって表される。それはデータと論拠から主張がどのくらいの確からしさで引き出されるかを、日常の言語（例えば「それゆえ」、「おそらく」）や統計学的用語（例えば「5％水準で有意」）を用いて表現する（Dunn 1990; Dunn 1994）。もし議論が必然的なものであれば、限定詞は「必然的に」等で表現される。

　さらに、議論が蓋然的であるということは、その議論が成り立たない状況ないし条件、換言すれば主張を支える論拠の説得力が無効となる例外的な状況ないし条件が存在する可能性を含意する。この例外的な状況・条件

---

[1] 本章の財政赤字をめぐる議論では、イメージし易さが重視されているため、財政学等の専門的な知見は必ずしも厳密に反映されていない。

が論駁(R)として示される。加えて、蓋然性は論拠にも当てはまり得るため、論拠が依拠する裏付け(B)を明らかにすることが必要となる。

　財政赤字をめぐる議論に再び目を向けると（図1）、増税の必要性を主張する立場からすると、国債依存度の高さというデータと財政再建の緊急性や歳出削減の困難性という論拠から、「ほぼ確実」な確からしさで自らの主張が導出されるであろう。あくまでも「ほぼ確実」であって「必然的」でないのは、例外的条件が存在するためである。それは、例えば、経済状況が大幅に好転して、増税せずに税収が増えるという状況である。

　その一方で、財政再建が早急に求められていることやこれ以上の歳出削減が難しいことには、誰もが同意するわけではないであろう。そこで、この論拠の信頼性を示す裏付けとして、財政再建が国際的にも求められている点や、少子高齢化による今後の福祉需要の増大等に対応しなくてはいけない点が挙げられることになる。

　このように、トゥールミン・モデルは「演繹的に必然とはいえない結論を引き出す実際的な推論のプロセスを描くための有用な媒介」（Dunn 1990: 323）として活用できるのである。主張が導き出されるプロセスや主張が依拠する根拠等といった議論の構造が、トゥールミン・モデルを通じて明示化される。これは、自分自身の議論に関する検証を促し、更に信頼性の高い議論の実践に寄与する。

　トゥールミン・モデルによる議論の構造の視覚化は、自らの議論に限られるものではない。トゥールミン・モデルは、他者の議論の構造を明示化することによって、他者の議論への理解をも深める。とりわけ同じデータから異なる主張が展開される場合には、それぞれの議論の構造を確認することによって、より建設的な論争が期待できる（福澤 2005; 松田 2011）。

　例えば、財政赤字をめぐる議論では、財政再建に向けた増税の必要性ばかりが叫ばれているわけではない。とりわけ財政赤字に加えて景気の低迷にも苦しんでいる状況では、国債発行等の手段を用いた景気対策を財政再建よりも重視する主張も存在する。この主張も、財政再建派の主張と同様に、国債依存度の高さを示すデータを根拠とし得る。この議論では、国債に頼った歳入構造は、積極的な景気対策の実施を示すデータであるため、景気対策の重要性の観点から肯定的に捉えられる。他方、財政再建派は、

このデータを財政危機の兆候として位置付ける。こうした財政再建派と景気対策派との主張の対立は、トゥールミン・モデルをそれぞれの議論に適用することによって、図2のように描かれる。そこでは論争の構図が明示化され、立場の違いが浮き彫りになり、論点等が特定され易くなる。

ここまでトゥールミン・モデルを概観してきた。次に、政策の議論の特徴を踏まえたうえで、政策の議論について考えるための枠組みとしての役

[D] 一般会計歳入に占める国債収入の割合(国債依存度)が50%近くまで増えた

[Q] ほぼ確実に

[C] 規模の大きな増税を行うべきである

[W]
・財政再建を早急に進める必要がある
・政府支出の更なる削減は難しい

[B]
・財政再建は、国際的にも求められる
・少子高齢化による福祉需要の増大等、更なる政府支出の増加が見込まれる

[R] 経済が大幅に好転しないかぎり

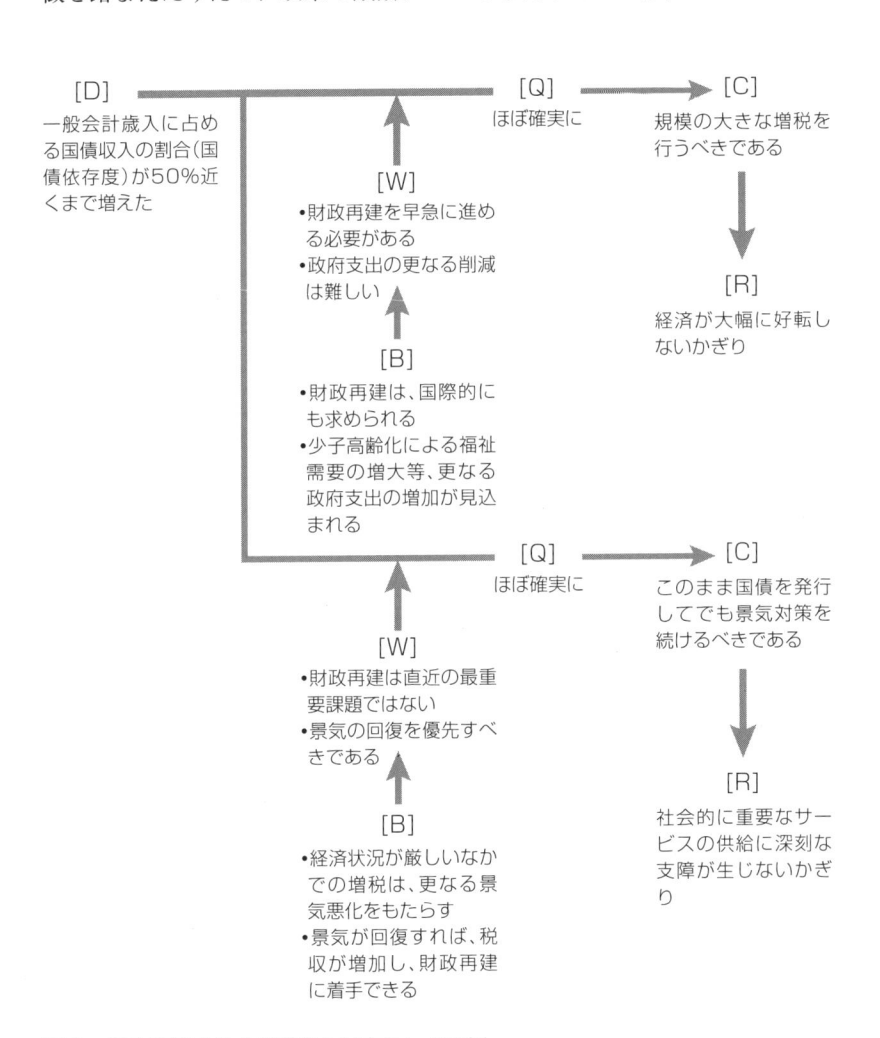

[Q] ほぼ確実に

[C] このまま国債を発行してでも景気対策を続けるべきである

[W]
・財政再建は直近の最重要課題ではない
・景気の回復を優先すべきである

[B]
・経済状況が厳しいなかでの増税は、更なる景気悪化をもたらす
・景気が回復すれば、税収が増加し、財政再建に着手できる

[R] 社会的に重要なサービスの供給に深刻な支障が生じないかぎり

図2　財政再建をめぐる議論の対立のレイアウト
出典：筆者作成。

割をトゥールミン・モデルが担い得るかに焦点を当てる。

　政策をめぐる議論は、政策形成に携わる政治家や官僚等によるものであれ、政策を分析する社会科学者等によるものであれ、ほとんどの場合蓋然的なものとなる。こうした議論についての評価は、「それがどの程度理にかなった、説得力をもつ議論であるのか、結論を導き出すための前提がどの程度信頼に価いするものであるのか、結論がどの程度もっともらしいのか」といった点から行われる必要がある（足立 1984: 90）。蓋然的な議論の説得力を形式論理に基づいて検証することには、先述したように、限界があるため、日常論理を重視するトゥールミン・モデルは注目に値する。

　政策には多様な目的ないし価値が期待され、それらの目的ないし価値は一般に相反するものである（足立 1994; Kock 2007; Landsbergen and Bozeman 1987）。政策を取り巻くこうした状況は、政策をめぐる議論にとって重大な意味をもつ。即ち、対立する複数の主張のいずれもが、それぞれの目指す目的や価値によって正当化され得るのである。先述の例を用いると、財政赤字をめぐる政策的対応について対立する二つの主張は、それぞれ財政再建の緊急性と景気対策の重要性によって支持され得る。これらの議論や論争の検証には、それぞれの主張が依拠する根拠等を相対的に位置付けることが有用であろう。その意味で、相容れない議論を図2のように一つのフォーマットで描出するトゥールミン・モデルは、政策の議論の検証に重要な貢献を果たす。

　図2では、政策に関連する同一のデータや情報から、対立する複数の主張が導き出されるプロセスが示されている。これらの議論に共通することは、そのデータや情報のどこに着眼しているかという点である。即ち、歳入に占める国債収入の割合というデータを、財政再建派も景気対策派も、採用すべき政策を提言するための根拠として用いている点で共通するのである。しかしながら、政策に関するさまざまな議論が、データの同じ側面に焦点を当てるとはかぎらない。むしろ同一のデータの異なる側面に着目して、全く異なるタイプの主張が展開されることが少なくない。

　ダン（William N. Dunn）によれば、政策に関する主張は三つのタイプに分類することができる（Dunn 1994: 92）。

　　❖ 明示的主張（designative claim）

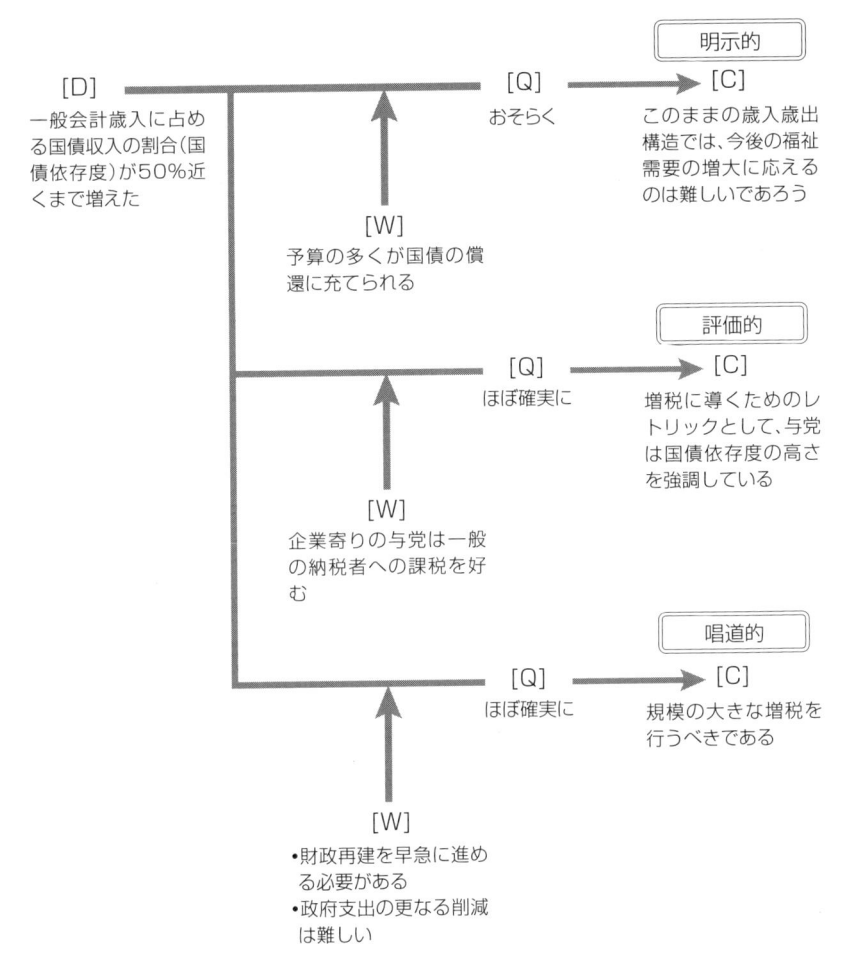

第9章 トゥールミンの「議論の技法——トゥールミン・モデル」

```
[D]                              [Q]  →  [C]        明示的
一般会計歳入に占め                おそらく      このままの歳入歳出
る国債収入の割合（国                            構造では、今後の福祉
債依存度）が50％近                              需要の増大に応える
くまで増えた                                    のは難しいであろう
            ↑
           [W]
           予算の多くが国債の償
           還に充てられる

                                 [Q]  →  [C]        評価的
                                 ほぼ確実に    増税に導くためのレ
                                              トリックとして、与党
                                              は国債依存度の高さ
            ↑                                  を強調している
           [W]
           企業寄りの与党は一般
           の納税者への課税を好
           む

                                 [Q]  →  [C]        唱道的
                                 ほぼ確実に    規模の大きな増税を
                                              行うべきである
            ↑
           [W]
           ・財政再建を早急に進め
             る必要がある
           ・政府支出の更なる削減
             は難しい
```

図3　財政再建をめぐる異なるタイプの主張
出典：Dunn（1994: 93）を参考にして、筆者作成。

- ❖ 評価的主張（evaluative claim）
- ❖ 唱道的主張（advocative claim）

　明示的主張とは「事実」の問題に関わるものであり、政策の結果等を解明・予測する主張である。評価的主張では「価値」の問題が扱われ、既に採用されている政策等の意義が論じられる。如何なる政策を採用すべきかといった「行動」に関する問題は、唱道的主張においてとり上げられる。

歳入に占める国債収入の高さを示すデータからこれら三つのタイプの主張が導出される議論の構造が、図3に描かれている^2。明示的主張に目を向けると、歳入構造に関するデータが、今後の福祉需要の増大に対処することの難しさを示す根拠として用いられる。評価的主張では、国債依存度の高さは与党の政治的戦略の観点から捉えられる。唱道的主張は、現状の危機性を示唆する根拠として歳入に関するデータを示し、そのデータを踏まえて、採用すべき政策として増税を提言する。

　このようにトゥールミン・モデルによって、異なるタイプの主張とそれを支えるデータや論拠等との関係が、同一のフォーマットで描出される。これは、政策をめぐって繰り広げられるさまざまな議論に共通する基本構造としてトゥールミン・モデルを活用できることを示唆する。即ち、トゥールミン・モデルという基本構造を出発点として、議論のあり方を、その多様性を考慮に入れながら、考究することが可能となる。さらに、議論の基本構造であるトゥールミン・モデルは、実際に行われているさまざまな議論を検証・分析するためのツールにもなり得る。

　ここで、トゥールミン・モデルを政策という領域に適用することの利点を、ダン（Dunn 1994: 95-97; Dunn 1990: 323-324）による整理に従って、まとめておく。

- ❖ 解釈の多様性
    - ……同一の情報から相反する解釈が体系的に引き出される
- ❖ 推論形式の多様性
    - ……多くの推論の形式が体系的に示される
- ❖ 根拠の明確化
    - ……隠された、もしくは吟味されていない前提が明らかな意識のレベルにまで引き上げられる
- ❖ 倫理的考察
    - ……議論には因果的推論だけでなく倫理的考察も含まれる
- ❖ 議論の多様性
    - ……データから主張の導出が多様なかたちで正当化される

2　図3では、簡略化のために論駁と裏付けを省略している。

即ち、政策という領域におけるトゥールミン・モデルの意義は、このモデルを通じて政策に関する議論の構造を視覚化することによって、政策をめぐって異なる主張を行うさまざまな利害関係者の価値判断の枠組み・世界観・イデオロギー等についての入念な検証を促し、延いてはより建設的な論争や討論に寄与することにあるといえよう。

3 政策の議論の検証・分析とトゥールミン・モデル

トゥールミン・モデルをめぐっては、それが提唱されて以来、諸要素のレイアウトのあり方や三段論法との差異等についてさまざまな批判がなされる一方で、モデルの意義を認めたうえでモデルの修正が試みられている(井上 1976)。そして今日トゥールミン・モデルは、近年注目されているクリティカル・シンキングの基礎を築いたモデルとしても、広く紹介されるようになっている(トゥールミン 2011: 384; 福澤 2005)。

本章は、こうしたトゥールミン・モデルの哲学や論理学における展開を追うことはしない。ここでは、トゥールミン・モデルの政策に関する理論・モデルとしての貢献や有用性を、主に二つの視点から描出する。一つめの視点は、日常論理に着目し、蓋然的な議論の構造を定式化したトゥールミン・モデルが、政策をめぐる議論についての論究のなかで、どのように活用されてきたのか、というものである。二つめは、トゥールミン・モデルは政策に関する議論が行われる政策過程を分析するためのツールとして、如何なる役割を担い得るのであろうか、という視点である。

まず、トゥールミン・モデルは、政策に関するさまざまなタイプの議論を評価するためのガイドラインにおける有用なベースとなる。政策についての議論に特徴的な蓋然的な議論を如何に評価するか、換言すればその議論の説得力の程度を如何に判断するかについては、例えば表1に示される評価項目がある (Dunn 1990: 327; Dunn 1994: 99)。しかし、こうした項目はあらゆる政策の議論に共通する重要なものであるが、その一方で、個々の議論の検証や評価に当てはめるには抽象的すぎるであろう。

表1　政策についての議論の評価項目

完全性（completeness）	⇨議論における各要素は、適切な考察を全て包含した統一体を構成しているか
結合性（cohesiveness）	⇨各要素は操作上関連しているか
協和性（consonance）	⇨各要素は本質的に一貫し、両立可能か
機能的規則性（functional regularity）	⇨各要素は期待されるパターンと一致しているか
機能的平易性・経済性（functional simplicity and economy）	⇨各要素は複雑でないかたちで編成されているか
機能的効力（functional efficacy）	⇨各要素は目標の効果的・効率的な達成に寄与しているか

出典：Dunn (1994: 93)を参考にして、筆者作成。

　そこで足立(1984)は、これらの項目を判断する確実な基準は存在しないことを認めたうえで、その判断の手助けとなるガイドラインを提起する。具体的には、多様な議論に共通する基本構造であるトゥールミン・モデルを活用して、政策の議論を、その議論における論拠で表される内容に従って分類し、それぞれのタイプの基本構造、留意点、実例を示している。提示されたガイドラインは、あらゆるタイプの議論を網羅している点と、そしてそれらのタイプをトゥールミン・モデルという同一のフォーマットで説明している点で、極めて実用性に富むといえよう。例えば、ある主張が複数の異なるタイプの主張によって支えられる場合[3]、個々のタイプのガイドラインが同じモデルに基づくものであるので、それぞれのガイドラインをミックスしてその主張展開を検証することが容易となる[4]。

　第二に、トゥールミン・モデルは、政策や政策過程の実証分析のツールとして有用である。そこで、政策過程における「政策論（policy theory）」に着目したレーウ（Frans L. Leeuw）の分析を見てみよう（Leeuw 1991）。政策論とは、政策の根底にある社会や行動に関する前提であり、政策過程のそ

---

[3] このタイプの議論を、足立（1984: 139）は「議論の束」と呼ぶ。
[4] 政策の議論を分類し、それぞれのタイプの議論の特質をトゥールミン・モデルに従って詳述する研究は、ダン（Dunn 1994）によっても行われている。

れぞれのステージ（問題発見、政策案作成、政策実施、政策評価）を動かす一翼を担う。例えば政策案作成のステージでは、政策案作成に携わる人々の手元に如何なる解決策や解決策考案のための如何なる資源があるかが、政策選択を大きく左右する(McDonnell and Elmore 1987)。

　政策過程に影響を及ぼす政策論を引き出すことは、政策が成功したり失敗したりする理由の探求に寄与する。その意味で、政策論の析出は政策過程に関する実証分析の重要な研究課題となり得る。ここで問題となるのが、政策論は如何にして特定されるのかである。レーウは、政策論の抽出におけるトゥールミン・モデルの有用性を指摘する。政策論の抽出には、利害関係者等へのインタビューを通じて、利害関係者等が応えた内容を「もし／ならば」命題(if-then proposition)のかたちで表現し直すことが重要である。しかし、この形式での表現だけでは、政策論を引き出すには不十分である。なぜなら、「もし／ならば」を支える論拠等が含まれていないからである。トゥールミン・モデルは、この論拠等の推測を助けるツールとなる。レーウは、こうした認識に立って、オランダの少年非行に対する政策についての実証分析を行っている。

　さらに、分析ツールとしてのトゥールミン・モデルの有用性は、実証分析に止まらない。トゥールミン・モデルは、理論を検証対象とする分析においても重要な貢献を果たす。

　ある概念や事象に関する理論は、その概念や事象をめぐる議論の一つとして捉えることができる (Matsuda 2005)。なぜなら、理論構築には、そのプロセスが帰納と演繹のいずれであろうと、複雑な現実の世界における特定の側面に焦点を当てることが必要であり、どの側面が選択されるかは、理論提唱者が既にもっている前提に左右されるためである (Sabatier 1997)。こうした認識に立ち、松田（Matsuda 2005）は、政策過程理論の一つである「唱道連携モデル（Advocacy Coalition Framework: ACF）」(Sabatier and Jenkins-Smith 1993) をとり上げ、トゥールミン・モデルに基づく理論的検証を行う。ACFが政策過程のどの側面を強調するのか、その強調を理由付ける根拠等は何であるのか等を、ACFを扱ったさまざまな先行研究を活用しながら、導出する。こうした分析を通じて、政策過程理論としてのACFのスコープの明示化を試みる。

トゥールミン・モデルに基づく政策過程理論の分析には、政策過程研究における大きな意義がある（Matsuda 2005）。第一に、多様な政策過程理論にトゥールミン・モデルを適用することによって、各理論のスコープが同一のフォーマットで描出され、それらの理論の有効性や限界が比較可能になる。第二に、こうした政策過程理論の比較分析は、今後の政策過程の理論化において、一般理論（general theory）の構築を目指すのか、それとも複数の個別理論（idiosyncratic theories）の活用を目指すのかといった課題に大きな示唆を与え得る。

　このように、トゥールミン・モデルは、一般の「議論」論に止まらず、政策の議論や政策過程に関する研究に大きな貢献を果たしている。その一方で、トゥールミン・モデルが政策研究のテキストブックのなかで積極的に言及されることは、少しの例外を除いては（例えばDunn 1994; 中道 2011; Parsons 1995）、さほど多くない。本章から、より建設的な政策の議論や討論に向けて、また政策過程についてのより深い理解に向けて、トゥールミン・モデルは一層の注目に値することが理解されよう。

4　政策の議論についての今後の研究とトゥールミン・モデル

　トゥールミン・モデルには、議論の評価・検証や分析において高い有用性があることを、前節で概観してきた。しかしながら、トゥールミン・モデルでは十分に取り扱われていない重要な問題がある。それは、トゥールミン・モデルを活用する際に留意しておくべきトゥールミン・モデルの限界であると同時に、トゥールミン・モデルに基づいて政策の議論や政策過程の研究を今後進めていくうえでの課題を示唆するものである。本章の締め括りとして、こうした限界・課題のなかの二点に論及する。

　第一に、実証分析においてトゥールミン・モデルを活用することに伴う問題である（松田 2004）。レーウ（Leeuw 1991）は、先述したように、利害関係者が抱いている論拠を引き出すためのツールとしてトゥールミン・モデ

ルの有用性を強調する一方で、論拠の析出には分析者自身による推測が重要となることを指摘する。なぜなら論拠そのものは表面化していないことが一般的であるからであり、結果として、それの明示化は分析者の解釈に大きく依存することになる (Dunn 1994)。

　分析者の解釈は、その分析者の社会的、政治的、経済的、心理的な要因に大きく左右される (Diesing 1991; Mitroff 1974)。即ち、分析者の解釈は主観的なものとなり得るのであり、これは論拠のような観察し難いものであれば一層顕著となるであろう。したがって、分析者による解釈の信頼性を如何にして高めるかが、トゥールミン・モデルを用いた実証分析では、検討されなければならない。

　第二の限界ないし課題は、トゥールミン・モデルを用いた議論の実践に関わる。日常論理に焦点を当てるトゥールミン・モデルは、一般の社会においても（福澤 2005）、教育の場においても（井上 1989; Lunsford 2002)、今日注目されている。トゥールミン・モデルを学ぶことによって、人々が、政策に関わる議論を論理的に行い、建設的な討論に貢献するための資質をもった「市民」として育成されることが期待されている（足立 1984)。ここで留意すべき点は、トゥールミン・モデルにおいて強調される論理性は、論争や討論における対立の解消や合意の形成をもたらすとはかぎらないということである（松田 2011)。

　これは、トゥールミン・モデルが対立解消や合意形成に何も貢献しないという意味ではない。説得力の高い議論を目指すことは、他者を納得させ、実力行使でも利益誘導でもプロパガンダでもないかたちでの合意形成を促し得る。しかしながら、異なる価値観をもつ人々のあいだで繰り広げられる論争や討論では、互いに納得し合えるところを発見することは容易ではなかろう。むしろ、トゥールミン・モデルに基づいて自分や他者の議論を検証することは、図2で描かれているように、合意に到達するというよりは、立場や価値観等をめぐる互いの差異を確認し合う結果に繋がり得る。ここから示唆されることは、それぞれの立場や価値観等の相互理解から集団としての意思決定へ如何に導くのかといった課題について論究することの重要性である。

　多様な価値観が許容される民主主義社会での政策決定等において、議論

や討論を通じた合意形成が重視されるかぎり、そしてその議論の論理性や説得力が強調されるかぎり、議論の行われ方を規範的にも実証的にも考究することが、政策決定等のあり方の探求には不可欠である。本節で言及されたトゥールミン・モデルの限界はトゥールミン・モデルの可能性を否定するものではなく、むしろ政策の領域におけるトゥールミン・モデルの有用性を一層高めるために、それらの限界の克服が期待されるのである。その意味で、政策の議論についての研究がトゥールミン・モデルを踏まえることの意義は、モデルの提唱から半世紀以上経った今日においても、極めて大きいといえよう。

参考文献

Diesing, Paul (1991) *How Does Social Science Work? Reflections on Practice*, Pittsburgh: University of Pittsburgh Press.
Dunn, William N. (1990) 'Justifying Policy Arguments: Criteria for Political Discourse,' *Evaluation Program Planning*, 13, pp.321-329.
Dunn, William N. (1994) *Public Policy Analysis: An Introduction*, 2nd ed., Englewood: Prentice Hall.
Kock, Christian (2007) 'Dialectical Obligations in Political Debate,' *Informal Logic*, 27, pp.233-247.
Landsbergen, David, and Barry Bozeman (1987) 'Credibility Logic and Policy Analysis: Is There Rationality without Science?' *Knowledge: Creation, Diffusion, Utilization*, 8, pp.625-648.
Leeuw, Frans L. (1991) 'Policy Theories, Knowledge Utilization, and Evaluation,' *Knowledge and Policy*, 4, pp.73-91.
Lunsford, Karen J. (2002) 'Contextualizing Toulmin's Model in the Writing Classroom: A Case Study,' *Written Communication*, 19, pp.109-174.
Matsuda, Noritada (2005) 'The Advocacy Coalition Framework as an Argument: Its Argument Structure,' *Journal of Law and Political Science* (University of Kitakyushu), 32, pp.75-126.
McDonnell, Lorraine M., and Richard F. Elmore (1987) 'Getting the Job Done: Alternative Policy Instruments,' *Educational Evaluation and Policy Analysis*, 9, pp.133-152.
Mitroff, Ian I. (1974) The Subjective Side of Science: *A Philosophical Inquiry into the Psychology of the Apollo Moon Scientists*, Amsterdam: Elsevier.
Parsons, Wayne (1995) *Public Policy: An Introduction to the Theory and Practice of Policy Analysis*, Cheltenham: Edward Elgar.

Sabatier, Paul A. (1997) 'The Status and Development of Policy Theory: A Reply to Hill,' *Policy Currents*, 7, pp.1-10.
Sabatier, Paul A., and Hank C. Jenkins-Smith (1993) *Policy Change and Learning: An Advocacy Coalition Approach*, Boulder: Westview Press.
Toulmin, Stephen E. (2003) *The Uses of Argument: Updated Edition*, Cambridge: Cambridge University Press (First edition published in 1958). スティーヴン・トゥールミン／戸田山和久・福澤一吉訳（2011）『議論の技法――トゥールミンモデルの原点』東京図書。
Toulmin, Stephen E., Richard D. Rieke, and Allan Janik (1979) *An Introduction to Reasoning*, New York: Macmillan.
秋吉貴雄・伊藤修一郎・北山俊哉（2010）『公共政策学の基礎』有斐閣。
足立幸男（1984）『議論の論理――民主主義と議論』木鐸社。
足立幸男（1994）『公共政策学入門――民主主義と政策』有斐閣。
井上尚美（1976）「トゥルミンの「論証モデル」について」『東京学芸大学紀要：2部門』27号、151-160頁。
井上尚美（1989）『言語論理教育入門――国語科における思考』明治図書。
中道寿一編（2011）『政策研究――学びのレッスン』福村出版。
福澤一吉（2005）『論理表現のレッスン』日本放送出版協会。
松田憲忠（2004）「政策論議における推論――アブダクション及び政策論議の構造モデル」『早稲田政治公法研究』75号、129-143頁。
松田憲忠（2011）「議論の仕方」中道寿一編『政策研究――学びのレッスン』福村出版。

第10章
ウェーバーの官僚制論

1 批判と肯定の狭間で揺れる官僚

「官僚」という用語を耳にした時に、どのようなイメージを抱くのが一般的であろうか。国家公務員採用総合職試験(旧・I種試験)に合格したいわゆるキャリア官僚の姿であろうか。学歴エリートとされる彼らを輩出する東大閥の存在であろうか。城山三郎が小説で描いた、高度経済成長を牽引しようと熱き思いに燃える血気盛んで野心に満ちた通産官僚たちの姿であろうか。それとも、官官接待や過剰接待などの不祥事、天下りの横行、国難に対処しきれない行政、といったネガティブな印象であろうか。

アルブロウ(Martin Alblow)によると、官僚なる用語は18世紀に活躍したフランスのヴァンサン・ド・グルネ(Vincent de Gournay)によって創出されたという(アルブロウ 1974: 16-19)。事務机と並び官吏の働く場所を意味していたビューロー(bureau)に支配を意味する接尾辞を加えたこの造語は、当初は批判的概念として出発した。その後、ゆっくりとではあるが着実に浸透していき、理念型としての官僚制の合理的な側面に注目して論を展開したウェーバー(Max Weber)によって完全なる市民権を得ることになった。

今日、わが国のみならず世界的に見ても、かつてないほど官僚批判が高まりを見せている。しかしながら、そもそも官僚とは何であるのか、どのように発展し、いかなる特徴を有しているのか、といった本質に立ち返った議論はあまりにも少ない。脱官僚制化すら議論されるいま、官僚制化を

不可避の現象としてそのある種の合理性に注目したウェーバーの議論を振り返ることは、官僚批判の是非を考える上でも、今後の官僚制のあり方を考える上でも不可欠であろう。

2 官僚制の合理性と永続性

(1) 正統的支配の三つの純粋型と官僚制的支配

　ウェーバーの官僚制論の基底には、支配に対する彼の考察がある。ウェーバーによると、支配とは「一人または数人の『支配者』の表示された意思(『命令』)が、他の(一人または数人の『被支配者』の)行動に影響をおよぼそうとし、また事実、この行動が、社会的にみて著しい程度に、あたかも被支配者がこの命令の内容を、それが命令であるということ自体の故に、自分たちの行動の格率としたかのごとくに、おこなわれる(『服従』)というほどに、影響をおよぼしているという事態」(ウェーバー 1960: 11)を意味する。安定的な支配には「正当性」が不可欠であるが、その純粋な型は三つ存在するのみである。それが、合法的支配、伝統的支配、そしてカリスマ的支配である。

　合法的支配とは、「個人が、彼のもつ固有の権利のゆえに、服従されるのではなく、制定された規則に対して服従がおこなわれ、この規則が、誰に対して、またいかなる範囲まで服従されるべきかを決定する」というものである。伝統的支配とは、「個人が、伝統によって聖化された彼自身の権威によって、ピエテート(筆者註＝敬虔の情)の念から、服従される」というものである。カリスマ的支配とは、「専ら純粋に指導者個人に対して、彼の個人的・非日常的資質の故に、服従が捧げられるのであって、彼の制定法上の地位や伝統的な権威の故に、服従がおこなわれるのではない」というものである(ウェーバー 1960: 32-59)。

　このうち、合法的支配の最も純粋な類型が官僚制的(行政幹部による)支

配[1]であり、ウェーバーの官僚制論はこれを理念型的に分析したものなのである[2]。

（2）近代的官僚制の機能様式

　合法的支配を議論する際にウェーバーが想定したのは、近代的官僚制であって家産制的官僚制ではない。両者を分かつ大きな違いは、官吏の身分が自由か否か、という点である。言うまでもなく、前者が契約関係に基づく自由な身分を原則としているのに対し、後者は主人に従属ないし隷属しているのである。この近代的官僚制は、「営利経済的な経営や慈善事業の経営においてもその他任意の・私的な――観念的または物質的な――目的を追求している諸経営においてもまた政治的団体や教権制的団体においても、ひとしく適用可能」とされる（ウェーバー 1970: 21）[3]。

　さて、近代的官僚制に特有な機能様式について、ウェーバーは次の六点を挙げる。すなわち、①明確な権限の原則（規則によって秩序づけられた明確な権限がある）、②階層性の原則（明確に整序された上下関係の体系がある）、③文書の原則と公私の分離（職務執行は原本または草案の形で保管される文書に依拠し、また事務所と私宅が分離されている）、④専門的訓練の原則（職務活動が徹底的な専門的訓練を前提としている）、⑤非兼職の原則（職務活動は官僚の全労働力を要求する）、⑥規則の原則（職務執行は一般的で、多少なりとも明確・網羅的で、かつ習得可能な規則に従って行われる）、である。

　こうした機能様式の当然の帰結として、官僚の内的、外的地位は次のような特徴を有する。すなわち、専業であること、明確に規定された教育課

1　行政幹部の全体は、最も純粋な類型において単独制官吏で構成されており、①人格的に自由である、②明確な官職階層制下にある、③明確な官職権限を有する、④契約（自由な選抜）による、⑤専門資格に基づいて任命される、⑥貨幣定額俸給制で年金請求権を付与されている、⑦官職が唯一または主業である、⑧昇任期待がある、⑨行政手段から完全に分離されている、⑩厳格で統一的な官職規律や統制に服している、といった特徴を有する（ウェーバー 1970: 20-26）。
2　ウェーバーは、伝統的支配の最も純粋な型として家父長制的な支配を、カリスマ的支配の最も純粋な型として予言者・軍事的英雄・偉大なデマゴーグの支配を挙げている（ウェーバー 1960: 39, 47）。
3　ウェーバーは、官僚制的な官庁と経営は、政治的及び教会的共同体の領域では近代国家になって初めて、私経済の分野では資本主義の最も進歩した諸組織において初めて、それぞれ完全な発達を遂げたとする（ウェーバー 1960: 60）。

程の修了、専門試験での合格、生活の保障と職務誠実義務の引き受け、高い「身分的」社会評価、上級審庁による任命、地位の終身性、俸給・年金の保障、地位の昇進、などである。

　実のところ、ウェーバーは官僚制とは何かを明確に定義していない。従って、上述のような機能様式や特徴を広範に備えているか否かが、官僚制と呼びうるか否かを見極める目安となるのである。

（3）官僚制形成の前提

　ウェーバーは、近代的官僚制が成立する社会的、経済的諸前提として、六つの要素を示し詳細な検討を加えている（ウェーバー 1960: 73-114）。

　第一の前提は、貨幣経済の発展である。これにより、官僚に対して貨幣報酬の形で給与を支給し、かつての実物報酬や用益を付与する封建制的なやり方から離脱することが可能になる。なぜなら貨幣経済の発展こそが、官僚制的行政の永続的成立のための前提条件をなす、租税制度確立の基礎を提供するからである。

　第二の前提は、行政事務の量的拡大である。ウェーバーは、長期間存続する近代的大国家が技術的にますます官僚制的基礎に対する依存度を強めることや、その国家がより大きく強国であるほどますます無条件に官僚制に依存することに理解を示す。

　第三の前提は、行政事務の質的変化である。このことは行政事務の量的拡大よりも重要で、巨大土木事業、常備軍の創設、文化的要求の増大、社会の秩序と保護に対する要求の増大、社会政策的任務、特殊近代的な交通手段（陸路、水路、鉄道、電信等）などが質的変化の契機となって、官僚制化の方向に作用する。

　第四の前提は、官僚制的組織の技術的優秀性である。精確性、迅速性、明確性、文書に対する精通、継続性、慎重性、統一性、厳格な服従関係、摩擦の防止、物的及び人的費用の節約の面で、官僚制的組織は他の合議制的、名誉職的及び兼職的形態に比べ、優れているというのである。とりわけ複雑な任務については、遅延や精確さの欠如というおそれも考慮に入れると、結果的に有給の官僚制的仕事の方が無償の名誉職的な仕事よりも安

価ですらあるという。名誉職的な名望家行政は行政任務が質的高度化する時に限界に達し、合議制的に組織された仕事も摩擦、遅滞、不精確、不統一的、緩慢さから免れることはできない。ウェーバーは「プロイセンの行政組織の進歩はすべて、官僚制的原理、とりわけ単一支配的原理の進歩であったし、将来もまたそうであろう」(ウェーバー 1960: 92)と断じることに躊躇しないのである。さらに官僚制化は、専門的で訓練された職員に仕事を担わせることによって、計算可能な規則に従って「人物のいかんを問うことなく」処理(「即対象的」な処理)する上で最善の可能性も提供するという。旧来の個人的な同情、恩恵、恩寵、感謝の念に代わり、近代文化が複雑化、専門化するほどそれを支える外的装置として「没主観的」な専門家が要求されるようになるのである。

　第五の前提は、行政手段の集中である。物的経営手段の集中が進むのは、資本主義的大経営に典型的に見られるのみならず、公的な共同体でも同様である。物的経営手段が分散していた封建家臣による行政とは対照的に、官僚制的国家においては「国家的行政費用全部を国家の予算に計上し、下級機関に経常的経営手段[経常費]を附与し、その利用について下級機関を規則し統制する」のである(ウェーバー 1960: 105)。

　第六の前提は、社会的差別の平準化である。ウェーバーによると、官僚制は近代的大衆民主制に不可避的に伴う現象なのである。官僚制に特徴的な抽象的規則の遵守という原理は、人的、物的意味における「権利の平等」の要求、「特権」と「その場あたり」の解決の忌避に由来する。大衆民主制の進展は、行政における封建的、家産制的、金権政的特権、ゆえに従来の兼職的名望家行政を廃することを迫り、有給の職業労働への置き換え、官僚制化を進めるのである。

　これら六つの前提が充足された時には、何が起こるのであろうか。それこそまさに、多種多様で継続的な仕事が役所で執務する官吏によって担われている状況であり、官僚制的行政が形式的＝技術的に最も合理的であるがゆえに大量行政の必要を満たすためには不可避である、という厳然たる事実への直面である(ウェーバー 1970: 27)。

(4) 官僚制的装置の永続的性格

　前項で整理したような前提が満たされて「ひとたび完全に実施されると、官僚制は最もうちこわしがたい社会組織の一つにな」り、「支配関係の事実上不壊に近い形態が作り出される」のである（ウェーバー 1960: 115）。なぜなら、個々の官僚にとっても、官僚に支配される側にとっても、もはや官僚制から脱することは困難きわまりないからである。前者、すなわち職業的官僚は、かつて行政を司った名望家とは異なり、物質的、観念的生存の全てが職業活動と分かちがたく結びついている。そして、彼は間断なく作動する機構の歯車の一つに過ぎないが、同じ機構で働く全職員の共同の利害である機構の存続ともしっかりと結び付けられるのである。後者、すなわち支配される側にとっても、専門的訓練、分業的専門化に立脚する官僚制的装置が停止した後に待ち受けるのは混沌でしかなく、その克服手段たりうる代用物を見出すのは困難である。こうした打ち壊し難さは、公私双方の領域においてあまねく妥当する。

　こうして、公私双方の経営において、文書と厳格な服従を重視する官僚規律が一層全ての秩序の基礎となっていく。たとえ革命や恐慌等で行政秩序が破壊されようとも、官僚及び支配される側が共に有する従来の秩序への従順な服従という態度に訴えれば回復可能なのである。

　官僚制的装置は、他に代え難いということ及び非人格性と相まって、その支配権を手中に収めた人であれば誰のためにでも働くことを厭わない。敵軍に占領された地方において、最高幹部を取り替えさえすれば当地の官僚体系が新たな支配者（敵）の下で見事に機能するのは、その格好の例である。

(5) 官僚制化の経済的・社会的結果

　官僚制的組織は、いかなる経済的結果、社会的結果をもたらすのであろうか。ウェーバーは、その結果は一様ではなく、個々の場合における経済的、社会的勢力の配置、官僚制的機構が占める位置、官僚制的機構を利用する勢力が示す方向性に左右されるとする（ウェーバー 1960: 118）。国家内

における官僚制化と社会的平準化は、地方的、封建的諸特権の打破と相まって、しばしば資本主義と手を組む形で進行した。官僚制が民主化と並行して進むというのも、しばしば典型的に見られる事態である。

しかしながら留意すべきは、官僚制それ自体は一つの精密機械のようなものであり、多種多様な支配の利益に役立ちうる、という指摘であろう。個々の歴史的事例について観察する場合、官僚制化がどのような方向を辿って進行したのかに十分に注目する必要がある。

（6）官僚制の勢力

官僚制が進展している近代国家ではその国家内部においても官僚制の勢力が普遍的に進展しているのか否かについて、ウェーバーは判断を留保しつつも、一般的に次のようなことが言えるとする（ウェーバー 1960: 121-127）。

完全に発展した官僚制の勢力は常に極めて大きく、通常の状態では卓越している。官僚制が仕える「首長（ヘル）」が、公選大統領、世襲の絶対君主はたまた立憲君主の何であろうとも、訓練された官吏とではあたかも「ディレッタント」と「専門家」の関係のようなものである。

官僚制はこうした優位を、知識や意図を秘密にするという手段で高めようとする。官僚制的行政とは、公開性を排斥しようとし、可能であれば知識や行動を批判の目から隠そうとするものである。もちろん、こうした秘密主義は、外交や軍事のように一定の行政領域においては客観性が認められなくもない。しかしながら、こうした客観的な理由が乏しい場合でも、官僚は熱狂的に擁護する「職務上の機密」を盾に、情報の提供を渋るのである。

なお、ウェーバーは官僚の専門知識よりも卓越しているものとして、「経済」の領域における私経済的利害関係者のそれを挙げる。結果、資本主義の時代においては、この領域における国家の施策は予想外の方向に逸れるか、利害関係者によって骨抜きにされてしまうのだと予想する。

（7）教養と教育の「合理化」

　合理的な官僚制的支配構造は生活様式への「合理主義」の進出を促し、それは「没主観性」、「職業人」・「専門人」への発展を促進することになる（ウェーバー 1960: 135）。その過程において、近代官僚制度と密接不可分な合理的・専門的試験制度の普及や、高等教育施設におけるそれに対応しうるような性質の「教養（専門的訓練）」への要求を生み出した[4]。また、官僚制は懲戒手続の整備を進めて「上司」の恣意的な措置を排除したが、それによってある種の「官職保持権」が発展し、地位、昇進、老後の生活が保障されるようにもなる。

　本節では、ウェーバーの官僚制論のさまざまな側面を検討してきた。官僚制的構造は「後代の発展の所産」であり、過去に遡るほど「官僚制と官僚層なるものの欠如が、ますます典型的になってゆく」のである。だが、私たちが生きているのはそうした過去の時代ではない。私たちが生きているのは、官僚制の規則・目的・手段・「没主観的」非人格性といった「合理的な」性格ゆえに、官僚制の成立と普及があらゆる分野で革命的な影響を与え、そうした性格を持たないような支配の構造諸形態を打破していった後の時代である（ウェーバー 1960: 140-141）。そしてそこに残っているのはまさに、打ち壊すのが極めて困難で永続性を持つ官僚制なのである。

3　官僚制の逆機能

（1）ウェーバーの官僚制論の受容と批判

　ウェーバー以前にも官僚制を論じた著作がなかったわけではないが、彼の官僚制論はその後の研究に及ぼした影響の大きさや深さでは群を抜いて

---

[4] 整然たる教育課程と専門試験の導入を求める声は、突然の「教育熱」の高まりを反映するのではなく、特定の卒業証書や教育免状を所持する者のために地位の供給を制限し、これらの地位を彼らだけで独占しようとする努力すらあるという。こうした独占のための普遍的な手段こそが試験であり、試験の隆盛の原因はまさにそこにあるとされる（ウェーバー 1960: 137-138）。

おり、そういう意味でも官僚制研究の起点に位置していると言って過言ではなかろう。

20世紀に花開いたアメリカ行政学においても、ウェーバーの官僚制論を受容した主張が多く現れた。アップルビー（Paul H. Appleby）をはじめとする多くの研究者が、大衆民主主義下での専門化や規格化は不可避であり、新しい政治指導を体現する官僚制が、従来の自由放任がもたらす混乱と対立から真の自由の達成と生活保障をもたらすのだと説いたのである（辻 1966: 93-94）。

他方、ウェーバーの官僚制論に対する批判的見解も多数出されてきた。中心となるのは、ウェーバーが形式的＝技術的に最も合理的であるとした官僚制が有する「逆機能」の指摘である。限られた紙幅であるので、ここでは代表的なものとして、次の二人の論者を紹介することにしよう。

（2）マートンの逆機能論

最も人口に膾炙している逆機能論の一つが、マートン（Robert K. Merton）による論考である（マートン 1961: 179-189）。マートンは、「合理的に組織された形式的（フォーマル）な社会構造には、明確に規定された活動型式が備わっており、行為の各系列が組織の目的と機能的に結びつくのがその理想である」と述べ、その最たるものとしてビューロクラシー（官僚制）を挙げる。そして、ウェーバーの官僚制論を概観し、ビューロクラシー組織の長所や機能が強調される反面、内部的緊迫や緊張が無視されていると難じる。そのうえでマートンが持ち出すのが、「訓練された無能力」（ヴェブレン（Thorstein Veblen））、「職業的精神異常」（デューイ（John Dewey））といった概念である[5]。官僚制にとって最も重要な規則に対してこれらが、次に述べるようなある種困った態度を生み出してしまうのである。

ビューロクラシーの円滑な運営にとって、行動に対する信頼性の高さや

---

[5] 「訓練された無能力」とは、訓練や技術に基づいて従来は効果的だった行為が、状況変化の中で不適当な反応をもたらしてしまう、という事態を表す概念である。「職業的精神異常」とは、日々の定型的な仕事の反復が、特別な好み、嫌悪、識別、強調の声を発達させてしまう、という事態を表す概念である（マートン 1961: 181-182）。

規定された行動形式への合致は不可欠である。ここに、規律、規則の重要性が生じ、その遵守が重視されるようになる。しかしながら、規則の遵守は本来、組織にとって手段の一つに過ぎないはずである。ところが、常日頃より「方法的であれ、慎重であれ、規律に服せよ」と絶え間ない圧力にさらされているうちに、規律とは状況の如何に関わらず規則に服することであるといった規則の遵守の自己目的化、すなわち「目標の転移」が生じてしまう。この転移が生み出す結果は深刻である。杓子定規、形式主義、儀礼主義、技術主義、繁文縟礼、生辞引などの悪弊が横行し、これらが組織の目標達成の阻害にまで帰着してしまう。規則を遵守させるためビューロクラシーに勤務する職員には、年功序列的な昇給、昇任、年金などが保障されているが、それがまた過剰な同調をもたらすのである。

　さらに、先任順の昇進で競争が少ないことから、職員たちは同僚と運命共同体であると感じがちである。それゆえ、上役への情報提供を控えたり、目を通すのが不可能なほど大量の書類攻勢をかけたりして、自分たちの利害を擁護し集団の保全を図ろうとすることもある。ただし、こうした反応は単なる既得権の擁護として切って捨てられるものでもない。専門の技倆に誇りを持つがゆえに、それに対する変更を迫る動きに彼らが抵抗している、といった側面も見逃せない。

　ウェーバーが強調した官僚制の非人格性も、逆機能に一役買ってしまう。すなわち、ビューロクラシーの職員が顧客をインパースナルに取り扱おうとして個々のケースの持つ特殊性を捨象しようとするのに対し、顧客はまさに自分自身のケースの特殊性を重視してパースナルで親身な対応を期待しているのであり、両者に一悶着生じてしまうのである。とは言え、非人格性という規範から見れば、パースナルな取り扱いは汚職、情実、えこひいき、ご機嫌取りといった批判を呼び起こすことは必定であり、容易に取り得る対応ではない。

（3）ゴールドナーの逆機能論

　官僚制の逆機能に言及したものとして、ゴールドナー（Alvin W. Gouldner）の手になる著作も取り上げておこう（ゴールドナー 1963）。ちなみ

に、彼の研究は逆機能に特化したものではない。ここではごく簡単に言及するに止めておくが、彼は官僚制的管理方式の拡大や収斂の要因は何なのかという関心から、官僚制規則の機能やそれがもたらす緊張の低減と防禦、ひいてはウェーバーの官僚制論も暗黙裏に想定しているという二つのタイプの官僚制、すなわち「代表」官僚制と「懲罰」官僚制の類型化まで、実に幅広い検討を行っている。

ゴールドナーの官僚制論は、アメリカの五大湖近郊の都市に本社を構えるゼネラル石膏会社の一事業所で、1948年から51年にかけて行われた詳細な事例研究に基づくものである。非常に大らかで「温容型人間関係」が支配的だった同事業所は、新任事業所長ピーレの赴任によって変化の大波に洗われることになった。ピーレは本社の経営幹部から、その事業所で長期にわたり誤った方向で物事が進んでいること、空気を一新して生産能率の向上を図ること、を指示されて乗り込んできたのである。

従来のやり方に慣れた労働者や古参士官の抵抗を排するには、①インフォーマルなシステムに働きかけ、それを通じて行動する（一個人として内部に入り込んで必要なものを引き出す）、②事務所のフォーマルな組織のシステムを活用する（所長という地位に与えられた権威を発動する）、の何れかを選択する必要があったが、前者のハードルは高く、後者の手段に訴えざるを得なかった。具体的にはピーレは、事業所のあちこちを飛び回って「こまかな監督」を行うとともに、監督者の戦略的再配置も断行した。

ピーレの改革による官僚制化の進展は、この事業所に種々の作用を及ぼすことになった。逆機能という観点からは、「こまかな監督」が引き起こした問題が重要であろう。結論から言ってしまうと、労働者は「こまかな監督」を一種の引き締めや処罰と見なし、監督者に対する敵意を増幅させてしまったのである。その結果、「こまかな監督」が行き届かない場面では、以前よりも労働者の勤務状況を信ずることができないような状況が生まれてしまったのである。

ゴールドナーの研究では他にも、官僚制規則の無関心維持機能、という知見が注目されよう。すなわち、規則によって是認しうる最低レベルの基準の明確化が目指されたのであるが、労働者の中には最小限これだけすれば足りうると捉え、実際にそのように行動する者が出てきてしまったの

である。規則を一字一句守ることによって規則の意図を侵害する、言わば「官僚制的サボタージュ」の出現である。

4 官僚制の行く末

　政治家やマスコミによる官僚批判が当然視され、またNPM (New Public Management)型改革の隆盛や「新しい公共」論の台頭などもあり、官僚なるものに対する国民の視線はかつてないほど厳しいものになっている。他方、国や地方自治体が提供する行政サービスの充実を求める国民の期待は依然根強い。行政サービスとして提供されるものは支持するものの、それを提供する主体は支持しない、というのが時代の偽らざる空気なのであろうか。

　ウェーバーの官僚制論はあくまで理念型に過ぎず、当時もいまも実際に存在する官僚制とは異質のものである。だが、彼の議論が現実の官僚制を考える際に不可欠な分析枠組みを提供していることは紛れもない事実であり、また彼が予見し強調した官僚制の不可避性と永続性にしても、今日までそれを覆すほどの論拠は得られていない。とは言え、近年、官僚制論に関して変化の兆しもある。先に紹介した官僚制が合理的か否かという論点だけではなく、ウェーバーが論じた官僚制の不可避性や永続性という命題に挑戦するかのような動きも一定の支持を集めるようになってきた。さらに、20世紀末に一大潮流となった新自由主義的思潮は、大きく見ると行政の守備範囲の縮小、すなわち行政を担う官僚制の縮小を志向していると言えよう[6]。これらが直ちに官僚制の永続性に挑戦するものではないとしても、その行方は注目に値しよう。

　官僚制を肯定的に捉えるにせよ、あるいは打破すべき存在として否定的に捉えるにせよ、より幅広い文脈でウェーバーの官僚制論とそれが提起す

---

[6] 官僚制を取り巻くこうした新しい動向は、時に「脱官僚制化の潮流」とも称される（小林 1998: 26-35）。

る問題を再検討する必要性が、これまでになく高まっているのではなかろうか。

参考文献

Alblow, Martin (1970) *Bureaucracy*, Pall Mall Press. マーティン・アルブロウ／君村昌訳 (1974)『官僚制』福村出版。
Gouldner, Alvin W. (1955) *Patterns of Industrial Bureaucracy*, The Free Press. A・W・ゴールドナー／岡本秀昭・塩原勉訳 (1963)『産業における官僚制』ダイヤモンド社。
Merton, Robert K. (1957) *Social Theory and Social Structure*, The Free Press. ロバート・K・マートン／森東吾・森好夫・金沢実・中島竜太郎訳 (1961)『社会理論と社会構造』みすず書房。
今村都南雄・武藤博己・沼田良・佐藤克廣 (2009)『ホーンブック基礎行政学［改訂版］』北樹出版。
ウェーバー、マックス／世良晃志郎訳 (1960)『支配の社会学I』創文社。
ウェーバー、マックス／世良晃志郎訳 (1962)『支配の社会学II』創文社。
ウェーバー、マックス／世良晃志郎訳 (1970)『支配の諸類型』創文社。
ウェーバー、マックス／阿閉吉男・脇圭平訳 (1987)『官僚制』恒星社厚生閣。
小林正弥 (1998)「官僚制」森田朗編『行政学の基礎』東京大学出版会。
辻清明 (1966)『行政学概論　上巻』東京大学出版会。
西尾勝 (2001)『行政学［新版］』有斐閣。
野口雅弘 (2011)『官僚制批判の論理と心理』中央公論新社。
真渕勝 (2009)『行政学』有斐閣。
真渕勝 (2010)『官僚』東京大学出版会。
村松岐夫 (2001)『行政学教科書［第2版］』有斐閣。

第11章

リプスキーの第一線公務員論

1 対人サービスとしての行政

　私たちは日々の生活の中で、国や地方自治体が行う行政活動の結果として、実に多種多様な行政サービスの提供を直接的、間接的に受けている。行政活動とは「公政策を実現するための行動または過程であり、体系的な組織を通じて日常の政府活動をおこなう公務員の集団的作業」(辻 1966: 2) などと定義され、その類型化もさまざまに試みられてきた。一例を挙げるならば、行政活動の分野に注目した分類では、社会秩序行政（国籍や戸籍に関する事務、出入国管理、外国人登録、犯罪の予防、捜査、交通安全）、国土基盤行政（インフラ整備〔道路、河川、上下水道、港湾、空港〕）、国際関係行政（条約・協定の締結、在外公館活動、査証の発効、文化交流、経済協力）、経済産業行政（貨幣・通貨の制度、公定歩合、独占禁止、公害防止、工業立地・再配置）、国民生活行政（統計調査、住宅問題、消費者保護、医療、福祉）、教育文化行政（学校教育、生涯学習、科学振興、芸術振興、文化財保護）という整理がなされている（片岡 1990: 89-93）。

　この例示からも見て取れるように、行政活動の少なからぬ部分は国民、住民を直接の対象とするものであり、結果、私たちはさまざまな場面で国や地方自治体の職員と相対して行政サービスの提供を受けることになる。この私たちが相対する職員が本章の主題である「第一線公務員 (street-level bureaucrats)」である。彼らとの接触経験は、当該行政サービス自体の評価の良し悪しに止まらず、行政組織やそこで働く公務員全体の印象に直結す

ることさえある。また、行政サービスの受け手の立場から目を転じて、当該サービスの提供を企図したより上位の政策立案者、政策決定者の立場から見ても、第一線公務員の行動如何が当初の政策意図を貫徹できるか否かに直結するのである。

　本章では、行政サービスの供給と消費の結節点に位置する第一線公務員に関する議論を、その先駆者であるリプスキー（Michael Lipsky）の著作を丹念に紐解くことによって詳らかにし、政策実施の最前線をよりよく理解するための判断材料の獲得を目指すことにしよう（リプスキー 1986）。

2　第一線公務員と裁量 ——リプスキーの分析——

（1）政策実施研究と第一線公務員

　20世紀は、国や地方自治体の行政活動がその量、質ともに飛躍的な発展を経験した世紀であり、幅広い分野に膨大な人員、資金、情報といった行政資源が投入されるようになった。1966年にアメリカの商務省経済開発局が発表したカリフォルニア州オークランド市に対する資金提供プログラムも、上首尾に終わっていればそうした発展の歴史の一コマを飾っていたであろう。

　しかしながら、現実はそうはならなかった。成功が確実視されていたはずのこのプログラムは、三年経っても当初の計画に遠く及ばない僅かな資金の投下と雇用の創出しかもたらさなかったのである。その失敗の原因を、決定されたプログラムの実施過程に求めたプレスマン（Jeffrey L. Pressman）とウィルダフスキー（Aaron Wildavsky）の1973年の著作を嚆矢とし、政策実施研究が大きく花開くこととなった（Pressman and Wildavsky 1973）。

　政策実施研究は、いわゆるトップダウン・アプローチとボトムアップ・アプローチの二つに大別される。単純化するならば、前者がより上位の政策決定者の観点に着目するのに対し、後者は行政サービスの提供と消費が行われるより下位の末端、換言すれば最前線の現場に注目するアプローチ

である。この最前線に位置するのが、第一線公務員なのである。

（2）第一線公務員の立ち位置

　この第一線公務員とはそもそも、どのような存在なのだろうか。リプスキーによれば、「仕事を通して市民と直接相互作用し、職務の遂行について実質上裁量を任されている行政サービス従事者」が「ストリート・レベルの官僚（street-level bureaucrats）」であり、「ストリート・レベルの官僚をその必要な労働力に応じて相当数雇っている行政サービスの組織」は「ストリート・レベルの官僚組織（street-level bureaucracy）」であるという。その典型例は、「教師、警官やその他の法の施行に携わる職員、ソーシャル・ワーカー、判事、弁護士や裁判所職員、保健所職員、そして政府や自治体の施策の窓口となりサービスの供給を行うその他の公務員など」である（リプスキー 1986: 17-18）。なお、本章のキーワードである「第一線公務員」とはすなわち、この「ストリート・レベルの官僚」のことに他ならない。

　第一線公務員の多くは下級職員であり、彼らに期待される役割は行政サービスの機械的な提供に過ぎないと一般的には見なされてきた。しかしながらリプスキーは、第一線公務員の個々の行為がまとまれば組織の行為として大きな影響力を有するがゆえに、行政サービスの対象者（client）である市民との相互作用において彼らは政策決定者として位置づけられるとするのである。その基礎にあるのが、彼らの有する相当程度の裁量であり、組織的権威からの相対的な自律性である。第一線公務員が行使する裁量とは、「彼らの所属する組織が供給する便益と制裁の性格を明らかにし、量や質を決定するための」ものである。職務の複雑性、人間性豊かな対応への期待、福祉国家の正統性の強化などを理由としてこうした裁量が広範に許容されるようになっており、それゆえに彼らは組織、管理者の圧力に抵抗することができるのである。

（3）第一線公務員の職務を取り巻く状況

　リプスキーは、第一線公務員の多くが慢性的な資源不足の状態に置かれ

ていると強調する。何よりもまず、一人の職員が担当しなければならない対象者数が多い。これはすなわち、職務の絶対量が多いということを意味しており、彼らが一つの案件にかけることができる時間を圧迫することになってしまう。また、増大する一方の内部的な事務的雑用も第一線公務員にとり頭痛の種である。そしてまた、彼らが本質的には個人の責任において仕事を進めなければならないことも、対象者からの暴力といった物理的な危害への脅威や、そうしたおそれに起因するストレスの背景となっている。

　不幸なことに、資源不足の解消は期待薄である。なぜなら、第一線公務員が提供する行政サービスに対する需要はしばしば、供給を超えて増加する傾向にあるからである。ゆえに、単純に供給を増やしたとしても、それに見合う需要の増大をもたらすだけに終わってしまう可能性が高い。

　第一線公務員は、相互に矛盾する曖昧な目標の下で業務に従事することも多い。彼らは、対象者個人の福祉の向上を目標として行政サービスを供給するわけであるが、それが社会の要求する目標と矛盾することは決して少なくない。また、対象者中心の行政サービスの実行を目指す彼らと、その能率的で効果的な実行を求める彼らが属する組織の目標との間にも、時に埋めがたい壁がある。さらに、第一線公務員が果たすべき役割に対する周囲からの期待にも、相互矛盾が見られがちである。同僚、準拠集団、公衆が彼らに寄せる期待が一致することもあるものの、多くの場合はそれらがバラバラなのである。

　こうした目標の曖昧さは同時に、第一線公務員の達成度の測定、すなわち業績評価が困難であることをも意味する。多くの行政サービスは、抽象的で一般的な目標を掲げていたり、評価を行うために配慮すべき変数が多すぎたりと、彼らを評価することの困難さを示すものは枚挙に暇がない。とは言え、彼らが組織に属していることもまた事実であり、組織は達成評価のために代理尺度を工夫してはいる。しかしながら、こうした尺度に対して、彼らは抵抗を示すのである。

(4) 第一線公務員と行政サービスの対象者との関係

　第一線公務員が供給する行政サービスの対象者は、必ずしもそれを自発的に求めているわけではない。すなわち、彼らは他所で入手できない必要不可欠なサービスを供給しているのであり、対象者がそれらを自ら賄うのは不可能なのである。このことは、対象者が貧困であればあるほど当てはまる。こうした自発的でないという事実は、第一線公務員と行政サービスの対象者の間の相互作用の質にも影響を及ぼしている。自発的でなければないほど後者はその関係から逃れられず、結果、大きな負担を被ることになってしまうのである。確かに他方で、第一線公務員が行政サービスの対象者に依存している面もないわけではない。後者は前者に対して、時に余分な手間暇をかけさせたり、評価を与えたり、忍従したり、共感を示したり、権利を要求したりと、両者の相互作用に手を加えることもある。だが、現実にはリプスキーが述べるように、「対象者はストリート・レベルの官僚との関係に影響を与えるような資源をいくらかはもつことができるが、その関係は決してバランスのとれたものではない。その関係は『決定あるいは決定を実行する能力が、排他的なあるいは排他的に近い集団の一方に限られている』という『一方向的な』力関係」なのである（リプスキー1986: 92）。

　行政サービスや便益を供給する第一線公務員とそれを求める対象者の関係はかくも不平等であるが、前者はその関係の中で後者を統制している。リプスキーは統制の次元として、①便益と制裁の付与、②意思決定の状況の構造化、③対象者の役割の教示、④心理的便益と制裁、の四つを挙げ、まさにこれら統制そのものを通して対象者を社会的に創出してもいるのだと断じるのである。

(5) 第一線公務員による「定型化」と「単純化」

　リプスキーによれば、第一線公務員は職務をよく遂行しようとするが、不十分な資源、統制の不足、漠然とした目的、張り合いのない環境といった職務上のストレスがそれを妨げてしまうのである。こうした問題に対処

する術が定型化と単純化であり、それらは彼ら、あるいは彼らの属する組織の行動様式となっている。これにより、サービスを配分すること、対象者を統制し不確実さを低減すること、官僚の資源を節約すること、定型化の結果をうまく処理すること、のうち一つ以上の目的の達成が目指されている。

　無料の公共財に対する需要の増大は止めどなく、何らかの配給方法の工夫が不可欠となる。具体的には、行政サービスを受けるための金銭的あるいは時間的な負担を対象者に負わせて、需要に歯止めをかけることがある。あるいは情報に関しても、需要を喚起したい時には積極的に知らせ、逆に抑制したい時は知らせないという選択が、第一線公務員には可能である。また、行政サービスの割り当てを受けるために、他人に知られたくないことを根掘り葉掘り聞き出したり、高圧的な態度を取ったりするような心理的な負担を押しつけることも、需要の抑制には効果的である。

　行政サービスは必ずしも公平かつ平等に供給されているわけではなく、第一線公務員は定型化の一部として対象者間に差別待遇を設けることがある。彼らは、対象者の中から最もうまくやれそうな人々を選択するという優先すくい取りを行っている。その選択がある種の偏見に基づいていようとも、第一線公務員は官僚制的必要性に対する合理的対応であると正当化しようとする。だが、どう言い繕おうともこれは、対象者にとっては不公平以外の何ものでもない。普遍主義的な規範と偏見を伴う実行の間には明らかに葛藤が存在するはずであるが、対象者のための最良の利益といった理由から、第一線公務員は合理的対応を口実に割り切って考えようとするのである。

（6）対象者の統制、資源の節約

　第一線公務員にとって、対象者を統制することは不可欠である。そのために、道具立てによる上下関係の象徴化、他の対象者からの隔離、恩恵としてのサービスや手続の付与、対象者との相互作用の内容・タイミング・ペースの主導、定型化された秩序を乱す行為への処罰、といった実にさまざまな手段が用いられている。

第一線公務員は、自分自身の自由になる資源を保持するための工夫に努めてもいる。たとえば、込み入った問題を抱えた対象者が現れたり、約束した日に対象者がやってこなかったりと、彼らは予想できない需要の波にさらされることがある。そうした波に備えて余裕の時間を確保しておくことが欠かせないため、彼らはそのための努力に余念がない。また、対象者に関する意思決定の責任を他に転嫁することも、彼らの保有する資源の節約に繋がる。具体的には、より下級の官僚に自由裁量を行わせておくこと（ふるいわけ）、一人だけで評価しなくて済むように他者の判断を入れること、他の組織に回すこと（たらいまわし）、といったやり方が選択されるのである。

（7）対象者処遇のメンタリティ

　慢性的な資源不足の中で第一線公務員は、一方では対象者の個人的事情に配慮した裁量の行使を期待されつつも、他方では定型化やステレオタイプの対応を試みようとしている。行政サービスの理念と実際の矛盾を合理化するために、彼らは目標を実行可能で自らの能力に合わせたものに変更や修正したりして、あるいは自らの気持ちの中で対象者の占める位置を小さくしたりして、心理的な折り合いを付けているのである。
　職務から物理的あるいは心理的に逃避を試みること、個人的に目標を修正（後退）すること、専門分化によって対象者に深く関わらなくとも済むようにすること、あえて自由裁量を否定して「仕方のないことです」という態度を取ること、対象者自身に問題があるとして責任を転嫁することなど、さまざまな方法で第一線公務員は対象者の処遇を正当化しようと努めているのだ。

（8）対人サービスに対する締め付け

　第一線公務員には、所属組織から押しつけられる一定の幅がある制限の中で、個々の事例に応じて適切に対応することが期待されている。彼らは、組織の選好と対象者の要求という二つの異なる影響源に対して責任を

負っているのである。

　組織の管理者は、手引きを用意して彼らの裁量の余地を少なくする、過去の出来事について制裁を加えるために業績監査を行う、目標を明確化する、といった種々の方法により第一線公務員の責任を増大させようと試みてはいる。しかしながら、たとえば業績を量的に測定しようとすると、第一線公務員が測定対象とされた行動に集中したり、難しい事例を避けるなどして業績達成がよくなるような方向で選択し裁量を行使したり、時にはごまかしやペテンを行ったり、必ずしもサービスの向上には結びつかないような行動を誘発するおそれも少なくない。

（9）改革と再構築のための提言

　リプスキーは、第一線公務員を再構成すること、変革することの困難さを強調する一方で、人々は「自分たちの状況や要求に適したサービスや福利を求め、公共の福利の分配に際して柔軟にほどよく調整された公平さを求め更に政府や自治体から当然受けるべきものを受けとる市民として敬意を払われることを求めている」とも分析していた（リプスキー 1980: 263-264）。そうした認識に立脚して彼は、いくつかの観点から改革の可能性を論じている。

　まず、対象者の自律性を増大させる方向性が考えられる。具体的には、サービス供給のために対象者や地域が行った独自の取り組みを支持して仲介者である官僚の数を減らそうという提案や、分かりやすい言葉、案内手引書、手続の簡略化などによる第一線公務員の職務の神秘性の除去などが想定される。

　また、第一線公務員の現行の職務の改善も議論の俎上に載せられる。社会は第一線公務員の裁量をあまり制限しようとはしないが、官僚による裁量が不公正で不平等な対象者処遇を生じさせるような場合は、裁量の管理、制限が望ましいのである。目標の明確化や適切な業績達成の尺度の存在は、相当な制限付きではあるが、第一線公務員が自らの行動に対して責任を負うことを助長するであろう。さらには、現実の問題解決状況の文脈の中で行われる実地訓練も、問題解決そのものへの援助という点で効果的

と見なされよう。あるいは、第一線公務員は社会一般に代わって、利他的な行動を選好し、自己監視できる専門職たるべきだという議論も紹介される。

　こうしたさまざまな選択肢を検討した後にリプスキーは、削減や縮小なしに第一線公務員の変革を実現しうる三つの考え方を披露して議論を締めくくっている。第一に、サービスの対象者が第一線公務員の準拠集団の中で影響力を持つべきであるという考え方である。ここでは、第一線公務員の行動を可視的で理解可能なものとすることによって、対象者がその職務の適否を判断するのを容易にすることが求められる。第二に、こうした新しい方向付けに関わる人々の熱意とリーダーシップが必要であるという考え方である。改革が成就するためには、行政サービスへの献身、対象者集団や同僚あるいは地域社会からの支持を調達することが不可欠であるという。そして、こうした改革のためのリーダーや改革支持者の養成機関として、大学などに期待が寄せられている。第三に、現行の評価や調査の過程を発展させることが必要であるという考え方である。相互の批判、批評、業績向上に向けた能力向上の機会の拡大が、日常の職務の一環として設けられるべきだというのである。

　第一線公務員の改革に関してリプスキーは、有効性と効率性を重視する管理者、既得権を守らざるを得ない官僚たちの組合、サービスの向上を求めつつも発言力に欠ける対象者及びその関係者、という三つの陣営がすくみ合った状態にあると見る。そのうえで、そうした状況下では「サービスに伴う費用と有効性に対する人々の関心を武器とし、サービスの手続きにおける対象者の関与を尊重し、改革の動向が最終的に決められる現場の要求を認識するような、有効な連合が発展する場合にのみ、ストリート・レベルの職務の質が変化する」と断言する。しかしながら、果たして現実にそうした連合は発展したのだろうか。30年を経てなおこうした問いかけが妥当性を失っていないことこそが、連合の頓挫を現しているのではなかろうか。

3 裁量にどう向き合うべきか

リプスキーの「第一線公務員論」に対しては、その行動様式が強固であることを強調するがあまり、その病理現象を除去すること、すなわち第一線公務員の慣行の改善に消極的になっているのではないか、といった指摘が根強く寄せられてきた。前節で見たように、リプスキー自身もその著作において改革と再構築のための提言を行ってはいる。しかしながら批判派は、まさにそれらが達成の困難さを彼自身が繰り返し強調してきたものに過ぎないのではないかと主張するのである[1]。リプスキーの提言は確かに、さまざまな選択肢を論じつつもその限界の言及にも多くの紙幅を割いており、そうした批判には首肯できるところが多い。

そうした批判はあるものの、リプスキーが喚起した第一線公務員への注目、とりわけその裁量に注目した研究は、実にさまざまな研究者によって手がけられるようになった。たとえば、警察官の裁量についてスコールニック（Jerome H. Skolnick）は、明確に認められており権限のある裁量と、実際に行使されているにも関わらず権限のない裁量があることを強調し、両者を比較する必要性を説いている（スコールニック 1971）。また、警察の法執行に着目したデイビス（Kenneth C. Davis）も、シカゴの警察官に対するインタビューに基づきアメリカの警察の裁量について考察し、裁量を行使する上での指針となる適切なルールを設定することで、第一線公務員である警察官の適切な行動が促進されるとした（デイビス 1988）。当初のリプスキーの関心が警察研究にあったこともあり、警察の実証研究の中で裁量の問題が好んで取り上げられる傾向にある。

ここで、海外から目を転じ、わが国における第一線公務員論にも注目してみよう。実のところこの分野の研究は手薄で、畠山弘文の手になる著作が唯一の体系的なものである（畠山 1989）。畠山は、行政サービスの対象となる市民を官僚制的に有意な属性の集合へと変換する作業を「クライアン

---

[1] このあたりについては畠山が詳しく論じている。同氏は、リプスキーのペシミズムとバランスを取るために、ヴァージニア工科大学のグループが提唱したパブリック・エンカウンター論に着目する（畠山 1989: 75-86）。

ト・カテゴリー化」と呼び、第一線職員(第一線公務員)は、所属する第一線機関とクライアントである市民に同時にアクセス可能な特殊な地位にあるとする。そうした境界的アクターである第一線職員は、クライアント・カテゴリー化を支配するがゆえに、組織の行う仕事、自分の行う仕事、市民が得るべきサービスのそれぞれを左右しうるという決定的な立場にある。

　そうした整理に立脚して畠山は、リプスキーが提起したような多様な論点について、隣接諸科学を含む幅広い分野の先行研究に加え、ジャーナリストの膨大なルポルタージュやドキュメントも援用しつつ、わが国の実態の分析、解釈を試みている。議論の俎上に載せられたのは、警察官、初等中等学校の教師、福祉事務所のケースワーカー、労働基準監督署の監督官、児童相談所の児童福祉司、税務署職員、保健所職員、税関職員などである。彼の結論のいくつかに言及しておこう。まず、第一線職員の権力の源泉であるクライアント・カテゴリー化においては、ルールの変容とクライアントの変容という二重の変容を通して、組織の予定する活動を変形させている。とりわけ、組織的にサンクションされていないカテゴリー化が行われる場合は、第一線職員が権力の行使に当たるのである。

　次に、畠山の分析で興味深いのは、第一線職員に見られる「善意による支配」、すなわち、第一線職員の善意が半ば強制的にクライアントに差し伸べられ、善意が管理を強化し、恩恵が支配を正当化するというパラドックスの問題である。こうした支配は、広範に観察される。なぜなら、一方がサービスを恩恵措置と見なすような解釈によって行動し、他方がこれに従順に従うことが有利であるとする慣行を反復することによって、こうした権威的な関係が維持再生産されるからである。否定しがたい善意という権威をもって第一線職員が高みからクライアントに利益を施すという構造は、公的機関の普遍主義的原則に抵触するという問題も孕んでいる。

4　行政の縮小と第一線の担い手の変貌

　リプスキーが第一線公務員への注目を飛躍的に高めてから30年余が経過し、その間、揺り戻しの動きが皆無ではなかったものの、第一線公務員と呼びうる人々はその数を大幅に増加させてきたのである。しかしながら、彼らが提供する行政サービスへの需要は供給を超えて増加しがちであるということに加え、多くの福祉国家が直面する財政的圧力のかつてないほどの高まりもあって、慢性的な資源不足の状態は一向に解消される気配がない。第一線公務員の業務を取り巻く状況自体は、こうした点に関しては大きく変化していないと言える。

　しかしながら、近年、彼らが担ってきた第一線の業務、すなわち政策実施ないし行政サービスの提供を、公務員以外に担わせようとする動きも加速している。民営化、エージェンシー化、外部委託、PFI (Private Finance Initiative)、指定管理者制度など、民間の手法やノウハウを活用しようとする制度の導入はその典型である。あるいは「新しい公共」論に見られるように、パートナーシップや協働の名の下に、政策実施ないし行政サービスの提供を市民セクター、ボランタリーセクターに委ねようとする取り組みも活発である。

　とは言え、こうした動きが第一線公務員論の重要性を減じることはなさそうである。なぜなら、どのような仕組みを採用しようとも、一定の行政の関与を残して行政サービスとして提供する限り、その受け手である市民との接点に人が介在することに変わりはないからである。以前より、第一線公務員の中には民間で同種の仕事に従事していた人々が含まれているとの指摘はなされており、最近の動向はこうした人々に注目する重要性を再認識させたと言えよう。そして、行政サービスの提供における非公務員化の流れが主として財政的圧力によるものであるという現実からは、彼ら新たな担い手も慢性的な資源不足に悩まされている可能性が高い。今後は公務員、非公務員の別を問わず、さまざまな立場から対人的な行政サービスの提供を最前線で担っている人々全体を視野に収めた研究の深化、拡大が不可欠ではなかろうか。

いかに優れた政策であっても、その意図するところが政策実施の段階まで貫徹しなければ、あるいは多くの場合に政策実施の主要な担い手となる第一線公務員の働きぶりに行政サービスの受け手の共感が得られなければ、期待通りの効果を上げることはできない。しかしながら、現実にはそれは、往々にして困難きわまりない。リプスキーが体系的に提起した第一線公務員論のエッセンスに通じることにより、政策の最終消費段階、見方を変えれば政策の成否や良否を決する最前線の現状を把握し、その改善に向けた手がかりを多くの人が得ることが期待されるのである。

参考文献

Davis, Kenneth C. (1975) *Police discretion*, West Group. ケネス・カルプ・デイビス／神長勲訳（1988）『警察の裁量をどうコントロールするか——シカゴ警察を中心にして』勁草書房。

Lipsky, Michael (1980) *Street-Level Bureaucracy*, Russell Sage Foundation. マイケル・リプスキー／田尾雅夫訳（1986）『行政サービスのディレンマ——ストリート・レベルの官僚制』木鐸社。

Pressman, Jeffrey L., and Wildavsky, Aaron (1973) *Implementation*, University of California Press.

Skolnick, Jerome H., (2011), *Justice Without Trial: Law Enforcement in Democratic Society* (4th ed.), Quid Pro, LLC. ジェローム・スコールニック／斎藤欣子訳（1971）『警察官の意識と行動——民主社会における法執行の実態』東京大学出版会（旧版の邦訳）。

片岡寛光（1990）『国民と行政』早稲田大学出版会。

田尾雅夫（1994）「第一線職員の行動様式」西尾勝・村松岐夫編『講座行政学5 業務の執行』有斐閣。

辻清明（1966）『行政学概論 上巻』東京大学出版会。

畠山弘文（1989）『官僚制支配の日常構造——善意による支配とは何か』三一書房。

第12章
アリソンの『決定の本質』

1　国際政治学での国内政策決定過程への注目

　国際政治学（国際関係論）は、学問分野として20世紀初頭に誕生したが、現在に至るまで、国際社会における国家の意図的な行動としての「対外政策」に強い関心を寄せてきた（須藤 2007）。長らく、国際政治の研究とは、ニコルソン（Harold Nicolson）の著書『外交（*Diplomacy*）』に代表されるように、外交官などエリート中心で決定され交渉が行われる「外交」の研究と、国家の行動と国家間の相互作用を歴史的に記述する「外交史」を意味した（Nicolson 1939）。

　第二次世界大戦後になると、リアリズム（現実主義）が国際政治学の主流となる。リアリズムは、国際政治を主権国家によるパワーをめぐる闘争と想定する理論・思想であり、勢力均衡論や核抑止論などを発達させた。国家の対外政策については、①アナーキー（＝「政府」が存在しない社会）な国際システムによって規定されること、②国益追求へ合理的に行動しようとすること、③国家として統一的な意思を有することが、半ば暗黙裡に想定された。そこでは、国内での具体的な対外政策の決定過程は「ブラックボックス」として軽視されることになる。

　しかし、1950年代の政治学全体での「行動科学革命」の影響を受けて、実証的かつ理論的な研究志向が国際政治学でも高まり、ブラックボックスにもメスが入っていく。50〜60年代にはスナイダー（Richard C. Snyder）やローズノー（James N. Rosenau）らによって対外政策決定過程の理論化が

進み、国家（政府）の行動を決定づける諸要因が考察された。そして、1971年には、本章で取り上げるアリソン（Graham Allison）による『決定の本質（*Essence of Decision*)』が刊行される。

同書は、それまでの対外政策決定の研究を踏まえつつ、従来とは異なる多面的な視座からキューバ危機におけるアメリカ政府の対外政策決定過程を分析したものであり、対外政策決定過程研究の金字塔とされる。キューバ危機の事件自体は近年になり新しい資料が出るなど解明が進んでおり、同書の内容に時代遅れの面があるのは否めない。しかし、その分析手法や発想は、現在にも通じる意義を多く含んでいる。例えば、「日本と中国は尖閣諸島を巡り対立している」といった言説に象徴されるように、国家の行動を単一の行為主体（アクター）として擬人化する思考法は、今でも、外交政策決定過程の研究のみならず、私たちの国際政治の見方全体を支配している。アリソンの『決定の本質』は、それとは異なる見方の存在を改めて気づかせてくれる。そこで、本章ではその分析枠組みを取り上げたい。

2　アリソンの『決定の本質』と三つの概念モデル

『決定の本質』は、キューバ危機を分析したものである。キューバ危機とは、1962年10月16日から28日までの13日間に、アメリカ合衆国の南のカリブ海に浮かぶ共産主義国家キューバに、同盟国である当時のソビエト連邦（ソ連）が戦略核ミサイルを配備しようとしたことで生じた危機である。アメリカ全土が核の脅威にさらされたことを知った当時のアメリカのケネディ（John F. Kennedy）大統領は、キューバの海上封鎖でソ連に対抗し、米ソ間の全面核戦争寸前の事態に陥った。結局、当時のソ連のフルシチョフ（Nikita S. Khrushchev）書記長が核ミサイルの撤去を表明することで、核戦争は回避された。

このキューバ危機を分析した『決定の本質』には、二つの目的があるという。第一に、キューバ・ミサイル危機の中心的な謎を解明することである（Allison 1971, p.v [邦訳、i]）。特に、①なぜソ連は戦略攻撃用ミサイル

をキューバに持ち込んだのか、②なぜアメリカはキューバに対するソ連の輸送を海上で封鎖するという形で反応したのか、③なぜミサイルは撤去されたのか、④ミサイル危機の「教訓」は何か、という謎である（Allison 1971, pp.1-2［邦訳、3-4頁］）。

第二の目的が現在からみて特に意義があろう。すなわち、「概念レンズ」が異なれば、ミサイル危機のような事件のどの側面を強調し重視するかについても全く異なってくることの立証である。このように、同書は、事件の謎そのものの解明以上に、外交政策の分析の際に半ば無意識に用いられてきた分析枠組み、すなわち概念レンズを明るみにするとともに、従来とは異なる分析枠組みが存在し、それによって同じ事件が異なって見えることを証明することに力点を置いた（Allison 1971, pp.v-x［邦訳、i-v頁］）。

同書が特に主張したいことは、次の三つに集約できる。第一に、対外問題の専門家は、一般人と同様、概して暗黙の概念モデルによって対外問題を考えている。第二に、ほとんどの分析者は、同書で「合理的行為者モデル」（あるいは「古典」モデル、第一モデル）と呼ぶ基本的概念モデルに則って政府の外交政策を説明し予測する。しかし第三に、他の「組織過程モデル」（第二モデル）や「政府内（官僚）政治モデル」（第三モデル）もまた、政府の行為（外交政策）のより良い説明と予測を生みだす基礎となりうるということである（Allison 1971, pp.2-7［邦訳、7-9頁］）。

これらの論旨を導く事例としてキューバ危機を取り上げた理由について、アリソンは、「国が終局的危機にさらされている中で、少数の人々が官僚から離れて選択肢を比較考量して決定を下した」からであるとする（Allison 1971, pp.8-9［邦訳、12頁］）。ただし、1999年の『決定の本質』第二版でアリソン自身が述べたように、現代であればそのような閉鎖的な環境は成立しえないかもしれない（Allison and Zelikow 1999, p.ix）。続いて各概念モデルについて詳しく見ていく。

（1）第一モデル──合理的行為者モデル

合理的行為者モデルの特徴は、国家（政府）の「目的」と「計算」を詳述することで国際的な事件の説明を試みる点である。学術的著書、政策文書、新

聞、非公式の会話など、対外政策に関する思考のほとんどは、この概念モデルの範囲で行われてきた (Allison 1971, pp.8-10 [邦訳、13頁])。

　国際関係論の代表的なリアリズムの論者であり、第一次世界大戦の発生を説明したモーゲンソー (Hans J. Morgenthau) をはじめ、当時の著名な対外政策の分析者はいずれも、説明すべきものは目的または意図を反映する「行為」であること、その行為者は国家 (政府) であること、問題に対する計算された解決策として行為は選択されることを前提とした。よって、政府は行動した時にどういう目的を追求していたか、その目的に照らして政府の行為はいかに合理的であったかが説明の対象となる。一般人を含めてほとんどの分析者は、国際的な事件の説明を試みる際に、圧倒的にこの枠組みを用いている。しかし、あまりに基本的なものになっており、その根底にあるモデルが自覚されない。アリソンはこの分析枠組みを「古典」モデルとも呼んでいる (Allison 1971, pp.13-14 [邦訳、16-17頁])。

　続いて、各概念モデルの「パラダイム」が示される。パラダイムとは、学派が用いる基本的前提、概念、命題についての体系的言明のことであり、その構成要素には、①分析の基本単位 (ユニット)、②整理概念 (organizing concepts)、③支配的推測パターンが含まれ、④パラダイムが示唆する一般的および具体的命題が示される (Allison 1971, p.32 [邦訳、39頁])。

　合理的行為者モデルの①分析の基本的単位は、国家 (政府) である。国家は戦略目的を極大化する行為を選別する。②整理概念として、合理的で単一の政策決定者と考えられる国家 (政府) は、一群の明確な目標と、認知された選択肢、各選択肢から生じる結果に関して単一の予測を持つ。また、国家は戦略的問題に直面すると、自らの目標と目的に照らして最高の結果をもたらすはずの選択肢を選別する。ここで、国家の主たる目標は、国家安全保障と国益である。これらを踏まえて、③支配的な推理パターンは、国がある行為を行ったのであれば、その国は目標を有し、当該行為はその目標を最大限に達成する手段であったに違いない、ということになる。そして、これらから導かれる④一般的命題の一つは、「ある選択肢のコストが増大 (減少) すれば、その行為が選択される可能性は減少 (増大) する」というものである (Allison 1971, pp.32-35 [邦訳、39-40頁])。

(2) 第二モデル――組織過程モデル

　第二モデルは、政府は組織の集合体であり、各組織はそれぞれ独自の「生活」を営んでいるという事実を踏まえたものである。各組織はルーティン（＝決まった手続き）に沿って行動するため、政府の行動は、意識的な選択というよりも、行動の「標準的様式」に従って機能する組織の「出力」である（Allison 1971, p.67［邦訳、81頁］）。アリソンは、当時まだ新しい学問分野であった組織理論を援用しつつ、第二モデルを提示する。

　組織過程モデルのパラダイムの①分析の基本的単位は、組織的出力としての政府の行為である。各組織は定められたルーティンに従って行動し、その総和が政府の行動となる。逆にいえば、現存の組織のルーティンは、問題に直面している政府指導者が選択可能な決定の範囲を設定・制限する。政府の選択に関する分析は、組織の出力、すなわち、組織から提供された情報及び組織が規定した選択肢と、指導者に開かれた選択肢を設定する組織の能力の分析が中心となる（Allison 1971, pp.78-79［邦訳、94-95頁］）。

　②整理概念として、行為者は一元的な「国家」ではなく、政府指導者を頂点とする、緩く結合した組織の集合体である。アメリカ政府でいうと、海軍や国務省、CIAなどの省庁が典型的な行為者である。また、取り組まれる問題はさまざまな組織に分割され（＝「要素化」）、それに合わせて権力も細分化される。そのため、各組織が責任を負う問題の範囲は狭まり、組織的な偏狭主義が助長される。その中で、各組織は、作業の優先順位や認知について独自の安定的な性向を発達させる。

　政府を構成する各組織の行動は、規定のルーティン通りに実施されたものである。各組織の作業目標は、いわば「受諾可能な行いを規定する拘束」であり、主なものには、割り当てられた任務と、予算配分の面から規定される組織の保全がある。目標間の対立は、生じた問題に最も関連深い組織内の下部ユニットがその拘束に従って対処していくという、「目標に対する連続的考慮」という方法で解決される。

　任務を効果的に遂行するため、組織は「標準作業手続き（SOP）」を必要とする。ある状況に対処する際に組織が利用しうる「プログラム」がSOPの集合体として構成され、ある型の活動に関連する複数のプログラムのリス

トは「レパートリー」となる。プログラムは、特定の状況でも実質的に変更することはできない。

　組織は不確実性を回避しようとする。そのために、組織は環境を操作して、対処しなければならない他の行為者の反応を規則的なものにしようとする。例えば、国内では、他の組織と予算配分や責任領域について合意したり、国際的な場面では、他国の組織と同盟や連携関係を築いたりする。敵軍との偶発的遭遇など操作が困難な環境の場合、組織は、予め偶発的事態に関する標準的シナリオを確立しておくことで不確実性に対処する。状況が標準的でない場合、組織は既存のルーティンや過去の経験に沿う形で、当該問題の周辺を探索して選択肢を探す(＝「問題志向的探索」)。

　組織の変化と学習は、非標準的問題に組織が遭遇した際の探索から新しいルーティンが生まれることで起きる。ただし、それは現存する手続きとつながる形で生じる。それでも、予算の大幅な増額、長期的な予算の欠乏、遂行上の劇的な失敗によって、大きな変化が生じることがある。

　政府の行為は責任と力の分散を必要とするが、一方で組織間の調整も求められる。分散と調整のために、政府指導者が関与する必要があるが、持続的な組織の統制は難しい。また、政府指導者による政府全体の行為の変更の度合いは、既存の組織的プログラムの範囲によって制限されてしまう（以上、Allison 1971, pp.79-87［邦訳、95-102頁］）。

　第二モデルの③支配的な推理パターンは、「ある国が今日、ある型の行為を遂行していたとすれば、その構成組織は今日の行為とはほんのわずかしか違わない行為を昨日遂行していたに違いない」という想定に基づく（Allison 1971, p.87［邦訳、102-103頁］）。そのため、第二モデルは、謎とされている出来事を形成する出力を生み出した、組織のルーティンとレパートリーを見出して、政府の行為を説明することに重点が置かれる。

　これらから導かれる④一般的命題としては、まず、SOPとプログラムに基づく組織の集合体としての政府の活動は、問題に対し先見の明をもって柔軟な対応をなしうるものではない。組織の行為や細部のニュアンスは、政府指導者の指示ではなく、主として組織のルーティンによって決まる。そのため、SOP、プログラム、レパートリーのいずれも、本来想定されている状況と異なる事例の処理においては、緩慢で不適切なものとなり

やすい。また、詳細に規定した実効的な選択肢のメニューは、その数においても、その性質においても著しく限定される。特に、いくつかの組織間の調整を要したり、複数の組織の領域にまたがったりする選択肢はおのずから限られてくる。

　組織の行為の変化は柔軟性を欠き、その変化もゆっくりである。組織の予算は前年度の予算が幾分変化するだけであり、組織の優先順位や認知も相対的に安定して変わらない。組織の手続きとレパートリーの変化も遅く、新しい活動はたいてい現存するプログラムをわずかに手直ししたものとなる。プログラムは、ひとたび採用されると、客観的に見てコストが利得を上回った時点でも変更されず、組織的惰性で持続する。

　外交政策の長期的な立案は、そのための制度や部局が作られたとしても、結局無視される。組織の目標について、難しいものは選択肢から外され、相矛盾する目標は一つずつ処理される。また、各組織は、予算、定員、領域の面で「保全」を中心的な目標とし、縄張り争いを行う。さらに、指導者が合理的に選択した行為と、組織が実施するものの間で相当な開きが生じやすい。特に、プログラム化されていない任務を要求するプロジェクトや複数の組織機関の調整が求められるプロジェクトが、計画通りに実施されるのは稀である。また、割り当てられた課題の一部が現存する組織の目標に反する場合、組織は抵抗する。各組織は、その組織が知っている実施方法の範囲内でしか仕事をしない。しかも、各組織から政府指導者に寄せられる情報は、不完全で歪曲された情報ばかりとなりやすい。そもそも、政治指導者の指導による変化は、その職の任期や条件のために、効果的なものになりにくい（以上、Allison 1971, pp.87-96［邦訳、107-110頁］）。

（3）第三モデル——政府内（官僚）政治モデル

　第三の政府内政治モデルは、官僚政治モデルとも称され[1]、政府内部の「政治という名のゲーム、すなわち、規則的な経路を通じて行われる、階

---

[1] アリソンはこの第三モデルを「官僚政治」とも呼んでいるが、日本での官僚＝役人のイメージとは異なり、政治家や政権が任命する政治任用者も含まれる。日本の文脈では「政府内政治」の呼称の方がより適切であろう。

層的に位置づけられているプレーヤー間の駆け引き」に注目する（Allison 1971, p.144［邦訳、167頁］）。行為者は単一ではなく、多数のプレーヤーから成っており、これらのプレーヤーは首尾一貫した戦略目的に沿って行動するのではなく、異なった国家的、組織的、個人的目標に従って行動する。そのため、一つの合理的な選択として政府の決定が行われるのではなく、政治の特徴である、押し合い、引き合いによって決定される。言い換えると、各国の政府は国内ゲームの複雑な演技場である。当時、このような外交政策の政治過程に関する研究はほとんど見られなかったため、アリソンは、大統領制の実態に関する政治的分析や朝鮮戦争の際の意思決定に関する分析などを参考にしながら、このモデルを構築した（Allison 1971, pp.144-146［邦訳、167-169頁］）。

　政府内政治モデルのパラダイムの①分析の基本的単位は、政治的な派生結果としての政府行動である。ここでいう「派生結果」とは、「決定と行為は、ある問題に対する解決策として選択されるのではなく、多様な利益と不平等な影響力を有する公職者の譲歩、紛争、混乱から」生じる結果であるという意味であり、「政治的」とは、決定と結果を生み出す活動が、規則化された経路に沿って政府の個々のメンバーの間で行われる駆け引きとして特徴づけられるという意味である（Allison 1971, p.162［邦訳、188-189頁］）。つまり、国際問題における国家の行動は、「政府に地位を占めるプレーヤー間の、入り組んでいて微妙で、かつ同時的、重複的ゲーム」から生まれ、「より広いゲームの個々のプレーヤーやプレーヤーのグループによる、比較的に自立的な決定と行為を集積したもの、あるいはそれを寄せ集めたもの」と考えられる（Allison 1971, pp.163-164［邦訳、189-190頁］）。

　②整理概念について、まず政府の決定と行為に重要な影響を及ぼすプレーヤーは、公職にあり地位を有する。地位によってプレーヤーは分類され、アリソンは、大統領や国務、国防、司法長官、CIA長官など「チーフ」、各チーフのすぐ下のスタッフである「スタッファー」、各省庁の政治任命者と常勤職員である「インディアン」、有力議員や報道関係者、重要な利益団体など「一時的プレーヤー」などに分けている。これらの地位は、プレーヤーがしてもいいことやしなければならないことを規定する。もちろん地位だけではなく、組織の圧力の中で生きていく能力や基本的作業スタ

イルなど、個人のパーソナリティも政府内政治の核心をなす。

　各プレーヤーの立場や、その立場を取らしめる認知と利益を決定するのは、各プレーヤーの地位である。また、プレーヤーが望む目標と利益には、国家安全保障の利益、組織的利益、国内的利益、個人的利益が含まれる。さらに、プレーヤーは、当面の問題により規定された個人的な利害関係に照らして、問題に対する立場を決定する。また、問題が発生した時、問題に対する各プレーヤーの見方は異なるが、それは、プレーヤーの利益や目標だけでなく、一定の期間内に行為を求める最終期限の存在によっても影響される。

　政府の決定と行動に対する各プレーヤーの影響力は、少なくとも、駆け引き上の利点、それらの利点を利用する技量と意思、それらに対する他のプレーヤーの認知の三つを混ぜ合わせた捉えどころのないものである。駆け引き上の利点の基盤には、公式の権限と責任、行為を遂行するのに必要な資源の統制、必要な情報に関する専門知識と統制、他のプレーヤーに対する個人的説得力などがある。

　プレーヤーの立場、影響力、手（move）はどう組み合わされ政府の決定と行為を生むか、つまり「ゲーム」とは何かについて、まず、駆け引きゲームで重要な立場と手を持つ人は、その地位により「行為経路」に連結しているプレーヤーである。行為経路とは、ある特定の種類の問題に関して政府が行為するための規則化された手段である。行為経路は、主たるプレーヤーを事前に選び、各プレーヤーがどの時点でゲームに加わるかを決め、各ゲームの特定の利点と不利を配分する。ゲームのルールは、憲法、法令、判例、行政命令、慣習、文化などに由来する。このルール（の集合体）が、各プレーヤーの地位やその地位に接近する方法、各地位の力、行為経路を設定し、政府の決定と行為の範囲を狭め、ある種の手の違法性や道義性を決める（以上、Allison 1971, pp.164-173 ［邦訳、190-200頁］）。

　③支配的な推理パターンは、国家がある行為を遂行したとすれば、その行為は政府内の個人やグループ間の駆け引きから派生した結果である、というものである。よって、このモデルによる分析では、個人やグループの勝利を可能にしたゲームを詳細に明示することが試みられる。

　このモデルでは④一般的命題の形成は難しい。なぜなら、政府内政治の

事例は極めて複雑だからである。それでも、政府の行為が政治的派生結果であることに関連して、個々のプレーヤーの選好と立場は、政府の行為に重要な影響を及ぼすことがあること、各プレーヤーの利点と不利な点は、行為経路によってかなり異なること、プレーヤーの構成と各プレーヤーの利点は行為経路によって変わるだけでなく行為経路の途中においても変わりうることが命題として挙げられる。また、ある問題に関連する政府代表の行動が、ある個人またはグループの意図したものであることは稀である。さらに、第三者の立場から見出される問題とその解決策と、ゲームに参加しているプレーヤーのそれらでは大きなギャップが生まれやすい。

プレーヤーの立場は地位に依拠するため、ある特定のプレーヤーの姿勢は、その地位に関する情報から予測できる。チーフやインディアンなど、地位に応じて政策決定から実施にかけて要求される行動は異なる。また、プレーヤーは、観察者の場合よりも短い時間で、そう苦悶することなく難しい政策の選択を行わなければならない（＝「51対49の原則」）。さらに、ある国の行為は、他国のプレーヤーの利害に影響する限りにおいて、他国の行為にも影響を及ぼす。

ゲームでは、プレーヤーの間で、誤認、誤った期待、ミスコミュニケーションが生じることがある。また、各プレーヤーは複数のゲームに参加しているため、遠慮した沈黙や半意図的な穏やかな発言など「寡黙」の利点が絶大となる場合がある。また、軍人を含む職業官僚と政治指導者による政治任用者の行動には重要な相違がみられる。同時に、政権と人事の交替を生き延びる必要がある官僚と、臨時雇用であることが多く、政策に関心を持つ政治任用者とは、長期的な期待が異なり、それがプレーのスタイルに影響する（以上、Allison 1971, pp.173-180［邦訳、200-207頁］）。

（4）多面的な分析の必要

以上、アリソンが『決定の本質』で提示した三つのモデルを概観した。ここでは詳細に触れないが、アリソンはモデルごとに分けてキューバ危機を分析している。アリソンが目指したのは、単に視角やアプローチを提示することではなく、同じ出来事の分析でも、概念レンズが異なれば、何が妥

当し、何が重要であるかに関する判断が異なることを示すことである。分析者がどの概念モデルを採用するかは、分析者が取り上げる謎の特徴、妥当だと仮定する証拠、証拠を検討する際に用いる概念、説明とみなすものに影響を与える（Allison 1971, pp.249-251［邦訳、290-293頁］）。

ただし、アリソンは三つのモデルを並列的に提示しているものの、その狙いは合理的行為者モデルに基づく対外政策分析を批判することにある。当時の対外政策の分析は、国家（政府）を合理的かつ単一の行為者と暗黙裡に想定していた。アリソンは、キューバ危機を題材に、その暗黙裡の前提を合理的行為者モデルとして暴き出したうえで、説明のつかない点があることを指摘し、他の二つのモデルを用いることで、より多面的にキューバ危機のような重大な国際問題の謎を解明しうることを示したのである。

3　『決定の本質』後の対外政策決定過程の分析

『決定の本質』は刊行されるや大きな反響を呼んだ。同書は「アリソン・モデル」と称されるまで対外政策決定過程の研究で重きをなすこととなる。しかし、アリソンが提示した分析枠組みに対しては、さまざまな批判が生まれた。特に第三モデルである政府内（官僚）政治モデルに批判の矛先が向けられていく（宮里 1997; 須藤 2007、44頁）。

第一に、「部分モデル」の妥当性についてである。アリソン自身も認めるように、三つのモデルは部分モデルであり、それぞれ事件の「断面」を示すものである。なおかつ、それら三つのモデルをすべて用いても当該事件における政策決定過程の全貌が明らかになるわけではない。どの程度の数の「断面」があれば全貌が明らかになり、対外政策決定過程の一般的な分析枠組み足りうるのかは不明である。

第二に、ゲームのプレーヤーの立場は地位に依拠するという命題の妥当性についてである。報道関係者や利益団体など一時的プレーヤーの存在やパーソナリティの重要性など、プレーヤーの立場が地位に依拠しない可能性をアリソン自身も第三モデルのパラダイムに含めている。そのほか、組

織に地位を占めない、あるいは所属する組織とは無関係にプレーヤーがゲームに影響を及ぼす事例が指摘される（宮里 1997、396-398頁）。例外が多いと、立場は地位に依拠するという命題自体の成立が疑問視され、政府内政治モデルの分析枠組みとしての有用性を損ないかねない。

第三に、政府内の駆け引きに焦点を合わせることがどれだけ有効についての疑念である。政府内政治モデルでは、プレーヤーの間の駆け引きが強調されているが、多くの事例では、結局、大統領など高い地位にある政治指導者がどれだけその問題に注意を払い、指示を送るかによって政策の決定が左右されることが指摘されている（宮里 1997、399-400頁）。

第四に、アリソンが事例として取り上げたキューバ危機のように、短期的で危機的な状況ではアクターは政府内に限定されるので、政府内政治モデルは有用足りえるが、時間にゆとりがあり、議会や利益団体、メディア、世論など政府外のアクターが影響を及ぼしうる事態には同分析枠組みは適さないかもしれない（信田 2009、101頁）。

第一モデルに対しては、その合理性の理解が単純過ぎることが指摘されている（須藤 2007、44頁）。また、第二モデルである組織過程モデルに対しては、政府内の組織間の対立が少ない「日常型」の対外政策決定過程の分析では有用であっても、一般国民やメディアの関心を集めるような事態では、政府の組織外の多数のアクターが関与することになり、その妥当性が低下するという弱点が指摘されている（信田 2009、98頁）。

全体的な批判としては、モデルの分析対象は限定されるのではないか、というものがある。アリソンの分析モデルは、大統領制など特定の政治体制を前提としている（村田 2009、160頁）。しかし、政治体制が異なれば、政策決定のあり方も異なってくる。極端な例だと、北朝鮮のようなタイプの政治体制に、アリソンの分析モデルがどの程度適用できるかはわからない。

1999年には『決定の本質』第二版が刊行されている。そこでは、冷戦終結後に明らかになったケネディ政権時代の口述記録など新資料や第一版後の理論研究の進展を踏まえて、修正がなされている（Allison and Zelikow 1999）。①合理的行為者モデル、②組織過程モデル（第二版では「組織行動モデル」）、③政府内政治モデルという三つの概念モデルの有用性を示すとい

う狙いは変わっていないが、政府内政治モデルの章で「選択と行為に関する集団過程とその効果」の節が加えられるなど、上記の批判の一部に応えている (Allison and Zelikow 1999、pp.263-294)。しかし、対外政策決定は組織の階層性から影響を受けるプレーヤー間の駆け引きの結果とするものの、批判に十分応えているとは言えない(須藤 2007、38頁)。

　それでも、アリソンの分析枠組みは、操作性の高さといった特長を生かしつつ、多様な事例に応用できるよう修正されながら発展を続けている(草野 2008、17頁)。例えば、信田は、重要な対外政策、特に緊急性を要する危機的状況への対応は、ごく限られた数の行為者(アクター)で実質的に決定されることが多いとして、「小集団モデル」を分析のモデルとして追加する。小集団モデルでは、危機的状況において、意思決定に参加する行為者が組織の代表というよりも個人としての対応を示すことが多く、その個性が決定に影響を及ぼす点が注目される。特に最高政治指導者の個性が重要視される。信田は、その小集団モデルを、2006年7月5日の北朝鮮によるミサイル発射に対する日本の小泉政権の対応と、2002年9月17日の小泉首相の北朝鮮電撃訪問のような秘密交渉の分析に応用している(信田 2009、102-106頁)。

　他に信田は、アリソンの政府内政治モデルが議会や利益団体、メディアなどの行為者を軽視しているとする批判に対応すべく、ヒルズマン(Roger Hilsman)の「国内政府モデル」を紹介している。そこでは、行政府のみならず、立法府をはじめ、利益団体やメディア、世論、オピニオン・リーダーといった政治過程に参加する多くの行為者が、同心円状に把握される。まず、大統領や対外政策決定に関与する省庁の担当責任者が最も中心に近い位置にあり、そのすぐ外側に他の省庁や担当省庁の下部組織、そのさらに外側には議会、メディア、利益団体から成る「関心層」が位置する。信田は、この国内政治モデルに沿って、2002年に法案が提案され、修正の後に翌年に成立した有事関連法案を分析している(信田 2009、106-108頁)。

4 『決定の本質』と日本の対外政策決定過程

　アリソンが『決定の本質』で行ったキューバ危機の分析は、今から40年も昔のものである。そこでアリソンが提示したモデルや、各モデルにおける概念や命題は、その後多くの事例分析が積み重ねられる中でさまざまな批判を受けてきた。しかし、アリソンが示した、「合理的行為者モデル」、「組織過程モデル」、「政府内（官僚）政治モデル」は、ある国家の対外政策決定がどのようになされたのかを分析する上で今なお有効性を失っていない。前節でも述べたように、新しい分析モデルが付け加えられるなどの修正を受けつつも、対外政策決定過程の分析に今なお頻繁に応用されている。

　また、アリソンの最も重要な貢献は、三つのモデルそれぞれの提示もさることながら、一つの決定や事件でも、異なった概念レンズからは違って見えることを示した点にある。特に対外政策の決定過程については、どうしても「日本は」、「中国は」というように国家単位で考えがちである。それは今も変わらない。しかし、『決定の本質』が示したように、国家を単一の行為者として捉えずに、政府内外の政策決定過程に多様な行為者が関わっていることを意識すれば、それまで不可解であったことが分かるかもしれない。

　無意識に特定の概念レンズを通じて見ている対象は、対外政策に限らない。また、専門家のみならずメディアや一般人も無意識のうちに特定の概念レンズを通じて考えていることを、アリソンは指摘する。『決定の本質』に改めて触れることで、私たちの日常の思考様式を見直す機会ともなろう。

　最後に、日本の対外政策決定に結び付けていえば、組織過程モデルがもっと注目されてもいいかもしれない。日本の政治では、外交に限らず官僚の役割が制度的にも実質的にも大きい。しかし、対米関係や環境政策など、国際社会の変化にもかかわらず、従来の「標準手続き」に固執して、対外政策を柔軟に変化させることができないでいる事例がたびたび指摘されている。この点でも、『決定の本質』を見直す意義がある。

参考文献

Allison, Graham T. (1971) *Essence of Decision: Explaining the Cuban Missile Crisis*, New York: Longman. グラハム・アリソン／宮里政玄訳（1977）『決定の本質——キューバ・ミサイル危機の分析』中央公論社。

Allison, Graham, and Philip Zelikow (1999) *Essence of Decision: Explaining the Cuban Missile Crisis*, Second Edition, New York: Longman.

Nicolson, Harold (1939) *Diplomacy*, Oxford: Oxford University Press. ハロルド・ニコルソン／斎藤眞・深谷満雄訳（1965）『外交』東京大学出版会。

須藤季夫（2007）『国家の対外行動』東京大学出版会。

草野厚（2008）「改めて政策過程論の有用性を説く」草野厚編『政策過程分析の最前線』慶應義塾大学出版会、1-21頁。

信田智人（2009）「対外政策決定——『小泉外交』における政治過程」日本国際政治学会編『日本の国際政治学1——学としての国際政治』有斐閣、93-112頁。

村田晃嗣（2009）「対外政策決定過程——『ブラック・ボックス』の内側」村田晃嗣他『国際政治をつかむ』有斐閣、156-164頁。

第13章
パットナムのツーレベルゲーム

1 国内政治と国際政治の交差

　国際政治学(国際関係論)の学問的関心は、アリソン(Graham Allison)の章でも述べられているように、長きにわたり、国際社会において国家はどう振る舞うのかに置かれてきた。分析に際しては、統一的な意思を有する国家は、国家より上位の権威が存在しないアナーキーな国際システムの構造に影響されながら、国益を追求すべく合理的に行動すると想定された。分析の焦点はもっぱら国家間関係になり、諸国家による弱肉強食の権力政治を分析するリアリズム(現実主義)が国際政治学の主流をなした。他方、国内の政治は、国際政治とは切り離され、「ブラックボックス」として脇に置かれた。逆に、国内政治の分析では、国際政治の影響は軽視される。

　1970年代になると、アリソンの『決定の本質』(1971年)により、国内政治が対外政策に与える影響に研究関心が集まるようになった。70年代後半になると、国際貿易など国境を越えた取引がますます盛んになり、国際機構や多国籍企業など「非国家行為主体(アクター)」の活動が目立ち始める。また、業界団体やNGO(非政府組織)など国内のアクターが自国政府を迂回して国際交渉に直接影響を及ぼそうとする動きも顕著になる。それに合わせて、国際政治学の理論では「ネオリベラリズム(新自由主義)」が、従来のリアリズムに対抗する形で登場した。

　ネオリベラリズムは、①敵対的というよりも協調的な国家間関係、②軍事・安全保障(=「ハイ・ポリティクス」)以外の経済問題など「ロー・ポリ

ティクス」の重視、③国際関係における非国家行為主体の役割の認識、④国際関係に国内政治が与える影響（国内要因）への注目などを特色とする。ネオリベラリズムは、アナーキーな国際システムを強調するネオリアリズム（新現実主義）との間の論争を引き起こした（須藤 2007、第4章）。このネオリベラリズムの特色のうち、特に④国内政治への注目の流れを汲んで1988年に登場したのがパットナム（Robert D. Putnam）の「ツーレベルゲーム」の分析モデルである（Putnam 1988）。

ツーレベルゲームでは、アリソンの研究には欠けていた国際政治から国内政治への影響も視野に含まれ、外交交渉における国内政治過程と国際政治過程の間の相互作用が分析対象となっている。また、パットナムは、経済学などで浸透しつつあったゲーム理論を応用して、その相互作用を分析するモデルを提示した。それは、国家を合理的で統一的な行為主体とみなす国際政治学の伝統的な想定に改めて挑戦するものであり、国内の政治過程の研究にも新しい光を与えるものであった。その後、パットナムのツーレベルゲームのモデルは、批判・修正の上で広く応用されている。そこで、本章では、パットナムのツーレベルゲームを詳細に取り上げたい。

2　パットナムの「ツーレベルゲーム」モデル

（1）国内と国際政治の「もつれ」

パットナムの1988年の論文「外交と国内政治――ツーレベルゲームの論理」は、特定の外交交渉において、国際交渉の過程と国内の政治過程がどのように相互作用するのか、一定の理論的枠組みを示すことを目的とした（Putnam 1988）。ここではパットナムの同論文に沿って、ツーレベルゲームの概念を詳しく紹介したい。

オイルショック後の1979年のボン・サミット（西側先進国首脳会議）では、アメリカ、ドイツ、日本がエネルギー政策や経済政策などで各自妥協することで国際合意が成立した。国際交渉なしには各国の政策は変更されず、同時に、国際的に要求された政策を各政府内の強力な少数派が望まなけれ

ば、そのような国際合意は実現できなかったという。このような事例を分析するには、国内政治が国際関係に影響を及ぼす、あるいは国際関係が国内政治に影響を及ぼすことのどちらかに注目する部分的分析ではなく、国内要因と国際要因の相互作用を同時に説明する包括的な分析が必要である。

　そのような国内政治と国際政治の連関に注目した分析には、ローズノー（James N. Rosenau）のリンケージ・ポリティクスやアリソンの政府内（官僚）政治モデルなどが既に存在する。しかし、いずれも国内政治と国際政治の相互作用を分析するには理論的に不十分な面がある。また、国家を単一の行為者とみなす分析モデルを引きずる研究も多い。しかし、実際は、国家を代表する中心的な意思決定者達の間で、国益や国際的文脈からの要求について見解が一致することは稀である。そこで、パットナムは国内政治と国際政治の連関を分析するツーレベルのモデルを提示する（Putnam 1988, pp.430-433）。

（2）ツーレベルゲームとは何か

　パットナムは、国際交渉をめぐる政治は、「ツーレベルゲーム」として理解可能とする。国内レベルでは、国内集団は自分たちが望む政策を採用するよう政府に圧力をかけ、政治家はそれら集団間に連合を形成することで権力を追求する。国際レベルでは、各国政府の代表は、交渉での展開が自身に敵対的になるのを最小限に抑えつつ、国内からの圧力を最大限満足させようとする。各国の政治指導者は両レベルのゲームに登場する。国際的なテーブルでは、彼（女）は外国の交渉責任者と対峙し、国内のテーブルには、政党や議会、利益団体など関係者が控えている。パットナムは、このメタファー（隠喩）としてのツーレベルゲームを、囚人のジレンマで有名なアクセルロッド（Robert M. Axelrod）など国際政治学にゲーム理論を応用した研究を参考にしつつ、理論として精緻化していく（Putnam 1988, pp.433-435）。

　ツーレベルゲームとして次のシナリオが想定される。各組織（ここでは国家）を代表する二人の交渉担当者は、両者の間で暫定的合意に達するた

めに会合をもつ。ただし、暫定的な合意はその後、各自の国家で「批准」されなければならない。交渉担当者は、政府の首脳かもしれないし、政党指導者かもしれない。あるいは財務大臣やエスニック集団の指導者かもしれない。ここでは、どちらの側も、単一の指導者ないし「交渉責任者(chief negotiator)」によって代表される。その人物は独自の政策選好をもたないが、彼(女)が代表する国家の「構成諸勢力(constituents)」にとって魅力的であろう合意の達成を追求する(Putnam 1988, pp.435-436)。

　この過程は、分析上、二段階に分けることが有益とされる。まず、交渉担当者の間で交渉が行われ、暫定的な合意が導かれる「レベルⅠ」がある。次に、その合意の批准をめぐり国内の諸勢力の間で議論が行われる「レベルⅡ」がある。ただし、このような連続的な区分は分析上の利便のためであり、実際は、レベルⅡで批准される可能性の予測がレベルⅠでの交渉に影響を与えるといった「期待効果」が交渉を左右する。また、多くの国際交渉では、交渉担当者は合意案について国内勢力の意見を並行して探るので、二つの過程は反復的となる。それでも、レベルⅠにおけるすべての合意は最終的にレベルⅡで批准されなければならないという必要条件が、二つのレベル間の重要な理論上のつながりを生むことになる。

　パットナムのいう「批准(ratification)」とは、例えばアメリカでは条約の批准に上院での三分の二の賛成票が求められる等、公式の票決手続きを意味するだけではない。「公式、非公式であれ、レベルⅠでの合意を承認あるいは実施するために必要な、レベルⅡでの意思決定過程すべて」を指すのである(Putnam 1988, p.436)。そうすると、批准の過程には、議会のみならず、官僚機構や利益団体、社会階級、あるいは世論さえ関わることになる。また、批准は、議会で承認されるという意味で「民主的」である必要はない。例えば、日本の明治憲法では、ロンドン海軍軍縮条約のように、国際合意への批准で軍部に特別な役割が与えられた。批准過程での唯一の公式な制約は、同じ内容の合意が双方の国内で批准されなければならないということである(Putnam 1988, pp.436-437)。

　続いて重要な概念は「ウィンセット(win-set＝勝利集合)」である。ウィンセットとは、レベルⅡにおいて国内諸勢力の間で批准に必要な多数を獲得できるような、ありうるすべてのレベルⅠでの合意(案)の集合である。レ

ベルⅠにおける合意の可能性を理解するには、レベルⅡで形成されるウィンセットの状況が重要となる。なぜなら、第一に、他の条件が同じであれば、レベルⅡにおけるウィンセットが大きいほど、レベルⅠで合意に達する可能性はより高まるからである。レベルⅠでの合意は、両国のウィンセットが重複するときのみ可能であり、それぞれのウィンセットが大きいほど、それらが重複する可能性は高まる (Putnam 1988, pp.437-438)。

ここで、合意の「自発的な裏切り (voluntary defection)」と「不本意な (involuntary) 裏切り」を区別する必要がある。前者は、エゴイズムからレベルⅠでの合意を破ることである。後者は、レベルⅡでの批准失敗で合意を実行できなくなることである。ウィンセットが小さくなるほど、不本意な裏切りの可能性も大きくなる (Putnam 1988, pp.438-439)。

ウィンセットが重要である第二の理由は、両当事国のレベルⅡにおけるウィンセットの相対的な大きさが、レベルⅠの国際交渉で双方が得られる利益の配分に影響を与えるからである。ある交渉担当者のウィンセットが大きくなると、合意成立の可能性は高くなるが、交渉相手から譲歩を求められる可能性も高くなり、結果、交渉担当者が国際交渉から得られる利益は小さくなる。逆に、国内のウィンセットが小さくなると、合意成立は難しくなるが、「あなたの提案を私は受け入れたいが、私の国内ではそれは受け入れてもらえない」と主張することで、レベルⅠでの交渉をむしろ有利に進めることができる。実際、議会での批准の困難さが、アメリカの交渉担当者によってしばしば利用されてきたという (Putnam 1988, p.440)。

(3) ウィンセットの形成を左右する三つの要因

続いて、ウィンセットの形成を左右する三つの要因があるとする。第一に、ウィンセットのサイズは、レベルⅡの諸勢力間でのパワーの配分、選好、可能な連合によって左右される。国内諸勢力にとって国際交渉の合意不成立で生じるコストが低くなると、ウィンセットも小さくなる。しかし、ある勢力にとって合意不成立で生じるコストが低く、別の勢力にとっては高くなる場合がある。そうすると、合意内容とは無関係に、ある勢力は国際合意に全般的に賛成し、ある勢力は全般的に反対するかもしれな

い。つまり、レベルⅠの交渉担当者の交渉の余地は、国際協力に全般的に反対する「孤立主義」勢力と何でも支持する「国際主義者」の相対的なサイズに左右されることになる(Putnam 1988, pp.442-443)。

レベルⅡの諸勢力の利害や選好が相対的に同質的である場合、石油の割り当て交渉で割り当てが多いほど好ましいという点で一致している事例のように、レベルⅠ(国際交渉の場)の交渉担当者にとっては、レベルⅠで相手の譲歩を引き出すほど国内での批准は容易となる。しかし、逆にレベルⅠでの相手との合意は難しくなる(Putnam 1988, pp.443-444)。

他方、国内諸勢力の選好の多様性が高いと、国際合意が国内諸勢力に与える影響は不均等となり、国際交渉はより複雑となる。ある合意内容は、それでは「不十分」と考える勢力からも、「行き過ぎ」と考える勢力からも反対されるかもしれない。また、相手国内の諸勢力の中に自国内と同様の選好の亀裂が存在する場合、交渉の相手側に潜在的な同盟者が見出され、国際協力の可能性が高まるかもしれない。さらに、レベルⅡでの批准への国内諸勢力の参加の程度は集団やイシュー(問題)ごとに変化し、参加勢力の多様性はウィンセットのサイズを左右する。参加する国内勢力は、イシューの政治化によっても変化する(Putnam 1988, pp.443-445)。

国際交渉では一つのイシューのみが扱われるわけではないため、交渉責任者は異なるイシューの間のトレードオフを迫られるが、複数のイシューにまたがる「包括取引(package deal)」によって、むしろ豊富な戦略上の選択肢が開かれる場合がある。例えば、レベルⅡで多くの国内勢力が石油価格の自由化に反対しているとする。そのうち輸出産業など一部の勢力は仕事が増えるならば投票行動を変える可能性があるとき、交渉責任者は、仕事が増えるような内容の国際取引を仲介することで、国内で最初見込まれた結果をひっくり返すことが可能となろう。このレベルⅡでの結果を変更するようなレベルⅠでの複数のイシュー間の連携を「相乗的連携(synergistic linkage)」とパットナムは呼んでいる(Putnam 1988, pp.446-447)。

第二に、ウィンセットのサイズはレベルⅡの政治制度に左右される。例えば、議会での三分の二の賛成を必要とする批准手続きの場合、単純多数を必要とする場合よりもウィンセットは小さくなる。また、批准の方法は必ずしも公式化されない。例えば、日本では、多数決の政治文化とは対照

的に、コンセンサス（全員の賛同）を極力得ようとする慣行があり、それがウィンセットを制約する。他にも、与党内部での強い党議拘束は、交渉担当者が期待できるウィンセットを拡大させる(Putnam 1988, p.449)。

　また、政府の意思決定の中心人物がレベルⅡでの諸勢力から自律的であるほどウィンセットも大きくなり、国際合意が成立する見込みも強まる。ただし、国内の圧力からの政府の自律という意味で「強い国家」である場合、ウィンセットは大きくなるものの、レベルⅠでの交渉上の立場は、前述のようにむしろ弱くなるかもしれない(Putnam 1988, p.449)。

　第三に、ウィンセットのサイズは、レベルⅠでの交渉担当者の戦略に左右される。レベルⅠの交渉担当者はいずれも、合意に達しやすくなるので、交渉相手側のウィンセットを最大化させることに関心を有する。他方、自身のウィンセットの最大化への関心は複雑である。繰り返すように、自身のウィンセットが大きくなると合意には達しやすくなるが、同時に相手に対する交渉上の立場は弱くなるからである(Putnam 1988, p.450)。そのようなジレンマを脇に置いて、交渉担当者は、譲歩を引き出すための補償提供など伝統的な「サイドペイメント（別払い）」や、周りからの一般的な信頼など「善意（good will）」をウィンセット拡大のために活用する。周辺的な支持者を引き付けるためにサイドペイメントを使用することは、ゲーム理論でも実際の政治でもよく知られる(Putnam 1988, p.450)。

　サイドペイメントに加えて、かつてのユーゴスラビアのチトー（Josip Broz Tito）大統領のように、母国での政治的なステータスが高い交渉責任者は、一般的な善意に支えられて、より容易に彼の対外的なイニシアティブへの批准を獲得できる。一般的な善意は、ウィンセットの拡大とレベルⅠでの合意を促すうえで有益となる。そのため、レベルⅠの交渉担当者はいずれも、交渉相手の国内人気にも強い関心を持つ。それと関係して、世界的な舞台への参加は、メディアの注目を集めるので、政府首脳に国内の反対勢力に対する特別な優位を与える。この意味で、取引費用だけでなく「取引利益」を政府の首脳は得ることができる。実際、西側サミットは、取引費用を伴う合意を追求することなく取引利益だけを得られるよう仕組まれているように見えるという(Putnam 1988, pp.451-452)。

　このように、より高い政治的ステータスをもつ交渉担当者の方がサイド

ペイメントや善意を利用できて合意が成立しやすくなるため、外国からは交渉相手として望まれるが、利益の配分の観点では、交渉者の格が落ちる方が交渉上有利となるかもしれない（Putnam 1988, p.452）。

（4）ツーレベルゲームにおける不確実さと交渉戦略

　続いてパットナムは、レベルⅠでの交渉担当者が、レベルⅡの政治、特に相手側の国内政治について情報を欠くことが多い状況を取り上げる。完全な情報を得ているという想定を緩めることで、ツーレベルゲームの理解へ向けて多くの示唆が生まれるという。まず、互いのウィンセットの大きさの不確実さは、交渉の道具になるとともに、ツーレベルゲームで躓く原因にもなる。レベルⅠの交渉の観点からは、利益の配分が自国に優位になるよう、交渉担当者は自らのウィンセットについて相手に過少申告する動機をもつ。他方、相手方のウィンセットの不確実さは、不本意な裏切りの危険性への心配を高める（Putnam 1988, p.452）。

　よって、利益の最大化を目指す交渉担当者は、自身のウィンセットが「よじれている（kinky）」こと、つまり、現在提案している合意内容ならば自国内で確かに批准されるであろうが、しかし少しでも相手に有利な内容になるならば批准されないであろうことを、交渉相手に確信させなければならない。かといって、ウィンセットの間違った表現は逆効果になりかねない。お互いに利益となる範囲を広げ、批准の可能性を高めるためには、国内諸勢力の選好についての極めて正確な情報が求められる（Putnam 1988, p.453）。

　交渉では、「再構築（reconstructing）」や「反響（reverberation）」といった現象が起きる。ゲーム理論による分析では、イシューの構造と利得が事前に特定されていることが想定される。しかし、実際の交渉では、プレーヤーは、ゲームを再構築しようとしたり、合意不成立によるコストと提案された合意が生む利益について、相手方の認識を変更しようとしたりする。例えば、相手国の国内で、オピニオンリーダーを説得したり、野党勢力と接触したり、友好的だが不安定な政府に対外援助を申し出たりする大使の活動は、まさにこの機能を果たすものである（Putnam 1988, p.454）。

また、おそらくは意図せずに、国際的な圧力（＝「外圧」）が国内政治の中で「反響」して国内の政治バランスを突き動かし、国際交渉に影響が出ることがある。反響は、密接な関係を有する国の間で生じやすく、政治や軍事に関わる交渉よりも、経済に関する交渉で頻繁に起きる。例えば、西側諸国のサミットで採択されるコミュニケ（宣言）は、各国政府が自らの政策を正当化する手段として自国民向けにしばしば用いられる。逆に、現行の政策に反するコミュニケは自国内の敵対者に利用されかねない。このように、外圧は、国内のウィンセットを拡大し国際合意を促すこともあるが、国内の反発を強め否定的な結果を生む場合もある。経験的にはツーレベルゲームで反響は頻繁に起きるようであるが、外圧がどのような結果を生むかは正直なところ予測困難であるという（Putnam 1988, pp.454-456）。

（5）交渉責任者の役割

　これまでの議論では、交渉責任者は独立した政権をもたず、レベルⅠとレベルⅡの間の正直な仲介者として行動するものと想定されてきた。しかし、「主人―代理人（principal-agent）」理論が示すように、そのような想定は非現実的であり、経験上、交渉責任者は国内諸勢力と異なる独自の選好をもつとして、パットナムはその役割を改めて検討する。

　まず、交渉責任者は独自に振る舞う三つの動機を有するとされる。第一に、彼の政治的資源を増大させたり、潜在的な損失を最小化させたりすることで、レベルⅡのゲーム、つまり自国内でのステータスを向上させようとする。第二に、彼が個人的に望ましいと思う国内政策に向かうよう、レベルⅡでの権力バランスを移行させようとする。第三に、国際的な文脈で、彼自身が信じる国益の理念を追求したがる（Putnam 1988, pp.456-457）。

　このように交渉責任者の主体性を拡大させて考えると、彼は、実際上、合意について拒否権をもつことになる。なぜなら、提案された取引が自国のレベルⅡでのウィンセットの範疇にあったとしても、彼が反対すれば取引は中断されうるからである。また、交渉責任者は、特定の政策パターンやその支持連合を国内に既に築いている。そのため、提案された国際取引がこれまでの努力の蓄積を脅かしたり、批准のために異なる連合の構築を

求めたりするなら、交渉責任者はそれを支持することをためらうかもしれない。このように、既に費やされたコストはウィンセットを制約するのである。

また、正直な仲介者という交渉責任者の想定を緩めた場合、国内の諸勢力の方が、彼よりも合意を熱望する、あるいは合意不成立を心配する可能性が生じる。さらに、レベルⅡのウィンセットの範囲にある合意を拒絶すると交渉担当者自身の国内的なステータスが脅かされる場合、レベルⅠの交渉相手は逆に交渉での相当な影響力を獲得することになる（Putnam 1988, p.458）。

（6）ツーレベルゲームの特徴

最後にパットナムは、改めてツーレベルゲームの特徴をまとめている。国家中心の理論とは異なり、ツーレベルのアプローチは国際的な場面での「国益」の追求をめぐる国内対立の不可避性を認める。また、いわゆる「第二イメージ」（国内政治→国際政治）や「逆第二イメージ」（国際政治→国内政治）を想定した分析と異なり、中心的な意思決定者が国内レベルと国際レベルそれぞれの責務を不断に一致させようとする状況を想定する[1]。

その上で、ツーレベルゲームは、国際政治と国内政治の間の連関について次の特徴を強調する。すなわち、①国際合意からの自発的な裏切りと不本意な裏切りの区別、②国内の利害関係が同質的であるイシューとそうでないイシューとでは、交渉結果は対照的となりえて、国内の亀裂が実際には国際協力を促すかもしれないこと、③ある交渉のテーブルでの戦略的な動きが別のテーブルでの思いがけない連合を促すという、相乗的なイシュー連関の可能性、④意思決定者の国内での立場を強化する国際的な動きが、交渉の立場を弱めるかもしれないという逆説的事実、⑤国内及び国外への影響の観点から見た、国際的な脅迫や申し出、サイドペイメントの

---

[1] 国際政治学者であり、中心的なネオリアリストであるウォルツ（Kenneth N. Waltz）は、国際政治の因果関係の分析対象として、個人、国家（国内政治）、国際システムの三つの「分析レベル」を挙げた。それぞれ、第一イメージ、第二イメージ、第三イメージともいう（村田 2009、157頁）。

重要性、⑥国内政治の不明確さの戦略的利用、⑦国内空間における、外圧の潜在的な反響、⑧交渉責任者である国家の指導者と、彼が代表する国内諸勢力との間の利害の相違が指摘される。そして、さらなる経験的な研究とゲームの深い理解が求められる、と締めくくる（Putnam 1988, p.460）。

3　モデルの精緻化と応用

　1988年の論文以降、パットナム自身は同モデルを発展させることなく、むしろソーシャルキャピタル（Social Capital）研究で有名となった（Putnam 1993）。しかし、ツーレベルゲームのモデルは国際政治学で高く評価され、批判・修正された上で、多くの事例の分析に応用されてきた。

　1993年には、パットナムも編者に名を連ねて、ツーレベルゲームのモデルを応用した事例研究をまとめた共著が刊行された（Evans et al. 1993）。その共編者の一人であるモラヴィクシック（Andrew Moravcsik）は、事例研究を踏まえ、パットナムが示した「メタファー」としてのツーレベルゲームを「理論」にまで高めるため、①（交渉責任者である）政治家による国内的制約の操作、②国内政治の国際交渉への影響、③政治家の選好、④国内集団によって展開される戦略、それぞれの精緻化を試みている（Moravcsik 1993）。

　例えば、③について、政治家の選好を、国内のウィンセットに対して彼自身の「受諾可能なセット（acceptability-set）」として区別する。さらに、その選好から、政治家は、その選好が国内のウィンセットを忠実に反映する「代理人としての政治家」、国内のウィンセットから部分的に外れ、むしろ相手国内のウィンセットに近い「ハト派の政治家」、同様に国内のウィンセットから外れるが、相手国のウィンセットからはさらに離れている「タカ派の政治家」に分類する。④については、国内勢力が、相手国の国内勢力に働きかけ「トランスナショナル同盟」を築いたり、直接相手国の指導者に働きかけたりする戦略が示される（Moravcsik 1993, pp.30-32）。この補足を含めると、ツーレベルゲームの分析枠組みは図1のようになる。

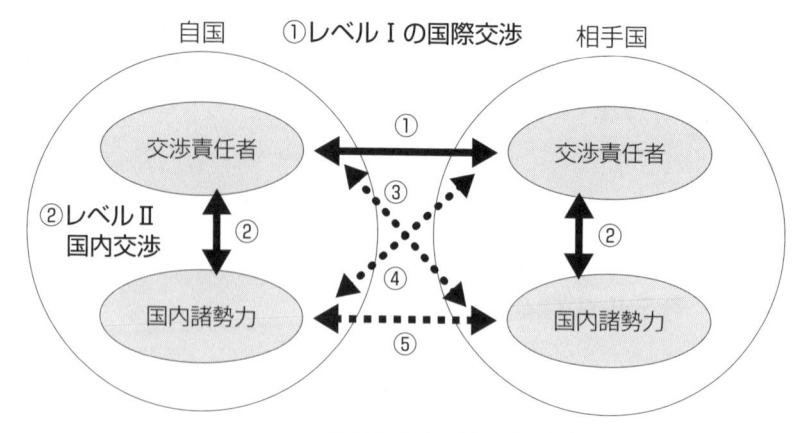

図1　ツーレベルゲーム
出典：石黒（2007: 37）を一部修正。

　また、パットナムの議論には、ウィンセットやレベルⅠとレベルⅡの相互作用について、必ずしも明示的ではないが、多くの仮説が含まれている。これまで、それらの仮説に対する批判や修正が、事例分析を踏まえて盛んになされてきた（須藤 2007、113-115頁）。

　例えば、パットナムの議論では「ある国の交渉責任者の国内での制約が強い場合、つまりレベルⅡでのウィンセットが小さいほど、レベルⅠでの合意は成立しにくくなるが、国際交渉での立場はむしろ強くなる」という仮説が提示されている。それに対し、相手方のウィンセットの情報に不確実さがあるために、国内的に制約の多い交渉担当者が必ずしも国際交渉で有利になるわけではないとする反論がある（須藤 2007、113頁）。

　また、ウィンセット形成の要因に関する仮説への批判も見受けられる。例えば、パットナムは、ウィンセットの第一の要因として、ウィンセットのサイズは、レベルⅡの諸勢力の間でのパワーの配分、選好、可能な連合によって左右されるとした。そこでは、交渉の対象となるイシューが「政治化」されるほど、つまり国内の関心が高まるほどウィンセットは小さくなるとされた。しかし、80年代から90年代初めにかけてのGATT（関税と貿易に関する一般協定）のウルグアイ・ラウンドにおける日本のコメ市場開

放をめぐる交渉では、パットナムの仮説とは逆に、交渉への関心が日本国内で高まるにつれて自由化賛成の世論が強まり、日本でのウィンセットはむしろ大きくなった(草野1997、129頁)。

このようにパットナムの論文で提起された仮説には批判があるものの、ツーレベルゲームのモデル自体は進化を続けている。例えば、石黒は、ツーレベルゲームを「分析視角」としてゲーム理論と組み合わせて、国際政治経済の分析に応用している(石黒2007)。

また、ツーレベルゲームのモデルは、日本が関わる対外的政策過程や国際交渉の分析に応用されてきた(草野1997)。例えば、中戸は、日米通商交渉の事例を、修正したツーレベルゲームを用いて分析している(中戸2003)。戦後の日米間の外交交渉は、アメリカが日本の市場開放を求めた80年代から90年代の日米構造協議や、近年の環太平洋戦略的経済連携協定(TPP)をめぐる議論に象徴されるように、アメリカから日本国内への「外圧」がキーワードになってきた。つまり、アメリカによる日本国内の諸勢力への外圧が日本政府の政策決定過程に影響を及ぼしてきたのである。その日米間の交渉の分析に、中戸はツーレベルゲームを応用している。

ただし、中戸は、非対称的な力関係(アメリカ>日本)にある日米関係に、パットナムのツーレベルゲームのモデルをそのまま当てはめるのは適切でないとする(中戸2003、34頁)。そこで、中戸は、外圧を支持する日本の国内勢力の政策過程への参加を促す「参加拡大戦略」や、日本国内の政策の模索を一定の方向へ誘導する「政策代案の特定化戦略」をツーレベルゲームのモデルに取り込んだショッパ(Leonard J. Schoppa)の先行研究を手掛かりにする(中戸2003、34-35頁)。

そのうえで、第一に、交渉担当者がどのように自国および相手国のウィンセットを操作し、自らの目的を達成しようするのか、第二に、国内行為主体が採用する戦略が国家の政策選択や国家間交渉にどのような影響を与えるか、特に日本国内の行為主体がアメリカ政府にいかに働きかけるかに焦点を合わせて分析枠組みを構築する。そして、90年代のアメリカのクリントン(Bill Clinton)政権時代に行われた日米包括経済協議のうち、政府調達(電気通信・医療機器)、自動車・同部品交渉、日米半導体協定交渉、日米保険交渉を事例として分析する(中戸2003; 須藤2007、175-178頁)。

4　国際政治学とツーレベルゲーム

　パットナムのツーレベルゲームの分析モデルの意義としては、国際政治学のリベラリズムの形成に大きな貢献をした点を挙げることができる。国際政治学では伝統的にリアリズムの影響が強く、国家は単一の行為者と想定され、国内の政治過程が捨象される傾向にあった。それに対して、リベラリズムは、冒頭にも触れたように、国内政治過程が国家の対外政策に与える影響に着目する。ただし、従来のリベラリズムは、アリソンのモデルにあるように、国内に「閉じた」政治過程を前提としていた。

　しかし、1970年代以降の国際経済交渉などでは、国内勢力が相手国の政府に働きかけたり、逆に自国政府が相手国内の勢力に働きかけたりと、国境を越えた動きが活発となっていく。それらについて、従来のリベラリズムの分析枠組みでは把握が困難であった。そこで登場した、パットナムのツーレベルゲームは、国内政治と国際政治の複雑な相互作用を捉えつつ、なおかつ比較を可能とする分析枠組みとして提案されることで、リベラリズムの発展を促したのである。

　しかし、ツーレベルゲームにも課題が残る。まず、二国間を超えた多国間交渉への応用可能性について、複雑過ぎて難しいかもしれない。EUの例では、先述のモラヴィクシックは、「リベラル政府間主義」として、国内政治過程と国際政治過程を切り離した分析モデルを提案したが、政策ネットワーク論などとの間で論争となっている(Wiener and Diez 2009)。

　また、ツーレベルゲームは、どちらかというと交渉の論点がはっきりしている同質的な国家同士の経済問題に適用されてきた（五月女2000、103頁）。前述の93年の共著では、パットナムの論文が戦後の先進工業国間の経済協力に関する交渉事例ばかり引用しているという批判に応えて、戦前の事例や、途上国が当事国である事例、軍事的問題など多様な事例研究が収められた（Moravcsik 1993, p.17）。しかし、その後の事例研究は、先進国間の経済問題を巡る交渉に偏りがちである。ブラジルや中国などの新興国が台頭し、多くの発展途上国や民主的でない国家が国際交渉に参加する現在の国際情勢で、日本を含む先進民主主義国以外が関わる国際交渉に、ど

の程度ツーレベルゲームのモデルが応用できるか、あるいはどう修正・対応すべきかが、ツーレベルゲームの分析モデルの大きな課題といえよう。

参考文献

Evans, Peter B., Harold K. Jacobson, and Robert D. Putnam (eds.) (1993) *Double-Edged Diplomacy: International Bargaining and Domestic Politics*, Berkeley: University of California Press.

Moravcsik, Andrew (1993) "Introduction: Integrating International and Domestic Theories of International Bargaining," in Peter B. Evans, Harold K. Jacobson, and Robert D. Putnam (eds.), *Double-Edged Diplomacy: International Bargaining and Domestic Politics*, Berkeley: University of California Press, pp.3-42.

Putnam, Robert D. (1988) "Diplomacy and domestic politics: the logic of two-level games," *International Organization*, 42 (3) : 427-460.

Putnam, Robert D. (1993) *Making Democracy Work: Civic Traditions in Modern Italy*, Princeton University Press. ロバート・D・パットナム／河田潤一訳（2001）『哲学する民主主義――伝統と改革の市民的構造』NTT出版。

Wiener, Antje, and Thomas Diez (eds.) (2009) *European Integration Theory*, Second Edition, Oxford: Oxford University Press. アンツェ・ヴィーナー＆トマス・ディーズ／東野篤子訳（2010）『ヨーロッパ統合の理論』勁草書房。

石黒馨（2007）『入門・国際政治経済の分析――ゲーム理論で解くグローバル世界』勁草書房。

草野厚（1997）『政策過程分析入門』東京大学出版会。

五月女律子（2001）「対外政策決定過程論の再検討」『国際政治』第128号: 100-114頁。

中戸祐夫（2003）『日米通商摩擦の政治経済学』ミネルヴァ書房。

村田晃嗣（2009）「対外政策決定過程――『ブラック・ボックス』の内側」村田晃嗣他『国際政治をつかむ』有斐閣、156-164頁。

第14章

ヘルドのグローバル化論

1 グローバル化の影響と研究

　1980年代、小さな政府を追求する新自由主義政策の国際的な広がりにより、各国の経済の自由化が加速し、西側先進国の間を中心とする国際貿易が活発化した。90年代になると、その流れは「経済のグローバル化」と称される現象にまで発展する。経済のグローバル化は国家間のグローバルな競争を激化させ、多国籍企業の活動範囲を広げると同時に、国家による政策の範囲を制約するようになった。グローバル化は経済の分野にとどまらず、政治や文化の分野にまで及び、96年には、国際政治経済学者のストレンジ（Susan Strange）がグローバル化による国家の「退場」を宣告するまでに至った（Strange 1996）。

　このグローバル化に関する研究は、90年代以降急速な進展を見せた。しかし同時に、グローバル化の性質や原因、影響をめぐる見解の相違も目立つようになる。特に、グローバル化は新しい現象なのか、また国家の自律性への影響はどの程度かをめぐって議論が過熱していく。さらに、99年末にシアトルで開催された世界貿易機関（WTO）の閣僚会議に対する反グローバル化デモに代表されるように、今世紀に入るあたりから、グローバル化の望ましさをめぐる論争は激しさを増した。こうして、グローバル化の研究には規範的な観点も多分に織り込まれることになった。

　グローバル化をめぐる議論が錯綜する中、イギリスの政治学者であるヘルド（David Held）を中心として包括的なグローバル化の分析が行われ、

その成果は1999年に『グローバル・トランスフォーメーションズ（*Global Transformations*）』として刊行された（Held et al. 1999）。原著で500ページに及ぶ同書で、ヘルドらは、グローバル化に対する見解の相違を考察に取り込んだうえで、その現状や原因、影響を分析している。特に、国家など政治分野へのグローバル化の影響に重点が置かれた。また、ヘルドらのグローバル化研究は、グローバル・ガバナンスの改革など望ましい政治制度や政策の提示にまで踏み込んだものである。このヘルドらのグローバル化の研究及びその中心人物であるヘルドによる研究は、今後の国内政治及び国際政治のあり方やそこでの政策決定過程を考える上で、見逃すことはできない重要な示唆を含んでいる。そこで、本章では、ヘルドらによる1999年のグローバル化の分析を紹介し、続いて、ヘルドを中心としたグローバル化への処方箋をめぐる議論について取り上げたい。

2　ヘルドらのグローバル化の分析

（1）グローバル化に対する多様な見解

　1999年刊行の『グローバル・トランスフォーメーションズ』では、①グローバル化とは何か、グローバル化はどのように概念化するべきか、②現代のグローバル化は今までにない新しい状況を示すものなのか、③グローバル化は主権国家の終焉、再生あるいは変容と結びついたものなのか、④現代のグローバル化は一国単位の政治に新たな制約を課するものなのか、またどのように民主化されうるのか、といったグローバル化研究における中心的な課題が正面から取り組まれた（Held et al. 1999, pp.1-2 ［邦訳、2頁］）。

　それらの課題を中心に、グローバル化をめぐっては多様な議論が展開されている。ヘルドらの研究の特長の一つは、グローバル化に対する見解の相違をいくつかの「学派（school）」に類型化して把握を試みていることである。グローバル化に対する見解は、大きく「ハイパーグローバリスト（hyperglobalist）」、「懐疑論者（sceptics）」、「転換主義者（transformationalist）」に分類される。これらの学派は、①概念化、②因果関係をめぐるダイナミ

クス、③社会経済的影響、④主権国家の権能とガバナンス（統治）に与える意義、⑤歴史的軌跡、それぞれに関して共通する議論の枠組みを有している（Held et al. 1999, p.3 [邦訳、4頁]）。

まず、ハイパーグローバリストは、グローバル化は伝統的な国民国家の存在を不自然で不可能な単位にし、人類史における新しい時代を画するものである、と肯定的に評価する。この見解は、特に経済の論理を重視したものであり、小さな政府と市場主義を柱とする新自由主義の思想に基づいて、地球規模の単一市場が登場し、競争が広がることを人類の進歩として祝福する。現在の経済のグローバル化は、生産、貿易、金融に関するトランスナショナルなネットワークを確立させることで、「脱国家化」を引き起こしつつある。そのような国境なき経済の時代にあっては、各国政府はグローバルな資本の単なる伝導役に過ぎない。また、経済のグローバル化は、新しい勝者と敗者を生み出し、南北間の格差という古くからの解釈を時代錯誤的なものにする。同時に、グローバル・ガバナンスや地域的なガバナンスの制度はますます発達していく。つまるところ、国家の主権と自律性は浸食され、「国民国家の終焉」を具体的に予告するような秩序が世界に形成されつつあると主張する（Held et al. 1999, pp.3-5 [邦訳、5-8頁]）。

対して、グローバル化の懐疑論者は、19世紀以降の世界における貿易、投資、労働に関する統計を踏まえて、現代の経済の相互依存のレベルは歴史的に前例なきものではないと主張する。実際、20世紀初めには既に相当に国家間の経済的な相互依存が進んでおり、統合された経済が広範囲に及んでいたとする。また、懐疑論者は、主権国家の政府が国際経済活動を統制できる能力をハイパーグローバリストが過小評価していることを批判する。そもそも、経済の国際化は、国家にとって制御不能な現象というより、各国政府が経済の自由化を継続的に行うかどうかに左右されるものである。つまり、国家自身が経済のグローバル化を作り出しているのである。よって、主権国家の政府は、機能不全に陥りつつあるというより、逆に、グローバル化が進む世界でますます中心的な存在になっていくと予測する（Held et al. 1999, pp.5-7 [邦訳、8-12頁]）。

転換主義論者は、グローバル化を「新しいミレニアムが始まろうとしている現在、近代社会と世界秩序を再編しつつある急速な社会・政治的変化

の背後の駆動力」であると確信する（Held et al. 1999, p.7［邦訳、12頁］）。現在のグローバル化は歴史的に前例のないものであり、国際問題と国内問題を明確に区別できないような世界を作り出しながら、社会や経済、ガバナンスの諸制度と世界秩序を大規模に変革しつつあるとする。しかし、懐疑論者やハイパーグローバリストと異なり、転換主義者はグローバル化の今後の展開について予言せず、グローバル化しつつある世界を肯定も否定もしない。その代わりに、グローバル化は矛盾に満ち満ちた長期にわたる歴史的過程であると強調する。

　同様に、主権国家は終焉しつつあるとするハイパーグローバリストの主張にも、何もそれほど変わっていないとする懐疑論者の見解にも合意しない。現代のグローバル化は、主権国家の政府の権能や機能、権威を再構成・再設計しつつあると考える。世界秩序はもはや国家中心的なものではなく、多国籍企業や脱国家的な社会運動、国際機構など非領域的な形態をもつ経済・政治的組織が世界規模で台頭しつつある。かといって、国家は終焉へ向かいつつあるというより、グローバル化に積極的に順応するよう迫られていると考える（Held et al. 1999, pp.7-9［邦訳、12-16頁］）。

　現在のグローバル化の評価をめぐっては、以上の三つの学派に分かれているが、ヘルドらは、グローバル化の研究を現在の水準以上にするには、概念化、因果関係、時期区分、インパクト、グローバル化の軌道といった争点にいっそう取り組むことが必要であるとする（Held et al. 1999, pp.10-14［邦訳、17-25頁］）。

（2）グローバル化の歴史的形態の分析枠組み

　そこで、ヘルドらはグローバル化のさらなる概念化に踏み込んでいく。グローバル化は「社会関係と交流の空間的組織化の変容を具体化し——それは社会的関係や交流の広がり、強度、速度そして影響によって評価されるのだが——大陸横断的もしくは地域間の『フロー』と、活動、相互作用、権力の行使のための『ネットワーク』を生み出す、一つの過程もしくは複数の過程の組み合わせ」と定義される（Held et al. 1999, p.16［邦訳、27頁を一部修正］）。ここでいうフローとは、物質的製品、人間、象徴、代用通貨

(token)、そして情報が時空を超えていく動きのことであり、ネットワークとは、独立したエージェント、活動が交差する結節点、あるいは権力の場、それぞれの間の定式化またはパターン化された相互作用を意味する(Held et al. 1999, p.16 [邦訳、27-28頁])。

上記のように定義されるグローバル化の形態は、時期によって異なるとヘルドらは考える。グローバル化の歴史的形態は、「時間的・空間的次元」と「組織的次元」から把握し比較することが可能である。

時間的・空間的次元は、さらに①グローバルなネットワークの「広がり」、②グローバルな相互連関の「強度」、③グローバルなフローの「速度」、④グローバルな相互連関性が与える「インパクト」の傾向の四つの次元から構成される。最後のインパクトについては、政策決定、制度、配分、構造、それぞれに与えるインパクトに分類できる。組織的次元については、①グローバル化のインフラ(輸送手段や通信技術、法制度など)、②グローバルなネットワークの制度化と権力の行使、③グローバルな階層化(stratification)のパターン(集団間の不平等など)、④グローバルな相互作用の様式(強制か協調か、経済的手段か軍事的手段かなど)に注目することになる(Held et al. 1999, pp.16-21[邦訳、29-36頁])。

その上で、グローバル化の歴史的形態を、時間的・空間的次元(時空次元)に沿って類型化する枠組みを提示する(図1)。

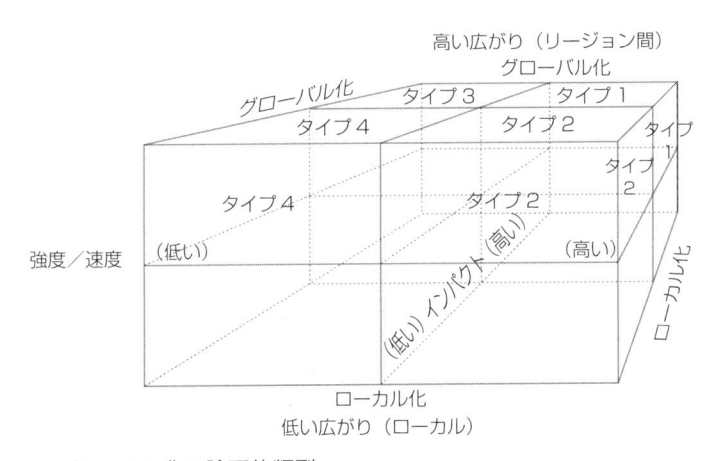

図1　グローバル化の論理的類型
出典：Held et al. (1999: 24 [邦訳39])。

そこから、四つのグローバル化のタイプが導かれる。すなわち、タイプ1「濃密なグローバル化」(高い広がり、高い強度、高い速度、高いインパクト)、タイプ2「拡散的グローバル化」(高い広がり、高い強度、高い速度、低いインパクト)、タイプ3「拡張的グローバル化」(高い広がり、低い強度、低い速度、高いインパクト)、タイプ4「希薄なグローバル化」(高い広がり、低い強度、低い速度、低いインパクト)である。タイプ1は19世紀末のイギリスが中心であった時代、タイプ3は近世の西欧の帝国主義的な拡張の時代、タイプ4はヨーロッパと中国が結びついたシルクロード交易の時代、というように、それぞれ近似の事例が存在する(Held et al. 1999, pp.21-23［邦訳、36-41頁］)。ヘルドらがこの類型化を通じて強調したいことは、グローバル化は単一の状態でもなければ単線的な過程でもない、ということである。

(3) 政治のグローバル化

グローバル化は「政治、軍事、経済、文化、移民、環境など多様な分野の活動と相互作用を包摂する、高度に差異化された現象」であるが、中でも例示された六つの分野は中心的な「権力の場」とされ、それぞれ詳細に取り上げられている(Held et al. 1999, p.23［邦訳、41頁］)。

政治のグローバル化の章では、古代の帝国システムや国家形態に始まり、中世のヨーロッパの分散した権威システム、近世ヨーロッパでの近代国家と国家システムの発生、近代の欧州列強による帝国主義の展開と国民国家の世界的な広まり、第二次世界大戦以降の現代の「グローバル政治」の出現まで、先のグローバル化の分析枠組みに沿って検証される。結果、近世、近代、現代における政治のグローバル化の特徴は表1のように示される。

現代の政治のグローバル化の特徴的な傾向として、多国籍企業のような国際的／トランスナショナルな組織の形態の変化、国連など(政府間)国際機構や国際NGOの発達、人権レジームなど多様な国際レジーム(＝規則や規範、制度の集合体のこと)の急速な発展、国際法の形態や適用範囲、対象の変化と「世界法」への進化、欧州連合(EU)のような地域的組織や制度の

表1　政治的グローバル化の歴史的形態

	近世（12-18世紀）	近代（19-20世紀）	現代（1945年以降）
広がり	主として領土内・地域内だが帝国的膨張も始まる。	グローバルな帝国。国民国家から成るグローバル・システムの出現。	グローバルな国家システム。グローバルな政治秩序の出現。政治の地域化と地域間主義。
強度	低いが、政治的・経済的競争者が遭遇し衝突する場合には強度が結びつく。	量が増大しフローと結合が拡大する。	前例のないレベルでのフロー、合意、ネットワーク（公式、非公式）、結合。
速度	限定的、散発的。	増大してゆく。	リアルタイムなコミュニケーションが出現するにつれグローバルな政治的相互作用が加速化。
インパクトの傾向	低いが、インパクトは集中的に結びつく。	制度的、構造的影響の増大。	高い。相互結合、敏感性、脆弱性。
インフラ	最小限。条約から会議体まで多国間の枠組みがきわめてゆっくりと出現。	国際的／トランスナショナルな組織やレジームの出現。	レジーム、国際的／トランスナショナルな組織並びに法的メカニズムの規模、形態、範囲が広範に変化。リアルタイムなグローバル・コミュニケーションとメディアのインフラ。
制度化	最小限。しかし外交と国家間のネットワークの規制の始まり。	ルール、レジームおよび国際法の試行的で脆弱発展。	レジーム、国際法、世界法の諸要素、政府間／トランスナショナルな組織構造の著しい発展。
階層化	ヨーロッパ中心の世界秩序の発展。弱年で、分散的で不平等な、領土横断的な政治組織。	西欧先進諸国に集権化した政治的、軍事的、経済的権力の階層性。政治的能力は発展、しかし巨大な非対称性が拡大。	二極的な冷戦から多極的な世界へ。新興工業国（NICs）や非国家アクターが権力構造を変化させるに伴い、先進国と途上国の階層性が崩壊。
相互作用の様式	対抗関係、「限定戦争」。紛争的／強制的。帝国主義的。	領域的。外交的。地政学的で強制的。帝国主義的。紛争と競争。総力戦の発展。	脱領域化と再領域化。協調的、協同的行動の枠組みが出現する中での「国家理性」の追求。協力と競争。「地経学」的。帝国の終焉。

出典：Held et al. (1999: 79-80 [邦訳126-127] の表を筆者修正。

出現が挙げられる。結果、現在では、主権国家と国家間システムを中心とした領域的な世界秩序から、ローカルからグローバルまでの重層的で脱領域的な世界秩序への移行が生じつつあるとする（Held et al. 1999, pp.32-86 [邦訳、55-135頁]）。

（4）現代のグローバル化の特徴と国家への影響、「民主化」の課題

　政治と同様に、軍事、経済、文化、移民、環境の各分野についてグローバル化の歴史的変遷を分析した後、ヘルドらは、現代のグローバル化の特徴を近世や近代のグローバル化と比較しながらまとめている（Held et al.

1999, pp.414-452［邦訳、637-693頁］)。

　現代のグローバル化を、他の時代のものとは異なる独自の過程としたうえで、その基本的特徴として、まず、①あらゆる社会的領域を包摂するグローバルなフロー、相互作用、ネットワークが、歴史的に前例のない広がり、強度、速度、インパクトの傾向を有している「時空的」特徴、②統制や通信の新しいインフラによる、世界規模の社会的、政治的、経済的な権力関係の前例のない制度化や組織化を示す「組織的」特徴、③政治から環境まで社会的生活のあらゆる側面においてグローバル化の影響力が今までにない形で「融合」している点を挙げている。

　続いて、④19世紀後半に支配的だった軍事的、経済的、政治的側面に加えて、移動や文化、環境の面でのグローバル化の重要性が高まっている「多様な様相」、⑤通信インフラとマスメディアの発達によりグローバルな相互連関性をエリートから大衆まで認識するようになり、それに基づいて自覚的に多様な世界秩序が追求されている「再帰性」、⑥グローバル化の認識が高まるにつれて国家、市民、社会運動によるグローバル化への「異議申し立て」が活発化しつつある点、⑦グローバル化と互いに強化しあう「地域化」、⑧これまでのグローバル化では抵抗の対象であったが、現代のグローバル化ではそれほどではない「西洋化」が挙げられる。

　さらに、⑨現代のグローバル化は、政治的支配の組織化や政治的権威の行使にとって唯一あるいは根本的な基礎としての領域原則を揺るがし、さまざまな形態の「領域性（territoriality）」の政治と結びついている。⑩先進資本主義国が戦後発達させた福祉国家ないし「大きな政府」への影響など、現代のグローバル化は「国家形態」を揺るがせている。⑪これまでの時代と比較して、現代のグローバル化は国家における「民主的ガバナンス」を普及させたが、デモクラシーの原則はグローバル・ガバナンスの制度や組織にまで及んでおらず、ジレンマが生じている。

　以上から、ヘルドらは、先に挙げたグローバル化のタイプのうち、現代のグローバル化は「濃密なグローバル化」と呼びうると結論付ける (Held et al. 1999, pp.430-431［邦訳、663-665頁］)。

　グローバル化のもう一つの争点である国家への影響については、現代のグローバル化は、決して単に国民国家の衰退を予期するものでも、国家権

力の低下を示すものではないとする。先述のように、現代のグローバル化は、複数の過程から構成される複雑なものであると同時に、一定の傾向も示している。また、歴史的形態の分析が明らかにするように、グローバル化は、自動的で自己再生的なものではなく、市場主義や地球船宇宙号のような多様なスローガンを掲げる社会的勢力が欧州委員会やWTO、NGOの集会など多様な場で競合する中で、押し進められている。そのようなグローバル化をめぐる政治が存在するときに、グローバル化の国家への影響も複雑となる。国家の主権や自律性は、単純に縮小というより、むしろ地域的及びグローバルな秩序が変化していく過程で、再調整され、再形成されているのである (Held et al. 1999, pp.436-444 [邦訳、669-680頁])。

最後に、ヘルドらは、「グローバル化は『政治の終焉』を予示するものではなく、むしろ新しい手段による政治の継続」との認識の上に、グローバル化の「文明化」及び「民主化」という課題を取り上げる (Held et al. 1999, p.444 [邦訳、681頁])。グローバル化により、政治的空間はもはや国家の領域とは重ならない。地球環境問題や感染症の拡大、グローバルな金融市場の規制問題のように、国境を超える問題が増大して、個々の政治的共同の運命や将来が相互に結びつく「重複的運命共同体 (overlapping communities of fate)」が生み出されつつある。

このようなグローバルな変化は、デモクラシーの概念に大きな影響を与える。デモクラシーとは特定の政治的共同体における集合的な自己決定であり、近代以降、その政治的共同体は国民国家と重なり合ってきた。しかし、デモクラシーの実践の場としての政治的共同体を、一つの国民国家の境界の中に位置づけることはもはや困難になりつつある。今や、政治権力は、国家、地域、グローバルなレベルで、さまざまな勢力や機関によって共有され、交換され、争われているのである。

では、民主的な政治的共同体をどう再編して、グローバル化をどう「民主化」すればよいかについては、多様な意見がみられる。ヘルドらは、それらを、①弱まりつつある国内の自由民主主義をグローバル・ガバナンスの改革で生まれる民主的世界秩序で置き換えようとする「リベラルな国際主義」、②従来のグローバル・ガバナンスを社会運動による直接民主主義に基づいて（改革ではなく）置き換えるべきとする「ラディカルな共和主義」、

③従来の民主的統制を超えて現在作用している権力の場に、アカウンタビリティ（説明責任）をもたせるための民主的な原則や制度的取り決めを導入して、多層的な民主的政治共同体を構築しようとする「コスモポリタン・デモクラシー」に類型化する。

　これまでのグローバル化の議論および筆者らの過去の著作からは、コスモポリタン・デモクラシーこそが望ましい方向性であることが推察される（Held 1995）。しかし、同書は、国民国家に限定されない民主的制度・実践や民主的政治共同体の再編成の必要性と可能性を主張するのみで締めくくっている（Held et al. 1999, pp.444-452［邦訳、681-639頁］）。

3　グローバル化への処方箋をめぐる議論

　ヘルドらのグローバル化の解釈は、グローバル化の中身は時代により変化するものであり、決して単線的ではなく、国家への影響も不可避ではあるものの、その程度や内容は分野や国によって千差万別である、というものであった。このようなグローバル化への見解や分析の枠組みに対しては、批判は少ない。例えば、2009年に刊行されたスティーガー（Manfred B. Steger）によるグローバル化の入門書も、ヘルドらと同様、グローバル化に対するイデオロギーを複数示したうえで、経済、政治、文化、エコロジーの分野ごとにグローバル化の現状を概観したものである（Steger 2010）。

　議論が分かれるのは、グローバル化によって生じる国境を超える問題の増加と国家の変容に対し、具体的にどう対処すべきかをめぐってである。その議論には、先述の99年末のシアトルでの大規模な反グローバル化のデモや、2001年の9・11同時多発テロ、それに続くアメリカのブッシュ（George W. Bush Jr.）政権による対テロ戦争（アフガニスタン戦争やイラク戦争など）と、まさにグローバル化が大きく関わる国際情勢も強い影響を与えることとなった。ヘルドらも、時事的な色彩を強めながら、グローバル化をどう扱うべきかをめぐって論争を続けていく（Held and McGrew 2002;

表2　二つの経済アジェンダと安全保障ドクトリン

ワシントン・コンセンサス	社会民主主義アジェンダ
(当初からのアジェンダ) 　財政規律、公的支出の見直し、税制改革、金融自由化、統一的で競争的な為替レート、貿易自由化、海外直接投資の開放、民営化、知的財産権の保護 (拡大アジェンダ) 　法制度と政治の改革、規制機関、反腐敗、労働市場の柔軟性、WTO協定、金融規制と基準、堅実な資本取引の開放、非介入の為替相場システム、セーフティーネット、貧困削減	(国内) 　堅実なマクロ経済政策、政治と法制度の改革奨励、健全な公共部門の創出、政府主導の経済開発政策、世界市場への段階的統合、人的・社会資本への優先的投資、貧困削減とセーフティーネット、市民社会の強化 (世界) 　WTOのドーハ・ラウンドの再建、債務取り消し、人の移動の公正なシステム、国際金融機関への途上国の交渉力の向上、国連改革
ワシントン安全保障ドクトリン	人間の安全保障ドクトリン
覇権的、支配による秩序、単独行動主義、先制及び予防的な武力行使、米国の軍事力への依存、(アメリカ流の)自由と民主主義を世界で追求	多国間主義、法と社会正義による秩序、集団安全保障の強化、最後の手段としての武力行使、安全保障と人権の再結合、国連安保理の改革

出典：Held et al. (2005: 35-36 [邦訳36])の表をもとに筆者作成。

Held and Koenig-Archibugi 2003)。

　なかでもヘルドは、グローバル化によって生じている問題、特に、グローバルな経済的不平等と深刻な貧困、地球環境問題の悪化、グローバル・ガバナンスの機能不全に対し、より実践的な改革案および政策アジェンダ（課題ないし計画）の提案を重ねていった。9・11同時多発テロに続く対テロ戦争を受けた2004年には、ヘルドは『グローバル社会民主政の展望 (*Global Covenant*)』を刊行し、1980年代以来西側先進諸国により推し進められてきた「ワシントン・コンセンサス」と、9・11事件以降のブッシュ政権により推進されるようになった「ワシントン安全保障ドクトリン」に対比する形で、「社会民主主義アジェンダ」と「人間の安全保障ドクトリン」を示した（Held 2004; Held et al. 2005）。それらの特徴は表2のようにまとめられる。

　ワシントン・コンセンサスは、新自由主義の思想に基づいて、自由貿易、資本市場の自由化、規制緩和、公的部門の民営化を求めるものであり、経済のグローバル化推進を支えてきたアジェンダである。90年代には、批判を受けて修正・拡大されたものの基本は変わらない。対して、ヘルドが提案する社会民主主義のアジェンダは、自由市場を維持しつつも、グローバルな社会的正義や平等を追求し、グローバルな市場の規制や途上

国での貧困緩和、地球環境保護へ向けた政策のさらなる実施を求めるものである。また、そのために必要なグローバル・ガバナンスの諸機関のアカウンタビリティと有効性を高めるため、途上国の平等な参加など国連システムを中心に機構改革を要求する(Held 2004)。

ワシントン安全保障ドクトリンは、アメリカ流の自由と民主主義による安全保障の国際的な実現を目指し、覇権国であるアメリカを中心とした単独行動主義や、イラク戦争のようなテロの予防を口実とした先制攻撃の容認を特徴とする。対して、人間の安全保障ドクトリンでは、法と正義に基づく秩序が、国連を中心とした集団安全保障体制など多国間の枠組みを通じて追求され、大国中心の現行の国連安全保障理事会の改革を含めたグローバル・ガバナンスの諸制度の改革と強化が目指される(Held 2004)。

この多分に時事的色彩を帯びたヘルドの提案に対しては、グローバル化の現状に対するヘルドの見方は悲観的に過ぎており新たな提案は不要であるという意見や、そもそも生起しつつあるのは経済のグローバル化ではなく、今なお主権を有する自律した国家間の合意に基づいて推進される「地域化」であるという反論、現在世界で多発する安全保障上の危機の原因は途上国の貧困や不十分なガバナンスにあり、原因をアメリカの政策だけに求め過ぎているといった批判が提起されている(Held 2005)。

アメリカで政権がブッシュからオバマ(Barack Obama)へ引き継がれ、その外交方針が大きく転換された後も、ヘルドは、グローバル化によって生まれた「重複的運命共同体」の世界における政治とデモクラシーのあり方、言い換えるとグローバル化の「民主化」について、コスモポリタン・デモクラシーないしコスモポリタニズムの概念を手掛かりに、論考を重ねている(Held 2010)。

4 グローバル化における政策決定の行方

本書では、各国国内で行われている政策決定に関する理論や分析枠組みが扱われているが、その国家における政策決定の従来の前提を掘り崩し

て、新しい前提を築きつつあるのが、本章で取り上げたグローバル化である。国家が決定できる政策の範囲自体がグローバル化により制約を受けている。かといって、グローバル化が与える国際的な影響に対して、国連や国際通貨基金(IMF)などグローバル・ガバナンスの諸制度が対応できていないのは、2008年後半のアメリカのサブプライムローン問題に端を発し、12年に入ってもEUの財政危機に飛び火しながら続いている、世界金融危機を見ても明らかである。

　国家の政策決定過程へのグローバル化の影響は今後も避けられない。グローバル化の問題に対処するためには、国家との連携を含めたグローバル・ガバナンスの再編とそこでの民主的な意思決定のあり方が求められる。そのグローバル化の変化や方向性、影響を理解するために、ヘルドらによるグローバル化研究は、今なお最も包括的で体系的な先行研究である。

　確かに、研究成果を踏まえてヘルドが示した具体的な政策アジェンダについては、意見が分かれるかもしれない。他にも、例えば、より国家の役割に注目して、国家と非国家行為主体(国際機構やNGO、企業)の間の「パートナーシップ」に期待する方向もありうる(杉浦2007)。いずれにせよ、これからの各国およびグローバルなレベルでの政治や政策決定を考える上で、ヘルドらの論考は一つの重要な足がかりであり続けよう。

参考文献

Held, David (1995) *Democracy and the Global Order*, Cambridge: Polity Press. デヴィッド・ヘルド／佐々木寛他訳（2002）『デモクラシーと世界秩序——地球市民の政治学』NTT出版。

Held, David (2004) *Global Covenant*, Cambridge: Polity Press. デヴィッド・ヘルド／中谷義和・柳原克行訳（2005）『グローバル社会民主政の展望——経済・政治・法のフロンティア』日本経済評論社。

Held, David et al. (2005) *Debating Globalization*, Cambridge: Polity Press. デヴィッド・ヘルド編／猪口孝訳（2007）『論争グローバリゼーション——新自由主義対社会民主主義』岩波書店。

Held, David and Mathias Koenig-Archibugi (eds.) (2003) *Taming Globalization:*

Frontiers of Governance, Cambridge: Polity Press. デヴィッド・ヘルド＆マーティアス・アーキブージ編／中谷義和監訳（2004）『グローバル化をどうとらえるか——ガヴァナンスの新地平』法律文化社。

Held, David and Anthony McGrew (2002) *Globalization/Anti-Globalization*, Oxford: Polity. デヴィッド・ヘルド＆アントニー・マッグルー／中谷義和・柳原克行訳（2003）『グローバル化と反グローバル化』日本経済評論社。

Held, David (2010) *Cosmopolitanism: Ideals and Realities*, Cambridge: Polity Press. デヴィッド・ヘルド／中谷義和訳（2011）『コスモポリタニズム——民主政の再構築』法律文化社。

Held, David, Anthony McGrew, David Goldblatt and Jonathan Perraton (1999) *Global Transformations*, London: Polity Press. デヴィッド・ヘルド、デヴィッド・ゴールドブラット、アンソニー・マグルー、ジョナサン・ペラトン／古城利明他訳者代表（2006）『グローバル・トランスフォーメーションズ——政治・経済・文化』中央大学出版部。

Steger, Manfred B. (2009) *Globalization: A Very Short Introduction*, Second Edition, Oxford University Press. マンフレッド・B・スティーガー／櫻井公人他訳（2010）『新版グローバリゼーション』岩波書店。

Strange, Susan (1996) *The Retreat of the State: The Diffusion of Power in the World Economy*, Cambridge: Cambridge University Press. スーザン・ストレンジ／櫻井公人訳（1998）『国家の退場——グローバル経済の新しい主役たち』岩波書店。

杉浦功一（2007）「グローバル化と国家」岩崎正洋・坪内淳編『国家の現在』芦書房、193-223頁。

事項索引

あ行

アイディア　35, 40, 44
アイディアの政治学　136, 137
アジェンダ（agenda：議題）　31, 32, 34
アジェンダ・セッティング（agenda setting：議題設定）　31, 34, 36
新しい公共　178, 192
アナーキー　195, 211
閾値効果　123
意思決定費用　101, 102, 105, 106, 112
意思決定論　6
一時的プレーヤー　202
一般性　41
イデオロギー距離（ideological distance）　88
因果連鎖効果　123
インクリメンタリズム（漸変主義）　27
インディアン　202, 204
ウィンセット（win-set：勝利集合）　214, 221
ウィンセットのサイズ　215, 216, 217
裏付け（backing）　152
ウルグアイ・ラウンド　222
大きな政府　234
オペレーションズ・リサーチ（operations research）　26

か行

外圧　219, 223
懐疑論者（sceptics）　228
外交　195
解釈論的ガバナンス論　72, 73
蓋然性（確からしさ）　152, 153
概念レンズ　197, 208
外部費用　101, 102, 105, 106, 107
科学性　40
核抑止論　195
家産制的官僚制　169
カップリング　36, 37, 38, 40, 44
カリスマ的支配　168
環太平洋戦略的経済連携協定（TPP）　223
完備性　99
規範的機能　138
規範的公共選択論　98
逆機能　175
逆第二イメージ　220
吸収ルール　84
キューバ危機　196, 204, 206
拒否権プレーヤー　83
議論　150, 151
議論の構造　154
近代的官僚制　169
グローバル化の懐疑論者　229
グローバル化の「民主化」　235, 238
グローバル化の歴史的形態　231
グローバル化の論理的類型　231
グローバル・ガバナンス　228, 237, 238, 239
経路依存　117
経路依存性　135, 144
ゲーム理論　212, 213, 223
現状打開圏　84
現状打破集合　84
現象の制御　43
限定詞（qualifier）　152
限定的な合理性（bounded rationality）　27
小泉首相の北朝鮮電撃訪問　207
合意形成　163
行為経路　203
公共政策（public policy）　3, 4, 5, 6
合理的行為者モデル　208

効果のラグ　111
行動科学革命（behavioral revolution）　19
行動能力　127
合法的支配　168
合理的行為者モデル　197, 198, 206
合理的選択制度　55
合理的選択制度論　116
国際通貨基金（IMF）　239
国内政府モデル　207
国民のムード　36, 39, 41, 42
国連　232, 238, 239
コスモポリタニズム　238
コスモポリタン・デモクラシー　236, 238
国家の空洞化（hollowing out of the state）　65, 66, 68, 71, 76
ゴミ缶モデル（garbage can model）　33, 36, 38

さ行

再帰性　234
再中心化戦略（restoring the centre）　70, 71
サイドペイメント（別払い）　217, 220
裁量　183
シカゴ学派　19
時間　116
自己強化　118
実行のラグ　111
実証的公共選択論　98
自動化への選好（preference for automation）　26
自発的な裏切り（voluntary defection）　215
社会科学研究評議会（Social Science Research Council）　16, 19
社会学的制度論　116
社会的容量の発展　121
社会民主主義　63

社会民主主義アジェンダ　237
重大な岐路（critical juncture）　116
主人―代理人（principal-agent）理論　219
主張（claim）　152
シュトゥットガルト　93
掌握戦略（holding on）　70, 71
小集団モデル　207
唱道的主張（advocative claim）　157
唱道連携モデル（Advocacy Coalition Framework: ACF）　161
新自由主義　63, 64, 65, 76, 77, 142, 229, 237
新制度論　115, 134, 135, 136
推移性　99
スタッファー　202
ストリート・レベルの官僚　183
政策安定性　87
政策案の形成・列挙　36
政策案の作成・列挙　34
政策過程　31
政策決定　32
政策事業家（policy entrepreneur）　37
政策循環　10
政策転換　37, 40
政策ネットワーク論　47
政策の流れ（policy stream）　35, 38, 40
政策の窓　36, 37
政策の窓（policy window）の開放　36
政策論（policy theory）　160
政治的空間の充満　121
政治のグローバル化　232
政治の流れ（political stream）　35, 36, 38, 39, 40, 41, 44
制度消耗　129
制度選択　124
制度弾性　125
制度置換　129, 145

制度転用　129, 145
制度の起源と発展　117
制度発展　125
制度併設　129, 145
制度変化　124
制度放置　129, 145
正のフィードバック　118
政府内（官僚）政治モデル　197, 201, 206, 208, 213
勢力均衡論　195
世界金融危機　239
世界貿易機関（WTO）　227
節倹性　43
説明力　39
全会一致コア　86
全者合意コア　86
戦略核ミサイル　196
相乗的連携（synergistic linkage）　216
ソーシャルキャピタル（Social Capital）　221
組織化された無秩序（organized anarchy）　33, 38
組織過程モデル　197, 199, 206, 208
ソビエト連邦（ソ連）　196

た行

第一線公務員　183
対外政策　195
対テロ戦争　236
第二イメージ　220
タイミングと配列　117
単一的政体（simple polity）　140, 141, 142, 143
段階モデル（stages model）　32, 36, 42
単独行動主義　238
小さな政府　63, 64, 65, 70, 71, 76
チーフ　202, 204
知識活用　44
中位投票者モデル　109
長期的過程　117
調整的言説（coordinative discourse）　138, 140, 142, 143, 145
重複的運命共同体（overlapping communities of fate）　235, 238
ツーレベルゲーム　212, 213
データ（data）　153
デモクラシー　235
転換主義者（transformationalist）　228
転換主義論者　229
伝達的言説（communicative discourse）　138, 140, 142, 145
伝統的支配　168
トゥールミン・モデル　151
投票のパラドックス　107, 108

な行

日常論理　152, 156
日米構造協議　223
日米通商交渉　223
人間の安全保障ドクトリン　237, 238
認知的機能　138
認知のラグ　111
ネオリアリズム（新現実主義）　212
ネオリベラリズム（新自由主義）　211
ネットワーク・ガバナンス論　72, 73, 77
ネットワークの変容　54
ネットワーク・ヘゲモン　57
粘着性の高い制度　120

は行

バーデン・ヴュルテンベルク州　93
パートナーシップ　239
ハイパーグローバリスト（hyperglobalist）　228, 229
派生結果　202
パラダイム　198

反響(reverberation) 218
反グローバル化 227, 236
反射性 99, 100
東日本大震災 7, 8
非国家行為主体(アクター) 211, 239
批准(ratification) 214
評価的主張(evaluative claim) 157
標準作業手続き(SOP) 199
標準的様式 199
標準手続き 208
深い均衡 126
不可能性定理 108
複合的政体(compound polity) 140, 141, 142, 143
福島第一原子力発電所 7, 8
部分モデル 205
不本意な(involuntary)裏切り 215
ブラックボックス 195, 211
プログラム 199, 200
分離戦略(letting go) 70, 71
弁証法的アプローチ 55

ま行

民主主義の政策科学(policy sciences of democracy) 18, 28
民主的ガバナンス 234
明示的主張(designative claim) 156
メガポリシー(megapolicy) 19
メタ・ガバナンス 73
メタ・ガバナンス論 72
問題志向的探索 200
問題の流れ(problems stream) 35, 38, 39, 40, 44

や行

有事関連法案 207
予測性 41, 42

ら行

ラグ 111
ラディカルな共和主義 235
リアリズム(現実主義) 195, 211
理念的アプローチ 55
リベラリズム 224
リベラルな国際主義 235
リンケージ・ポリティックス 213
累積的原因論 123
累積的効果論 123
ルーティン 199, 200
歴史的制度論 115
レパートリー 200
レントシーキング 110
ローズ・モデル 48
ロックイン 119
ログローリング 101, 102, 103, 104, 112
論拠(warrant) 152
論証 151
論駁(rebuttal) 152

わ行

ワシントン安全保障ドクトリン 237, 238
ワシントン・コンセンサス 237

A～Z, 数字

CIA 199
inの知識(knowledge in process) 18, 20, 23
NPM(New Public Management) 63, 64, 65, 70, 71, 74
ofの知識(knowledge of process) 18, 22, 24
PDCAサイクル 10
PPBS(計画プログラム予算システム) 26
51対49の原則 204
9・11同時多発テロ 236

人名索引

あ行

アインシュタイン（Albert Einstein） 81
アクセルロッド（Robert M. Axelrod） 213
足立幸男 149, 160
アップルビー（Paul H. Appleby） 175
アリソン（Graham Allison） 12章（195-），211
アルブロウ（Martin Alblow） 167
アロー（Kenneth J. Arrow） 17, 108
石黒馨 223
イーストン（David Easton） 2, 9
市川伸一 43
ヴァンサン・ド・グルネ（Vincent de Gournay） 167
ウィルクス（Stephen Wilks） 52
ヴィクセル（Knut Wicksell） 98
ウィルダフスキー（Aaron Wildavsky） 182
ウェーバー（Max Weber） 10章（167-）
ヴェブレン（Thorstein Veblen） 175
大嶽秀夫 42
大森彌 5, 10
オーツ（Wallace E. Oates） 107, 109
オバマ（Barack Obama） 121, 238
オルセン（Johan P. Olsen） 33

か行

ガーソン（G. David Garson） 26
キスビー（Ben Kisby） 56
キングダン（John W. Kingdon） 2章（31-）
クーニッグ（Thomas König） 55
クリントン（Bill Clinton） 223
ケスターリーマン（Silke Köster-Riemann） 92
ケネディ（John F. Kennedy） 26, 196
小泉純一郎 207
コーエン（Michael D. Cohen） 33
ゴールドナー（Alvin W. Gouldner） 176
コールマン（William D. Coleman） 52
小島廣光 41
コック（Wim Kok） 142
コックス（Robert Cox） 146
コンドルセ（Marquis de Condorcet） 107, 108

さ行

サイモン（Herbert A. Simon） 27
サッチャー（Margaret Thatcher） 141
ザハリアディス（Nikolaos Zahariadis） 41, 43
ジェソップ（Bob Jessop） 72
信田智人 207
シャルプ（Frits W. Scharpf） 69
シュミット（Vivien A. Schmidt） 8章（133-）
シュレーダー（Gerhard Schröder） 141
ジョーダン（Grant Jordan） 49
ショッパ（Leonard J. Schoppa） 223
ジョンソン（Lyndon B. Johnson） 26
シルズ（Edward A. Shils） 17
スコールニック（Jerome H. Skolnick） 190
スコッグスタッド（Grace Skogstad） 52
スティーガー（Manfred B. Steger） 236
ストリーク（Wolfgang Streeck） 128
ストレンジ（Susan Strange） 227
スナイダー（Richard C. Snyder） 195
スミス（Martin Smith） 55
セーレン（Kathleen Thelen） 127
セン（Amartya Sen） 108

ソレンセン（Eva Sørensen）　73, 77

た行

ダール（Robert A. Dahl）　47
ダウディング（Keith Dowding）　54
ダウンズ（Anthony Downs）　109
タロック（Gordon Tullock）　6章（97-）
ダン（William N. Dunn）　156, 158
チトー（Josip Broz Tito）　217
ツェベリス（George Tsebelis）
　　5章（81-）
デイビス（Kenneth C. Davis）　190
ティボー（Charles Tiebout）　107, 109
デューイ（John Dewey）　175
トゥールミン（Stephen E.Toulmin）
　　9章（149-）
トーガソン（Douglas Torgerson）　22
トルフィング（Jacob Torfing）　73, 77
ドロア（Yehezkel Dror）　19, 25

な行

中戸祐夫　223
ニコルソン（Harold Nicolson）　195
ニスカネン（William A Niskanen）　110
二宮祐　42

は行

バーゼル（Tanja A. Börzel）　47
ハインドムーア（Andrew Hindmoor）　72, 75
畠山弘文　190
パットナム（Robert D. Putnam）
　　13章（211-）
ピアソン（Paul Pierson）　7章（115-）
ピーターズ（B. Guy Peters）　4章（63-），127
ピーレ（Jon Pierre）　4章（63-）
ファー（James Farr）　28

フーコー（Michel Foucault）　136
ブキャナン（James Buchanan）
　　6章（97-）
ブッシュ（George W. Bush Jr.）　236, 237
ブラウニンガー（Thomas Bräuninger）　55
ブラック（Duncan Black）　108
フルシチョフ（Nikita S. Khrushchev）　196
ブレア（Tony Blair）　141
プレスマン（Jeffrey L. Pressman）　182
ブロム＝ハンセン（Jens Blom-Hansen）　55
ヘイ（Colin Hay）　57
ベヴィア（Mark Bevir）　73
ベラン（Daniel Béland）　145
ベル（Stephen Bell）　72, 75
ヘルド（David Held）　14章（227-）
ベンソン（Kenneth J. Benson）　49
ホッブズ（Thomas Hobbs）　100
ホテリング（Harold Hotelling）　109

ま行

マーシュ（David Marsh）　51
マーチ（James G. March）　33
マックール（Daniel C. McCool）　18
松田憲忠　161
マートン（Robert K. Merton）　175
マホニー（James Mahoney）　128
マルクス（Karl Marx）　24
ミュラー（Dennis C. Mueller）　110
メイ（Kenneth O. May）　109
メリアム（Charles E. Merriam）　19
メルケル（Angela Merkel）　94
モーゲンソー（Hans J. Morgenthau）　198
モラヴィクシック（Andrew Moravcsik）　221

や行

山川雄巳　4

ら行

ラーナー（Daniel Lerner）　17
ライカー（William H. Riker）　109
ライト（Maurice Wright）　52
ラザースフェルド（Paul F. Lazarsfeld）
　　17
ラスウェル（Harold D. Lasswell）
　　1章（15-），1, 10, 12, 44
ラッシュ（Bjørn E. Rasch）　92
リチャードソン（Jeremy Richardson）　49
リプスキー（Michael Lipsky）
　　11章（181-）
リンド（Robert S. Lynd）　16, 17, 28
リンドブロム（Charles E. Lindblom）　27
ルソー（Jean-Jacques Rousseau）　100
レーウ（Frans L. Leeuw）　160, 161, 162
ローズ（R. A. W. Rhodes）　3章（47-），
　　65, 66, 67, 73, 76
ローズノー（James N. Rosenau）　195, 213
ロック（John Locke）　100

執筆者紹介

岩崎正洋(いわさき・まさひろ)　編者：はしがき・序章
1965年、静岡県生まれ。東海大学大学院政治学研究科博士課程後期修了。博士（政治学）。現在、日本大学法学部教授。〔主著〕『政党システムの理論』東海大学出版会、『政治発展と民主化の比較政治学』東海大学出版会など。

木暮健太郎(こぐれ・けんたろう)：第1章
1971年、栃木県生まれ。東海大学大学院政治学研究科博士課程後期単位取得満期退学。現在、杏林大学総合政策学部准教授。〔主著〕『ガバナンス論の現在』（共著）勁草書房、『政治の見方』（共著）八千代出版など。

松田憲忠(まつだ・のりただ)：第2章・第9章
1971年、東京都生まれ。早稲田大学大学院政治学研究科博士後期課程修了。博士（政治学）。現在、青山学院大学法学部准教授。〔主著〕『現代日本の政治』（共編著）ミネルヴァ書房、『ガバナンス論の現在』（共著）勁草書房など。

古地順一郎(こぢ・じゅんいちろう)：第3章・第7章
1974年、山口県生まれ。オタワ大学大学院政治学研究科博士課程修了。Ph.D.（政治学）現在、ケベック大学モントリオール校研究員。〔主著〕*Immigrant Settlement Policy in Canadian Municipalities*（共著）McGill-Queen's University Press、『ジェンダー平等と多文化共生』（共著）東北大学出版会など。

西岡晋(にしおか・すすむ)：第4章・第8章
1972年、東京都生まれ。早稲田大学大学院政治学研究科博士後期課程単位取得退学。現在、金沢大学法学類准教授。〔主著〕『政治の見方』（共編著）八千代出版、『雇用連帯社会』（共著）岩波書店など。

寺迫剛(てらさこ・ごう)：第5章
1977年、岡山県生まれ。早稲田大学大学院政治学研究科修士課程修了。現在、早稲田大学大学院政治学研究科博士後期課程。〔主著〕『雇用連帯社会』(共著)岩波書店、「ドイツ政党政治の枠組みにおけるDIE LINKEの定着」『早稲田政治公報研究』など。

斎藤英明(さいとう・ひであき)：第6章
1980年、神奈川県生まれ。日本大学大学院法学研究科博士後期課程満期退学。現在、日本大学法学部助手。〔主著〕『基本財政学』(共著)八千代出版、「地方分権改革と公共サービスによる受益と負担の推計」『法政論叢』など。

藤原真史(ふじはら・まさふみ)：第10章・第11章
1973年、島根県生まれ。早稲田大学大学院政治学研究科博士後期課程単位取得退学。現在、山梨大学生命環境学部准教授。〔主著〕『現代日本の政治』(共著)ミネルヴァ書房、「パブリックコメント手続の10年」『都市問題』など。

杉浦功一(すぎうら・こういち)：第12章・第13章・第14章
1973年、大阪府生まれ。神戸大学大学院国際協力研究科博士課程後期課程修了。博士(政治学)。現在、和洋女子大学人間・社会学系准教授。〔主著〕『国際連合と民主化』法律文化社、『民主化支援』法律文化社など。

政策過程の理論分析

2012年5月31日　第1版第1刷発行

編　者　　岩　崎　正　洋
©2012 Masahiro Iwasaki
発行者　　高　橋　　考
発　行　　三　和　書　籍

〒112-0013　東京都文京区音羽2-2-2
電話 03-5395-4630　FAX 03-5395-4632
sanwa@sanwa-co.com
http://www.sanwa-co.com/
印刷／製本　モリモト印刷株式会社

乱丁、落丁本はお取替えいたします。定価はカバーに表示しています。
本書の一部または全部を無断で複写、複製転載することを禁じます。

ISBN978-4-86251-134-8 C1031

三和書籍の好評図書
Sanwa co.,Ltd.

災害と住民保護
（東日本大震災が残した課題、諸外国の災害対処・危機管理法制）
浜谷英博／松浦一夫［編著］
A5判　並製　274頁　定価3500円＋税

●災害対策においてわが国が抱える実態面と制度面からの徹底した現状分析と対処措置の是非を論じ、さらに欧米各国の災害対策制度の特徴を詳細に論じる。

中国共産党のサバイバル戦略
法政大学法学部教授・菱田雅晴［編著］
A5判　上製　520頁　定価：6000円＋税

●中国共産党は1970年代末の改革開放政策着手によってもたらされた環境の激変から危機的様相を強め、今や存続が危殆に瀕しているのか。それとも逆に危機を好機としてその存在基盤を再鋳造し組織を強固にしているのか…。中国共産党の戦略を鋭く分析する。

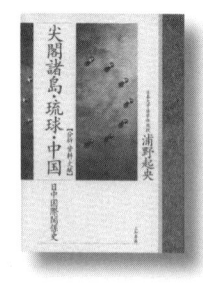

増補版　尖閣諸島・琉球・中国
【分析・資料・文献】
日本大学名誉教授・浦野起央 著
A5判 290頁　上製本　定価：10,000円＋税

●日本、中国、台湾が互いに領有権を争う尖閣諸島問題……。筆者は、尖閣諸島をめぐる国際関係史に着目し、各当事者の主張をめぐって比較検討してきた。本書は客観的立場で記述されており、特定のイデオロギー的な立場を代弁していない。当事者それぞれの立場を明確に理解できるように十分配慮した記述がとられている。

意味の論理
ジャン・ピアジェ／ローランド・ガルシア 著　芳賀純／能田伸彦 監訳
A5判 238頁 上製本 3,000円＋税

●意味の問題は、心理学と人間諸科学にとって緊急の重要性をもっている。本書では、発生的心理学と論理学から出発して、この問題にアプローチしている。